L'observation de l'enfant en milieu éducatif

Denise Berthiaume

L'observation de l'enfant en milieu éducatif

gaëtan morin
éditeur

CHENELIÈRE ÉDUCATION

L'observation de l'enfant en milieu éducatif

Denise Berthiaume

© gaëtan morin éditeur ltée, 2004

Édition : Luc Tousignant
Coordination : Claire Campeau
Révision linguistique : Ginette Gratton, Lise Dolbec
Correction d'épreuves : Isabelle Canarelli
Conception graphique et infographie : Italique

**Catalogage avant publication
de la Bibliothèque nationale du Canada**

Berthiaume, Denise, 1958 –

   L'observation de l'enfant en milieu éducatif

   Comprend des réf. bibliogr. et un index.

   ISBN 2-89105-879-8

   1. Observation (Méthode d'enseignement).   2. Enfants –
Développement.   3. Observation (Psychologie).   4. Interaction en
éducation.   I. Titre.

LB 1027.28.B47 2004   371.102   C2004-940468-7

**gaëtan morin
éditeur**

CHENELIÈRE ÉDUCATION

7001, boul. Saint-Laurent
Montréal (Québec)
Canada H2S 3E3
Téléphone : (514) 273-1066
Télécopieur : (514) 276-0324
info@cheneliere-education.ca

ISBN 2-89105-879-8

Dépôt légal : 2e trimestre 2004
Bibliothèque nationale du Québec
Bibliothèque nationale du Canada

Imprimé au Canada

4 5 6 7   ITIB   11 10 09 08

Dans ce livre, le féminin a été utilisé dans le but d'alléger le texte.
La lectrice et le lecteur verront à interpréter selon le contexte.

Nous reconnaissons l'aide financière du gouvernement du Canada
par l'entremise du Programme d'aide au développement de l'industrie
de l'édition (PADIÉ) pour nos activités d'édition.

Gouvernement du Québec – Programme de crédit d'impôt pour
l'édition de livres – Gestion SODEC

L'Éditeur a fait tout ce qui était en son pouvoir pour retrouver les
copyrights. On peut lui signaler tout renseignement menant à la
correction d'erreurs ou d'omissions.

Tableau de la couverture :
Dessin d'enfant
Œuvre de **Megan Lord-Paton**

Megan Lord-Paton a réalisé cette peinture dans
le cadre de son cours d'arts plastiques. Cette
jeune artiste de 9 ans fréquentait, à ce moment-
là, la 3e année de l'École Buissonnière, une école
privée à vocation artistique. Si vous désirez
connaître cette école, vous pouvez consulter le
site :

www.ecolebuissonniere.ca

DANGER

LE
PHOTOCOPILLAGE
TUE LE LIVRE

À Vincent qui suit les traces
de son grand-père et de sa mère

REMERCIEMENTS

La publication de *L'observation de l'enfant en milieu éducatif* a été rendue possible grâce à la collaboration de plusieurs personnes que je tiens à remercier chaleureusement. En tout premier lieu, je désire souligner que les étudiantes qui ont participé à mes cours, depuis de nombreuses années, m'ont incitée à rendre compte de nos expériences en groupe. Je les remercie toutes pour leur dynamisme et leur motivation, ainsi que pour les discussions enrichissantes que nous avons eues.

J'ai de plus eu la chance de bénéficier de l'expertise de collègues et amies qui ont accepté de participer à un séminaire de lecture au cours duquel chacune d'entre elles a approfondi un chapitre de son choix. Ces échanges animés par une passion profonde de la pédagogie m'ont encouragée à persévérer dans la réalisation de ce projet d'écriture, en plus de me permettre de connaître les perceptions de chacune. Mes remerciements à Carole Verville, Brigitte Gagné, Hélène Duquette, Chantal Thibodeau, Chantal Daneau, France Arnauld, Danielle Fay (psychologue) et Louisette Belleau (psychologue), qui sont toutes professeures en techniques d'éducation à l'enfance au Collège de Sherbrooke ; Rachèle St-Laurent, conseillère pédagogique, et Guylaine Lavallée, psychologue et professeure au Collège de Granby Haute-Yamaska ; Ruth Phaneuf, directrice de l'école primaire de Richelieu ; Pierrette Gendron, enseignante au primaire à la Commission scolaire de Sherbrooke ; Édith Bourassa, orthophoniste au Centre de réadaptation de l'Estrie ; Jasmine Neil, travailleuse sociale au CLSC SOC ; Bianca Côté, éducatrice spécialisée pour l'organisme Tintamarre ; et Cynthia Croteau, technicienne en éducation à la petite enfance. Je souhaite mentionner la contribution particulière de Sylvie Gingras, professeure en techniques d'éducation à l'enfance au Collège de Sherbrooke, qui m'a apporté un soutien considérable en fin de parcours.

Je remercie également mes collègues d'autres institutions, Linda Cormier du Collège de Shawinigan, Ann Ménard du Cégep Marie-Victorin, Nancy Rouleau du Cégep de Sainte-Foy et Alain Saint-Pierre du Collège Montmorency, qui ont accepté de commenter mon manuscrit à la demande de mon éditeur. Leur expertise m'a aidée dans mon travail, et j'ai beaucoup apprécié leurs encouragements.

Je souhaite remercier mon éditeur, Luc Tousignant, pour l'encadrement professionnel prodigué tout au long du processus d'édition. Je veux également souligner le travail de Claire Campeau, coordonnatrice du projet, et de son équipe qui m'ont fait bénéficier de leurs précieux conseils.

Je tiens à remercier Ghislain Tremblay, Pierrette Berthiaume, Micheline Tremblay et Micheline Gionet pour leur soutien sur le plan technique ou informatique et leurs encouragements tout au long de mon parcours.

Finalement, je désire remercier Madame Denise Tremblay qui m'a fait un très grand honneur en acceptant de rédiger la préface de mon livre.

Denise Berthiaume

PRÉFACE

e travail de l'éducatrice de la petite enfance exige des connaissances théoriques et une pratique solide en matière d'observation. Axé sur l'apprentissage, cet ouvrage tente de clarifier le concept d'observation et fournit des outils variés pour l'acquisition de la compétence « observer le comportement de l'enfant », compétence clé inscrite au Programme des études techniques d'éducation à l'enfance. Ce manuel guide les élèves vers la résolution de nombreuses questions importantes en matière d'observation des enfants et de relations avec les parents. Il fournit un cadre d'apprentissage intellectuel et pratique. Chaque chapitre propose des activités significatives permettant d'appliquer les différentes étapes d'une démarche d'observation. Des exercices qui font appel au jugement critique de la personne qui apprend favorisent l'acquisition des connaissances et habiletés requises, l'adoption d'attitudes essentielles et le développement de capacités d'analyse et de synthèse. Deux des trois projets d'observation sont des projets d'intégration qui permettent aux élèves d'utiliser la compétence d'observation dans un contexte authentique.

La démarche d'apprentissage proposée dans l'ouvrage est planifiée pour conduire à une application rigoureuse du processus d'observation des enfants. Ce qui n'est pas une tâche facile ! J'ai souvent eu l'occasion, au moment de mes interventions auprès des enseignantes de ce programme d'études, de constater à quel point il est difficile, au moment de la planification des cours, de fixer les objectifs et les contenus d'apprentissage qui conviennent pour permettre aux élèves d'acquérir cette compétence clé du programme. Le contenu de cet ouvrage pédagogique nous facilite grandement la tâche. Il propose une démarche progressive pour l'acquisition de la compétence. Les principes, les règles, les exercices d'application et de réflexion, les propositions de travaux d'intégration, toutes les ressources nécessaires au développement de la compétence dans ses dimensions cognitive, psychomotrice et affective sont indiquées à l'aide d'objectifs d'apprentissage, au début de chaque chapitre. On apprend concrètement à appliquer une démarche d'observation en passant du domaine général à celui des techniques d'éducation à l'enfance. Tout ce contenu a un point d'ancrage solide dans les nombreuses références citées par l'auteure.

Je remercie l'auteure pour cet immense travail de recherche et de rédaction qui sera d'une grande utilité. Il arrive à point. Sa nouveauté vient du fait que, d'une part, les élèves ont la chance d'avoir un manuel complet et à jour pour apprendre à observer le comportement des enfants et pour acquérir cette compétence et que, d'autre part, les enseignantes ont un ouvrage de référence bien documenté qui leur permet de planifier tous les cours du programme d'études actuel reliés au processus d'observation.

Denyse Tremblay
Consultante pédagogique
Chargée de cours, Université de Sherbrooke

AVANT-PROPOS

e manuel d'apprentissage pratique et accessible s'adresse principalement aux futures éducatrices qui travailleront auprès d'enfants âgés de 0 à 12 ans. Il se veut avant tout un fidèle reflet de la réalité des intervenantes du monde de l'éducation qui pourront également l'utiliser comme outil d'autoformation. Les élèves pourront aussi s'en servir comme ouvrage de référence une fois sur le marché du travail. Les éducatrices des centres de la petite enfance, les responsables des services de garde en milieu familial, les intervenantes en milieu de garde scolaire, les éducatrices spécialisées et les enseignantes pourront y trouver les notions de base leur permettant d'observer les enfants avec plus de facilité et de rigueur.

Pourquoi observer les enfants? D'abord pour s'assurer de leur sécurité et de leur bien-être physique, moral et affectif, et ensuite pour permettre aux intervenants d'agir de façon à favoriser le développement global et harmonieux des enfants. «Aider l'enfant à être le plus unique possible, à s'accepter et à s'aimer avec ses ressources et ses limites, développer ses processus mentaux, sa capacité de penser et de raisonner plutôt que la seule acquisition de connaissances, développer son sens critique, ses moyens d'expression et de communication, c'est rejoindre les objectifs de la réforme pédagogique et l'essence même du processus d'éducation» (Caouette, 1992, p. 47). Seule une observation attentive et minutieuse de l'enfant rend possible un travail dans ce sens.

Développer la compétence «Observer le comportement de l'enfant[1]» (2001) implique à la fois l'acquisition de connaissances de base et le développement de certaines habiletés et attitudes. Ainsi, l'éducatrice doit non seulement comprendre l'utilité de chacune des étapes de la démarche d'observation, mais elle doit pouvoir les appliquer de manière rigoureuse et objective. Apprendre à objectiver sa subjectivité, c'est-à-dire prendre conscience des filtres qui colorent sa perception, s'avère essentiel. Conséquemment, apprendre à observer nécessite un investissement personnel important qui dépasse une lecture, même approfondie, de ce manuel. C'est en s'engageant activement dans le processus proposé qu'il devient possible de profiter vraiment du présent ouvrage.

Chacun des huit chapitres touche un thème particulier. La plupart des chapitres regroupent des notions théoriques de base illustrées à l'aide d'exemples et entrecoupées

---

1. Il s'agit de la compétence 0191 du Programme d'études des techniques d'éducation à l'enfance, Direction générale des programmes et du développement, Ministère de l'Éducation du Québec.

d'exercices. Trois projets d'observation proposent des situations d'apprentissage permettant de développer la compétence visée. Ils comprennent toutes les étapes d'une démarche d'observation, soit la planification, l'organisation, la collecte des données, l'analyse, l'interprétation et l'évaluation. Ces projets, présentés selon un ordre de difficulté croissant, se trouvent à la suite des chapitres 1, 4 et 8. La complexité des situations proposées augmente en fonction des connaissances, des habiletés et des attitudes explorées dans les chapitres précédents. En fait, ces projets qui reposent sur une approche holistique (ou globale) favorisent l'établissement de liens entre l'observation au quotidien et l'observation en contexte professionnel.

Nous proposons des activités d'évaluation formative afin de permettre à l'éducatrice de mieux évaluer ses acquis. De plus, le corrigé et les commentaires formatifs que l'on trouve à la fin de l'ouvrage favorisent l'autocorrection et la responsabilisation de l'apprenante face à sa démarche d'apprentissage. Évidemment, il ne sert à rien de lire les corrigés sans avoir fait les exercices auparavant. On n'apprend pas à jouer du piano en se limitant à lire sur le sujet.

Par ailleurs, en consultant la liste des objectifs spécifiques, présentée au début de chacun des chapitres, l'éducatrice peut évaluer ses acquis puisque ces objectifs indiquent des comportements observables. Il devient alors possible pour elle de mieux cerner ses besoins. Les exercices d'enrichissement peuvent alors être très utiles.

TABLE DES MATIÈRES

CHAPITRE 8
L'ANALYSE, L'INTERPRÉTATION ET L'ÉVALUATION 189

1

L'OBSERVATION AU QUOTIDIEN

Élément de compétence

Préparer son observation

Objectifs d'apprentissage

❖ Expliquer l'importance de l'observation dans le processus éducatif.

❖ Déterminer les objets et les contenus de l'observation.

Objectifs spécifiques

❖ Établir un parallèle entre l'observation dans la vie quotidienne et l'observation en milieu éducatif.

❖ Définir l'observation et ses buts.

❖ Définir les notions d'objectivité, d'auto-évaluation et d'évaluation.

❖ Distinguer l'observation de l'évaluation.

❖ Établir des liens entre le programme éducatif et l'observation.

❖ Décrire le rôle de l'éducatrice face à l'observation.

❖ Reconnaître les composantes du processus éducatif.

❖ Trouver des pistes de solution concernant les difficultés que peut éprouver l'éducatrice face à l'observation.

❖ Décrire les objets et contenus de l'observation en milieu éducatif.

❖ Reconnaître les situations où l'observation est nécessaire en milieu éducatif.

❖ Déterminer les habiletés et attitudes nécessaires à l'observatrice.

INTRODUCTION

Dans ce premier chapitre, l'observation est abordée à partir de différents points de vue, chacun d'eux apportant un éclairage particulier sur la question. Il devient ainsi possible de mieux comprendre où, quand, comment et pourquoi l'éducatrice a le devoir et la responsabilité d'observer les enfants en milieu éducatif. Avant toute chose, il est intéressant que l'éducatrice établisse des liens entre l'observation dans la vie quotidienne et l'observation en milieu éducatif. Pourquoi doit-elle faire ce parallèle? D'abord, pour mieux se connaître en découvrant ses acquis comme observatrice. Ensuite, pour se sensibiliser à l'importance de posséder une formation qui permet d'observer de manière à répondre à des critères d'ordre éthique et professionnel.

De plus, l'éducatrice peut constater rapidement que plusieurs apprentissages liés à l'observation lui seront également très utiles dans sa vie. Par exemple, faire preuve d'une plus grande objectivité est essentiel au travail de l'éducatrice, et cela peut également devenir un atout dans chacune des sphères de sa vie personnelle. Nous encourageons donc l'éducatrice à généraliser ses nouvelles compétences puisque, comme nous l'avons constaté à maintes reprises, cela favorise une meilleure intégration des notions étudiées. Par la suite, nous abordons l'observation en milieu éducatif plus directement. Il s'agit alors de définir certains termes, de cerner les buts de l'observation et d'explorer différents thèmes permettant à l'éducatrice de situer l'observation dans le contexte éducatif. Par exemple, des liens sont établis entre l'observation et le *Programme éducatif des centres de la petite enfance*. Puis l'observation est située à l'intérieur même du processus éducatif. Ensuite, nous voyons le rôle de l'éducatrice face à l'observation et les difficultés qu'elle peut éprouver, de même que les objets et contenus de l'observation. Ce premier survol permet à l'éducatrice de découvrir différentes facettes de l'observation en milieu éducatif.

Finalement, nous suggérons quelques jeux coopératifs afin de permettre à l'éducatrice de prendre conscience du fait que l'observation n'est pas une compétence qui relève uniquement de ses connaissances mais également de ses habiletés et attitudes. Le jeu est alors présenté comme un moyen privilégié d'acquérir la compétence à observer, et l'éducatrice est invitée à profiter de toutes les occasions possibles pour s'exercer dans ce sens.

1.1 L'OBSERVATION DANS LA VIE QUOTIDIENNE

Dès sa naissance et peut-être même avant, le jeune enfant utilise tous ses sens pour percevoir la réalité. Ainsi, il observe le monde qui l'entoure et il le fera jusqu'à la fin de ses jours. L'observation n'est donc pas un phénomène nouveau dans notre vie. Chacun de nous possède déjà les habiletés de base de l'observatrice. En effet, chaque geste que nous faisons, par exemple conduire une voiture ou encore peler un légume, ne requiert-il pas notre capacité d'attention? Notre mémoire n'est-elle pas sollicitée chaque fois que nous tentons de retenir un numéro de téléphone ou de nous rappeler un trajet?

Lorsque nous dégustons un bon repas, ne faisons-nous pas de la discrimination visuelle en observant le contenu de notre assiette? Ne remarquons-nous pas tout objet suspect qui pourrait s'y trouver? Et, par la même occasion, ne prenons-nous pas le temps de sentir, de goûter à la manière des gourmets? Lorsqu'une personne nous raconte un problème personnel, avons-nous tendance à l'écouter vraiment, à départager ce qui est de l'ordre de la réalité et ce qui fait partie de ses craintes ou des nôtres? Sommes-nous attentives à nos émotions ou à celles de la personne? Sommes-nous conscientes de notre subjectivité? Sommes-nous concentrées et attentives? Nous sentons-nous capables d'aider la personne à trouver des pistes de solution? Si vous faites tout cela, vous partez avec des acquis qui vous permettront de développer vos compétences comme observatrice dans un contexte professionnel. Mais parlons d'abord de vous, puisque le but de ce manuel est de soutenir votre apprentissage et que cela ne peut se faire sans que vous preniez une part active au processus qui vous est proposé.

Exercice 1.1

Consultez différents magazines afin de choisir une image qui pourrait représenter un des nombreux aspects de votre personnalité. Collez l'image dans un cahier en expliquant en quelques lignes ce qu'elle signifie pour vous. Présentez cette image et sa signification à vos coéquipières en tentant d'établir de quelle manière cet aspect de votre personnalité pourrait influer sur votre façon d'observer les enfants.

Supposons qu'une élève choisisse une image représentant une bouteille de couleur bleue. Elle explique qu'elle adore cette couleur. Les autres membres de l'équipe lui font alors remarquer qu'il est possible qu'elle prête une plus grande attention aux enfants vêtus de bleu sans même s'en rendre compte. Une autre élève, pour sa part, a découpé une illustration représentant un paysage qui symbolise pour elle le calme et la tranquillité. Ses collègues font donc valoir qu'elle peut être amenée à réagir plus rapidement aux bruits ou aux comportements très actifs des enfants qu'une éducatrice qui se sent davantage à l'aise avec l'agitation ambiante. Ce questionnement peut paraître simpliste, mais il ouvre la voie à une réflexion approfondie.

En fait, le choix d'une photographie est un prétexte pour entreprendre une démarche de réflexion permettant à l'élève de mieux cerner ses forces et ses difficultés comme observatrice. Tous les thèmes abordés dans les chapitres sont susceptibles de vous amener à en prendre conscience. La lectrice est donc invitée à noter ses découvertes au fur et à mesure de sa progression dans le manuel. Que ce soit sous forme de mots clés, de remarques, de questions, de commentaires, d'illustrations, de dessins ou de photographies, chaque nouvelle information viendra enrichir cette démarche d'autoévaluation. Voici quelques exemples d'annotations réalisées par des élèves.

Lorsque l'enseignante a donné l'exemple de son conjoint qui ne remarque pas ses vêtements neufs, je me suis sentie concernée, car je crois que je ne vois pas certains détails quand j'observe des personnes. J'ai l'impression que je ferai la même chose lorsque j'observerai les enfants.

Durant un exercice d'observation en classe, j'ai constaté que je travaillais au hasard en notant un peu n'importe quoi. Après avoir écouté les explications des membres de mon équipe, je me suis aperçue que certaines de leurs méthodes étaient plus efficaces que les miennes.

Il est essentiel que l'éducatrice cherche à bien se connaître de manière à éviter les pièges qui peuvent l'empêcher d'observer les enfants en étant le plus fidèle possible à la réalité. Choisir d'observer les enfants dans un contexte professionnel implique forcément que l'on accepte de jeter un regard sur soi, de questionner ses choix, de réfléchir à ses valeurs et à ses préjugés. Il faut se remettre en question lorsque cela est nécessaire en n'hésitant pas à confronter son point de vue avec celui de collègues et de parents.

L'éducatrice aborde le monde de l'observation avec des acquis qui pourront devenir des forces, mais également avec des habitudes qu'elle devra adapter ou modifier en cours de route. Par exemple, l'éducatrice peut avoir tendance à se fier uniquement à sa première impression, sans voir ce qui se passe réellement ; ou elle peut avoir pris l'habitude d'interpréter les situations rapidement, sans se baser sur les faits. Faire le parallèle entre l'observation dans la vie quotidienne et l'observation en milieu éducatif peut aider l'éducatrice à mieux percevoir ses forces et ses difficultés (voir le tableau 1.1).

Tableau
1.1

L'observation dans la vie quotidienne et en milieu éducatif

Questions	Observation dans la vie quotidienne	Observation en milieu éducatif
Où ?	À la maison Dans la forêt Dans la rue Dans des lieux publics En voiture Devant un miroir	Dans le milieu de garde (local permanent, local spécialisé, corridor, escalier, toilettes, salle à manger, etc.) À l'extérieur du milieu de garde (cour, parc, dans l'autobus, à la piscine, etc.)
Quand ?	En tout temps	En tout temps
Comment ?	En utilisant nos sens (vue, ouïe, toucher, goût, odorat)	En utilisant nos sens (vue, ouïe, toucher, goût, odorat) En distinguant les faits (ce qui arrive en réalité) des inférences (notre interprétation de la réalité) En utilisant des méthodes et des outils d'observation En s'inscrivant dans une démarche réflexive permettant de s'assurer de la meilleure objectivité possible En respectant des règles d'éthique
Pourquoi ?	Pour le plaisir Pour percevoir la réalité Pour entrer en contact avec notre environnement	Pour mieux connaître l'enfant et répondre à ses besoins Pour comprendre le fonctionnement d'un groupe Pour mesurer les répercussions de l'aménagement et du matériel sur le groupe Pour soutenir l'enfant dans son apprentissage Pour planifier des activités adaptées aux besoins de tous les enfants Pour donner une rétroaction de qualité aux parents et autres intervenants par rapport à l'enfant ou au groupe

L'éducatrice demeure la personne la mieux placée pour questionner ses façons de faire et ses attitudes. Par exemple, à la suite de la lecture du tableau 1.1, elle peut se faire la réflexion suivante : « C'est vrai, mon expérience de travail dans un camp scientifique m'a appris à remarquer pleins de choses en forêt, alors qu'avant je circulais sans rien voir. J'ai donc un atout, je sais que je suis capable de percevoir des détails en utilisant tous mes sens. » L'éducatrice peut également voir, grâce au tableau 1.1, que l'observation en milieu éducatif implique des échanges avec les parents concernant le développement de leur enfant. Elle peut d'ores et déjà être consciente de ses craintes en la matière. Il devient alors possible pour elle de déterminer les moyens susceptibles de l'aider à développer cette compétence.

1.2 DÉFINITION ET BUTS DE L'OBSERVATION

« Alors que voir et regarder sont des actes passifs, observer est une démarche active, nécessitant volonté, méthode et donc un apprentissage[1]. » L'observation occupe une place importante dans différents aspects de la vie d'un individu. Dans les rapports humains, par exemple, observer ses pairs ou leur prêter attention nous aide à interpréter leur comportement et à en tenir compte dans notre façon d'agir avec eux. La capacité de percevoir les différents facteurs d'influence ou les filtres qui s'interposent entre la réalité et la perception que nous en avons demeure un atout essentiel à la vie en société. « Les filtres désignent un dispositif qui nous permet d'encoder et de décoder les informations à partir des différents repères qui teintent notre lecture de la réalité » (Bessette et Duquette, 2003, p. 126). En fait, l'observation s'avère très utile pour tout le monde et ce, quelles que soient les situations. Ainsi, nombre de professions et de métiers sont directement reliés à l'observation. La situation exige alors un apprentissage plus systématique de cette compétence. On ne saurait imaginer, par exemple, un médecin, un policier, une astronome ou une travailleuse sociale incapable d'observer de manière adéquate. Il en est de même dans le domaine de l'éducation.

Aider une personne à apprendre nécessite non seulement qu'on s'intéresse à elle, qu'on définisse clairement ses besoins, ses forces et ses difficultés, mais également qu'on adapte ses stratégies pédagogiques à sa façon d'apprendre. Ainsi, c'est par une observation minutieuse de l'enfant, de ses interactions avec ses pairs, l'adulte et l'environnement qui l'entoure que nous pouvons parvenir à mieux le connaître. De plus, « les échanges entre éducatrices […] et surtout les échanges avec les parents demeurent une base très importante pour nous permettre de mieux comprendre l'enfant et d'adapter nos interventions » (Grand et Garand, 1994, p. 8).

Exercice 1.2

Réfléchissez à votre définition de l'observation et notez-la en soulignant les mots qui vous apparaissent importants. Comparez vos résultats à ceux d'une autre personne du groupe.

Il est à noter que plusieurs chercheurs s'intéressent à l'observation et tentent, tout comme nous, de définir cette notion. Leurs points de vue diffèrent selon leur formation, leurs valeurs ou le courant de pensée auquel ils adhèrent. Vous avez également une opinion sur le sujet, et il ne peut être que profitable pour vous de la communiquer. Ce faisant, vous serez à même de constater que le sens des mots n'est pas le même pour tous. Ce constat a des implications sur l'observation, puisqu'il suppose que le sens

---

1. La prévention routière (2002) : www.preventionroutiere.asso.fr/scripts/nousconnaitre.asp

donné à un mot par un observateur peut différer de celui que lui prête la personne observée. Certaines vérifications s'imposent parfois lorsque vient le temps d'interpréter les propos tenus par une personne.

1.2.1 Des façons différentes de définir l'observation

Les définitions qui suivent sont particulièrement adaptées au monde de l'éducation. En notant les mots clés qu'elles contiennent, vous pourrez mieux comprendre leur sens tout en les mémorisant plus facilement. Par ailleurs, il peut s'avérer très intéressant de mettre en parallèle les mots clés des spécialistes de contenu avec les nôtres.

Ainsi, De Ketele (1987, p. 27) définit l'observation comme «un processus incluant l'attention volontaire et l'intelligence, orienté par un objectif terminal ou organisateur et dirigé sur un objet pour en recueillir des informations». Legendre (1993, p. 932) parle de l'observation dans les termes suivants : «Action de porter une attention minutieuse et méthodique sur un objet d'étude dans le but de constater des faits particuliers permettant de le mieux connaître.» Par ailleurs, Vayer et Roncin (1990, p. 24) perçoivent l'observation comme «le regard porté sur l'activité de tel ou tel enfant ou de tel groupe d'enfants. C'est également la considération de ce qu'ils réalisent : dessins, figurations, constructions…, c'est-à-dire leurs productions». Nous définissons l'observation comme la capacité de l'individu à rendre compte de ce qu'il perçoit par l'entremise de tous ses sens avec la plus grande objectivité possible afin de décrire la réalité qui l'entoure (voir la figure 1.1).

En fait, l'observation fait partie d'un processus complexe reposant sur la planification et l'organisation d'une démarche, sur l'utilisation de tous nos sens pour percevoir

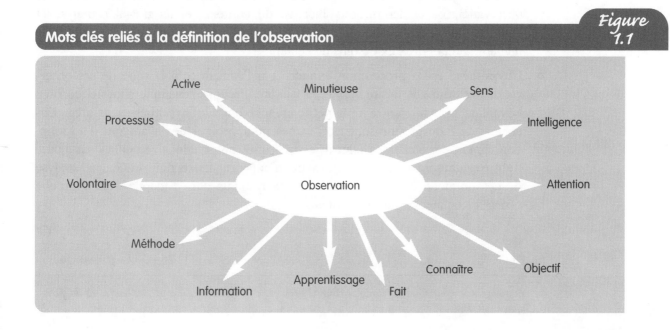

Figure 1.1

Mots clés reliés à la définition de l'observation

Active • Minutieuse • Sens • Processus • Intelligence • Volontaire • Observation • Attention • Méthode • Information • Apprentissage • Fait • Connaître • Objectif

la réalité de la manière la plus objective possible. Pour ce faire, on se base sur des méthodes et outils de travail efficaces et rigoureux, sur une bonne capacité d'analyse des données recueillies, sur l'interprétation juste des faits et finalement sur l'évaluation de la démarche.

1.2.2 Les buts de l'observation

Le but ultime de toute observation devrait être de mieux connaître l'enfant afin d'adapter nos interventions de manière à répondre à ses besoins et à favoriser son développement harmonieux. Selon Cormier[2] (dans Royer, 2004, p. 203),

> l'observation et l'évaluation servent les buts suivants : 1) connaître l'enfant ; 2) déceler ses difficultés ; 3) perfectionner les modes d'action ; 4) ajuster le programme éducatif ; 5) vérifier si les objectifs sont atteints ; 6) améliorer le milieu physique ; 7) rendre compte des faits et gestes de l'enfant aux parents ; 8) favoriser le partenariat entre les intervenants ; 9) répartir les tâches de façon équilibrée.

Plus le but de l'observation est clair et précis, plus les résultats pourront s'avérer utiles pour l'éducatrice. En fait, le but visé par la démarche d'observation peut prendre différentes formes. L'éducatrice peut le décrire à partir d'une centration d'observation, d'une hypothèse ou d'une problématique.

❖ La **centration d'observation** est l'orientation de l'observation vers un comportement particulier sur lequel l'éducatrice veut recueillir des données. Par exemple en milieu scolaire, l'éducatrice remarque qu'un enfant de son groupe n'a jamais le temps de terminer son repas. Elle décide donc de l'observer attentivement afin de mieux comprendre ce qui se passe. Elle se donne la centration d'observation suivante : Quel est le comportement de Raphaël au moment du dîner ? Grâce à ses observations, à la description objective du contexte et au travail d'analyse et d'interprétation qui s'ensuit, l'éducatrice est davantage en mesure d'intervenir de manière à répondre aux besoins de l'enfant.

❖ L'**hypothèse** est la proposition énoncée par l'éducatrice à la suite de ses observations et dont elle désire vérifier la validité. Prenons l'exemple d'une éducatrice travaillant dans un centre de la petite enfance qui fait l'hypothèse suivante : « Les enfants de mon groupe sont trop jeunes pour profiter des avantages d'un fonctionnement par atelier. » L'éducatrice utilise les observations recueillies, en ajoute d'autres au besoin, décrit le contexte de manière objective, puis procède à l'analyse de ces données et à l'interprétation des résultats afin d'adapter son approche pédagogique aux besoins des enfants.

---

2. Ses références sont Godin (1985), MEQ (1997) et le *Programme éducatif des centres de la petite enfance* (1997).

❖ La **problématique** est la description la plus objective possible d'une situation qui nécessite une intervention. Supposons qu'une éducatrice se trouve dans la situation suivante. Un des enfants de son groupe a eu des poux et, même si la situation est revenue à la normale, certains enfants refusent de jouer avec lui. L'éducatrice se sent très mal à l'aise dans cette situation, car elle se rend compte qu'elle-même a tendance à tenir cet enfant à l'écart. Elle décide d'observer de plus près le comportement de l'enfant, ses propres réactions et celles des autres enfants afin de modifier la situation.

1.2.3 L'objectivité

La notion d'observation est étroitement liée à celle d'objectivité. Par objectivité, nous entendons la capacité de l'individu de traduire la réalité le plus fidèlement possible. En fait, il est impossible d'être totalement objectif et d'ailleurs, il est beaucoup plus facile de prétendre que l'on est objectif que de l'être véritablement. Toutefois, on doit quand même chercher la plus grande objectivité possible à chacune des étapes de la démarche d'observation. Tout comme celui de l'éducatrice, le travail de l'astronome repose sur son objectivité. Celui-ci détermine clairement le but de son observation afin d'éviter de se perdre dans un amas de données. Il utilise des méthodes et des outils lui permettant de décrire les faits. Son analyse des données et l'interprétation des résultats obtenus reposent sur des faits. Il évalue sa démarche afin de s'assurer qu'elle s'avère rigoureuse du début à la fin. En comparaison, l'amateur d'astrologie qui interprète la réalité qu'il perçoit en fonction de symboles aléatoires ne démontre pas le même souci d'objectivité.

1.2.4 L'autoévaluation

L'autoévaluation s'avère essentielle à chacune des étapes du processus éducatif. Rappelons que ces étapes sont l'observation, la planification, l'organisation, l'intervention et l'évaluation des activités et projets. Legendre (1993, p. 118) la décrit comme un «processus par lequel un sujet est amené à porter un jugement sur la qualité de son cheminement, de son travail ou de ses acquis en regard d'objectifs prédéfinis et tout en s'inspirant de critères précis d'appréciation».

L'autoévaluation est très utile à chacune des étapes de la démarche d'observation. Par exemple, au moment d'interpréter les résultats de son observation, l'éducatrice peut se tromper si elle n'est pas consciente qu'elle a elle-même influencé le comportement de l'enfant. Elle peut faire cela en adoptant certaines attitudes, en ne variant pas suffisamment ses activités, en omettant de tenir compte du degré de développement de l'enfant au moment de la planification de ses activités, etc. Évidemment, l'influence exercée par l'éducatrice peut aussi s'avérer positive. Celle-ci peut influencer favorablement l'enfant par son enthousiasme, sa générosité ou sa créativité. Il importe cependant qu'elle soit consciente de l'influence qu'elle a sur les enfants, et l'autoévaluation peut l'aider dans ce sens.

L'autoévaluation peut reposer sur deux types de démarches. Il s'agit de la démarche réflexive et de la démarche de confrontation (voir la figure 1.2). L'une et l'autre sont très utiles et peuvent être entreprises séparément ou simultanément. Pour entreprendre une démarche réflexive, l'éducatrice doit accepter d'avoir un regard critique sur ses attitudes ou ses façons d'agir de manière à s'assurer de la qualité de son travail. Les moyens pour entreprendre une telle démarche peuvent différer, mais le but demeure le même. En s'autoévaluant de la sorte chaque fois que la situation l'exige, l'éducatrice se donne des repères lui permettant d'avoir une meilleure vue d'ensemble de ses forces et des défis qu'elle a à relever.

Figure 1.2 — **Deux types de démarches**

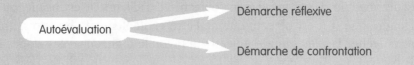

Autoévaluation → Démarche réflexive
Autoévaluation → Démarche de confrontation

LA DÉMARCHE RÉFLEXIVE

La démarche réflexive peut prendre une forme orale, écrite ou visuelle selon le choix de l'éducatrice. Cette démarche, particulièrement en ce qui concerne l'observation, lui permet :

❖ de questionner la pertinence de ses choix quant aux méthodes et aux outils qu'elle utilise ;

❖ de faire le point sur sa capacité à organiser une démarche d'observation rigoureuse ;

❖ de s'assurer de la pertinence de ses observations ;

❖ d'évaluer la richesse de son analyse et la justesse de son interprétation ;

❖ de reconnaître sa capacité à évaluer sa démarche d'observation ;

❖ de questionner l'application de son code d'éthique.

Par exemple, l'éducatrice peut utiliser un dictaphone, un journal de bord ou encore une caméra vidéo[3] pour accumuler les observations, commentaires et questions qui lui permettront ensuite de procéder à son autoévaluation. L'éducatrice peut également créer des cartes mentales (voir Buzan et Buzan, 1999) ; ce sont des outils de réflexion de plus en plus utilisés dans le domaine de l'éducation.

---

3. Précisons qu'avant de filmer les enfants ou de les photographier, l'éducatrice doit s'assurer d'avoir l'autorisation écrite des parents, même si elle le fait pour une utilisation personnelle. Cette démarche peut très bien se faire en début d'année.

La démarche de confrontation

Confronter sa façon de percevoir un événement avec celle d'autres membres de l'équipe de travail ou avec celle des parents peut également aider l'éducatrice à faire preuve d'une plus grande objectivité. Cela lui permet aussi d'élargir son point de vue et de trouver des solutions originales à certaines problématiques. Toutefois, il ne faut pas chercher uniquement l'avis des personnes qui pensent comme nous ; on doit plutôt être très attentive aux points de vue différents. Ce sont ces derniers qui nous aideront le plus à réfléchir à la situation de telle sorte que nous puissions intervenir auprès de l'enfant de manière adéquate. N'oublions pas qu'il est très facile de se sentir attaqué lorsqu'une personne ne pense pas comme nous. La capacité à outrepasser ce réflexe vieux comme le monde exige une grande maturité.

Dans la démarche de confrontation, nous comparons notre point de vue ou notre façon de percevoir une situation avec ceux d'autres personnes. Cette démarche peut être fructueuse dans la mesure où chacun a le droit d'émettre son opinion sans se sentir jugé. Il n'est pas question de jouer au plus fin ou à celui qui a raison. Cette démarche se veut ouverte et respectueuse de chacun, tout le monde ayant droit à ses opinions. La démarche de confrontation peut prendre une forme orale, écrite ou visuelle.

Les moyens utilisés à l'oral sont, par exemple, l'entretien informel avec le parent ou les collègues, l'étude de cas et la réunion d'équipe. À l'écrit, on peut employer le plan d'intervention[4], les questionnaires, les tableaux de commentaires ou les boîtes de suggestions. Sur le plan visuel, la rétroaction vidéo peut être utilisée, encore une fois, mais comme outil déclencheur qui alimente des échanges de points de vue sur la séquence observée.

1.2.5 La distinction entre l'observation et l'évaluation

Il apparaît clairement que l'observation doit occuper une place privilégiée en milieu de garde. Mais qu'en est-il de l'évaluation ? Clarifions d'abord l'apport de l'une et de l'autre et établissons un lien entre ces deux compétences que l'éducatrice a tout avantage à développer. Voyons ce qu'écrit De Kelele (1987, p. 28) à ce sujet : « tandis que l'observation cherche à recueillir […] l'information, l'évaluation suppose en plus la détermination de critères d'évaluation, la confrontation des informations avec des critères […] ceci afin de prendre une décision que l'évaluation est censée fonder. » Ainsi, l'observation sert à recueillir des données ; l'évaluation compare ces dernières avec des critères préétablis pour orienter les interventions à venir.

Bien qu'on pense que l'évaluation ne relève pas des compétences de l'éducatrice, cette démarche joue un rôle essentiel dans la mise en place d'activités éducatives de

---

4. Le plan d'intervention est un document de travail expliquant la problématique particulière vécue par un enfant, décrivant ses besoins et regroupant différents moyens à mettre de l'avant pour lui venir en aide.

qualité et d'interventions adaptées aux besoins des enfants. On peut évaluer deux éléments distincts : les apprentissages et la situation pédagogique.

1.2.6 L'évaluation des apprentissages

L'éducatrice fait une évaluation lorsqu'elle compare les résultats de ses observations aux théories concernant le développement de l'enfant (Piaget, Erikson) et qu'elle tient compte de ces théories dans ses interventions. Par exemple, elle peut évaluer que le comportement de l'enfant de 2 ans qui joue à proximité des autres sans vraiment entrer dans leur jeu n'est pas inquiétant étant donné son âge. Par contre, si une fillette de 5 ans fait la même chose sur une longue période, cela incitera l'éducatrice à l'observer plus attentivement afin de mieux cerner ce qui provoque ce comportement d'isolement.

L'utilisation de grilles spécialisées fait aussi partie de l'évaluation, car celles-ci permettent de mieux déterminer les acquis d'un enfant dans un domaine particulier de son développement, tel que la motricité ou le langage. Elle se sert alors de grilles comme celle de Brigance (1997) concernant le développement global de l'enfant de 0 à 7 ans ou encore du *Guide de prévention des troubles de la communication à l'intention de la clientèle de la petite enfance*[5]. En fait, comme nous le verrons ultérieurement, différents outils d'évaluation sont disponibles pour répondre aux besoins particuliers des enfants de 0 à 12 ans. La principale question à se poser est certainement celle-ci : pourquoi évaluer l'enfant ? Il n'est pas question de l'évaluer pour le comparer au reste du groupe, puisque chaque enfant est unique (*Programme éducatif des centres de la petite enfance,* 1997) et qu'il a le droit de se développer à son rythme. On évalue donc les apprentissages pour développer une meilleure connaissance de l'enfant, de ses compétences et de ses difficultés afin d'être en mesure de lui offrir les conditions optimales permettant un développement harmonieux.

Ainsi, l'éducatrice observe le comportement d'un enfant en situation de jeux afin de mieux cerner ses goûts, ses champs d'intérêt ou encore pour voir comment il s'y prend pour demander à un ami de jouer avec lui. Si elle remarque qu'un enfant de 4 ans a de la difficulté à découper, elle l'observe plus attentivement afin d'être en mesure de bien déceler la nature des difficultés qu'il éprouve et d'intervenir de manière à l'aider dans son apprentissage.

De façon générale, quant aux apprentissages réalisés par l'enfant, l'éducatrice accorde une plus grande attention au processus mis en branle qu'au produit final. Ainsi, elle s'attarde aux façons de faire de l'enfant, à sa capacité à relever des défis, à régler les difficultés qu'il éprouve au moment de la réalisation, etc. Lorsqu'elle s'intéresse à une production telle qu'un dessin, une construction ou un texte, l'éducatrice le fait pour mieux connaître l'enfant et situer ses besoins relatifs à son développement. Dans tous les cas, elle évalue l'enfant par rapport à lui-même et non en le comparant au reste du

---

5. Ordre des orthophonistes du Québec, document inédit.

groupe ou en lui octroyant une cote, ce qui serait néfaste pour la construction de son estime de soi. Par ailleurs, l'éducatrice utilise ses observations et ses évaluations afin d'être en mesure de donner une rétroaction constructive à l'enfant et à ses parents.

1.2.7 L'évaluation de la situation pédagogique

L'évaluation des différentes composantes de la situation pédagogique aide l'éducatrice à situer certains comportements dans leur contexte. Les informations ainsi recueillies s'avèrent très utiles au moment de l'interprétation des résultats. Legendre (1993) décrit la situation pédagogique comme étant constituée par l'ensemble des composantes inter-reliées sujet-objet-agent dans un milieu. Le sujet (l'enfant), l'objet (ce qu'il apprend), l'agent (l'éducatrice) et le milieu (environnement, matériel) sont autant de dimensions dont il faut tenir compte pour comprendre comment les choses se passent dans un milieu éducatif. Chacune de ces dimensions peut avoir un effet sur les autres et contenir des indices permettant de mieux saisir une problématique individuelle ou de groupe.

Bien souvent, observer les enfants ne suffit pas pour arriver à comprendre une situation. Différents facteurs peuvent susciter l'apparition de certains comportements chez les enfants. Il peut s'agir par exemple de la durée de l'activité qui leur est proposée, de la variété du matériel mis à leur disposition, de l'attitude de l'éducatrice ou du lieu où se passe l'activité. En fait, chacune des dimensions de la situation pédagogique peut avoir une influence directe sur le déroulement d'une activité. S'interroger sur chacune de ces dimensions lorsque l'on tente de comprendre un comportement ou au moment de l'évaluation de l'activité favorise la mise en place d'interventions plus adéquates (voir le tableau 1.2).

Tableau 1.2

Exemples de questionnements inspirés par la situation pédagogique

Composantes de la situation pédagogique	Questions
Sujet (enfant)	«Comment les enfants [...] ont-ils démontré qu'ils ont eu du plaisir?» (Pelletier, 1998, p. 143)
Objet (apprentissage)	Est-ce que l'activité proposée a permis aux enfants de faire des choix? Si oui, lesquels?
Agent (éducatrice)	Qu'est-ce qui, dans l'attitude de l'éducatrice, a incité les enfants à participer à l'activité?
Milieu (environnement, matériel)	Dans quelle mesure l'aménagement de l'espace et le matériel proposé ont-ils répondu aux besoins des enfants?

1.3 L'OBSERVATION EN MILIEU ÉDUCATIF

Les milieux éducatifs favorisent le développement de l'être humain. Les centres de la petite enfance (la garde en installation ou en milieu familial) ainsi que la garde en milieu scolaire font partie intégrante du système éducatif québécois au même titre que le milieu scolaire, bien que leurs orientations et buts diffèrent sur certains points. Tous ces milieux offrent des possibilités d'apprentissage variées aux enfants de la naissance à l'âge de 12 ans. Les milieux à vocation éducative permettent aux enfants de développer leur potentiel sur les plans sensoriel, moteur, cognitif et langagier, affectif, social et moral (*Programme éducatif des centres de la petite enfance*, 1997).

1.3.1 Le programme éducatif

Principes de base du *Programme éducatif des centres de la petite enfance* (1997)

- ❖ Chaque enfant est un être unique.
- ❖ Le développement de l'enfant est un processus global et intégré.
- ❖ L'enfant est le premier agent de son développement.
- ❖ L'enfant apprend par le jeu.
- ❖ La collaboration entre le personnel éducateur et les parents contribue au développement harmonieux de l'enfant.

Le *Programme des centres de la petite enfance* recommande que les éducatrices œuvrant dans des milieux de garde stimulent le développement global des enfants de manière à assurer la croissance harmonieuse de chacun d'eux. Pour atteindre cet objectif, les éducatrices doivent respecter l'unicité de chaque enfant. Comment peuvent-elles situer l'enfant par rapport à son développement si elles ne sont pas en mesure d'observer les apprentissages qu'il réalise et de dépister les difficultés qu'il éprouve ? Comment planifier des activités et des projets, comment adapter l'environnement, comment sélectionner le matériel approprié sans connaître l'enfant, ses besoins, ses goûts, ses champs d'intérêt ? Comment améliorer ses interventions sans s'autoévaluer ?

Comment s'assurer de l'atteinte des objectifs visés sans observer le comportement des enfants ? Comment considérer l'enfant comme le premier agent de son développement sans observer son comportement et lui apporter l'aide ou le soutien approprié au moment où il en a besoin ? Comment répondre aux besoins précis des enfants présentant des profils particuliers (handicap, culture, milieu socioéconomique, maladie, etc.) sans les observer ? En outre, comment pouvons-nous travailler avec les parents au développement harmonieux de l'enfant si nous sommes incapables de leur transmettre l'information pertinente sur leur fille ou leur fils et de recueillir auprès d'eux les renseignements pouvant favoriser le bien-être de l'enfant ? Par ailleurs, sans observation, comment pouvons-nous évaluer la qualité des programmes offerts ?

1.3.2 Le processus éducatif

Pour bien comprendre la nature de l'observation en milieu éducatif, il est essentiel de la situer à l'intérieur du processus éducatif, puisqu'elle y occupe un espace privilégié. Ainsi, le processus éducatif s'articule autour des étapes suivantes : l'observation, la planification, l'organisation, l'intervention et l'évaluation (voir la figure 1.3). Ce processus forme en quelque sorte une boucle continue qui recommence sans cesse et dont chaque élément est essentiel à la mise en place d'activités éducatives de qualité. Ce processus peut prendre une forme simplifiée ou plus élaborée selon la situation.

LE PROCESSUS ÉDUCATIF

La version simplifiée

En cours d'activité, l'éducatrice observe une situation qui exige une intervention immédiate de sa part. Tout se passe alors très rapidement dans sa tête puisqu'elle ne dispose pas du temps nécessaire pour planifier et organiser son intervention de manière élaborée. Par exemple, elle observe des enfants de 2 ans qui grimpent à plus d'une reprise sur une table située au centre de la pièce. Malgré ses interventions répétées visant à assurer la sécurité des enfants, ces derniers continuent de grimper sur la table. L'éducatrice réfléchit et décide d'intervenir différemment en proposant un jeu aux enfants. Ce jeu consiste à mettre la table à l'envers de manière à pouvoir l'utiliser comme si elle était un bateau. Cette intervention permet aux enfants de s'amuser avec la table sans risquer de se blesser et elle répond à leur besoin de jouer. Finalement, l'éducatrice évalue la pertinence de son intervention en fonction du comportement des enfants. Puisque ces derniers s'amusent à ce nouveau jeu pendant une période de 15 minutes, elle en conclut que son intervention était pertinente.

La version élaborée

Après avoir accumulé plusieurs observations sur son groupe, l'éducatrice planifie par écrit des activités ou des projets répondant aux besoins des enfants. Ensuite, elle organise l'environnement physique et prépare le matériel, puis elle intervient auprès des enfants aux différentes étapes de la réalisation de l'activité ou du projet qu'elle leur propose. Pour évaluer l'activité, elle utilise ses observations ainsi que les commentaires des enfants pendant son déroulement et au moment de la rétroaction. Selon les résultats, l'éducatrice se fixe de nouvelles centrations d'observation qui l'aideront à planifier ses prochains projets et activités. Le processus éducatif se remet alors en branle.

Les étapes du processus éducatif

❖ L'observation consiste à recueillir des données susceptibles d'aider l'éducatrice à assurer le bien-être et la sécurité de l'enfant, et à favoriser son développement global.

❖ La planification repose sur l'élaboration d'un plan d'action visant à répondre aux besoins de l'enfant et à stimuler son apprentissage.

❖ L'organisation suppose l'adaptation de l'environnement physique ainsi que la préparation du matériel nécessaire à la réalisation des activités et projets prévus, ou le soutien logistique apporté aux enfants lorsque ce sont eux qui créent des projets et des activités.

❖ L'intervention consiste à agir directement ou indirectement auprès de l'enfant dans différentes situations afin d'assurer son bien-être et sa sécurité et de favoriser son développement global.

❖ L'évaluation constitue l'étape où l'éducatrice fait le bilan de ses interventions et des résultats obtenus tout en se fixant de nouvelles pistes d'observation.

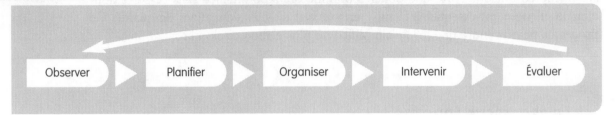

Figure 1.3 Processus éducatif

Observer ▷ Planifier ▷ Organiser ▷ Intervenir ▷ Évaluer

1.3.3 Le rôle de l'éducatrice dans l'observation

La nécessité d'observer les enfants ne date pas d'hier. Déjà, en 1762, Jean-Jacques Rousseau exprimait ce besoin de l'éducatrice de mieux connaître ses élèves afin d'être en mesure de faciliter leur apprentissage. Ce qui était vrai hier l'est encore aujourd'hui. Certaines personnes pourraient être portées à croire que l'observation se limite à la description du comportement des enfants. Quelle erreur ! L'observation est une tâche complexe qui nécessite la mise en application de connaissances variées, l'adoption de certaines attitudes qui s'avèrent essentielles et le développement d'habiletés très diversifiées. En fait, quand il est question d'observation, le rôle de l'éducatrice consiste à transférer les connaissances acquises à son milieu de travail, à s'engager dans un processus d'auto-évaluation et à réaliser adéquatement chacune des étapes de la démarche d'observation.

Comme nous l'avons vu précédemment, c'est de l'observation que découlent tous les autres actes pédagogiques de l'éducatrice : la planification, l'organisation, l'intervention et l'évaluation. Accorder à l'observation la place qu'elle mérite permet d'être davantage en mesure de planifier et d'organiser des activités adaptées aux besoins des enfants. On peut ainsi intervenir de manière adéquate auprès de ceux-ci, de leurs parents et des autres intervenants, tout en se donnant le moyen de travailler dans une perspective d'amélioration continue.

1.3.4 Les difficultés que peut éprouver l'observatrice

« Il nous semble important de remarquer que l'observation n'est pas à la portée de quiconque et qu'une formation se révèle essentielle » (De Ketele, 1987, p. 29). Ainsi, il ne suffit pas de vouloir observer les enfants pour arriver à le faire adéquatement. Par la formation, l'éducatrice prend conscience de la nécessité de demeurer la plus objective possible ; cela représente, rappelons-le, le point de départ de toute observation valable. Le manque d'objectivité demeure bien souvent l'obstacle principal à l'observation.

Une fois cette étape franchie, l'éducatrice doit faire face à certaines difficultés résultant du contexte même de l'observation. Ainsi, le fait qu'elle ait à interagir avec le groupe d'enfants au moment de l'observation rend parfois cette tâche difficile. De plus, la réalité du grand nombre d'enfants par groupe fait en sorte qu'elle peut omettre des observations importantes. Par ailleurs, le manque de temps lié à la multiplicité des tâches de l'éducatrice limite sa disponibilité par rapport à l'observation systématique de certains comportements. L'éducatrice doit donc chercher à éviter certains pièges. Pour y arriver, certains moyens sont présentés ci-dessous à titre indicatif.

LES PIÈGES QUE L'OBSERVATRICE DOIT ÉVITER

1. Je suis certaine d'être objective, mais je ne le suis pas réellement.

La meilleure façon de contrer cette difficulté est sans doute de s'autoévaluer (démarche réflexive et démarche de confrontation) régulièrement.

2. Je n'arrive pas à intégrer l'observation à mes autres tâches.

Ici, tout est une question de planification et d'organisation. Ainsi, en planifiant davantage ses observations à partir d'un guide ou d'un plan, comme nous le verrons plus loin dans ce manuel, l'éducatrice détermine la façon dont elle entend s'y prendre pour observer les enfants en fonction de sa réalité du moment (groupe d'âge, nombre d'enfants, horaire, local, méthodes les mieux adaptées, outils disponibles, etc.). Elle a également la possibilité de discuter de la question avec les membres de son équipe afin de trouver des solutions à ses problèmes. Il lui reste ensuite à organiser son observation en fonction des décisions qu'elle a prises au moment de la planification (achat de matériel, aménagement de l'espace, accessibilité des outils d'observation, etc.).

3. Je n'arrive pas à observer tous les enfants de mon groupe.

L'éducatrice peut s'exercer à acquérir une meilleure vue d'ensemble du groupe en trouvant des moyens concrets susceptibles de l'aider. Il s'agit par exemple de sa position dans l'espace, de l'utilisation de tous ses sens, de l'aménagement de l'espace de manière à faciliter l'observation et de la mise en place de règles de sécurité. Elle peut également ajouter à son guide d'observation des grilles lui permettant de s'assurer qu'elle prend des notes sur tous les enfants. L'utilisation de la rétroaction vidéo peut également permettre à l'éducatrice de contourner cette difficulté, car elle pourra revenir sur une séquence si elle constate qu'elle a omis de faire des observations sur un enfant en particulier. Il ne faut pas oublier que l'utilisation d'une caméra vidéo nécessite l'autorisation des parents de l'enfant.

LA POSITION DE L'ÉDUCATRICE DANS L'ESPACE L'éducatrice doit éviter autant que possible de se placer de manière à tourner le dos aux enfants. Lorsqu'il lui est impossible de faire autrement, elle doit être plus attentive sur le plan sonore afin de rester à l'affût de ce qui se passe autour d'elle. Circuler fréquemment dans l'espace est tout à fait indiqué afin d'observer la situation de différents points de vue, surtout si le groupe est réparti dans plus d'une pièce. Lorsque l'éducatrice aide un enfant assis à une table, elle doit se placer près de lui et légèrement de biais afin de ne pas perdre de vue les autres enfants. Lorsque plus d'un groupe est rassemblé dans un même endroit, pendant la période de jeux libres à l'extérieur, par exemple, il peut être avantageux que les éducatrices se répartissent les espaces à observer. En outre, si on fait une sortie dans un lieu public comme un parc, il est essentiel de compter les enfants régulièrement afin de s'assurer qu'ils sont tous à proximité. L'utilisation de dossards peut également assurer à l'éducatrice une meilleure vue d'ensemble et lui permettre de repérer les enfants de son groupe plus rapidement.

L'UTILISATION DE TOUS LES SENS Lorsqu'elle fait appel à tous ses sens, l'éducatrice est davantage en mesure de relever des indices lui permettant de conserver une bonne vue d'ensemble. L'éducatrice qui travaille auprès des poupons, par exemple, sera avertie par son odorat que la couche d'un des enfants doit être changée. De même, un bruit suspect, ou l'absence soudaine de bruit, pourra l'alerter immédiatement.

L'AMÉNAGEMENT DE L'ESPACE La façon dont l'espace est aménagé peut aider l'éducatrice à maintenir une vue d'ensemble ou lui nuire, selon le cas. Si elle s'aperçoit que son aménagement lui pose problème, il est tout à fait indiqué qu'elle entreprenne certains changements. En outre, si l'éducatrice change les meubles de place lorsque cela s'avère possible, la nouveauté apportée peut stimuler davantage son attention.

LES RÈGLES DE SÉCURITÉ La meilleure vue d'ensemble qui soit ne suffit pas toujours à assurer la sécurité d'un groupe d'enfants. Même si l'éducatrice est très vigilante, même si elle utilise tous ses sens, et même si elle a une bonne vue d'ensemble, il peut arriver qu'elle n'ait pas vu ce qui vient de se passer ou qu'elle ne soit pas intervenue assez rapidement. En effet, il suffit d'un instant pour qu'un poupon porte un objet à sa bouche ou qu'un enfant d'âge scolaire décide de courir dans la rue à la poursuite d'un ballon. Il est donc essentiel de prévenir les situations le plus possible et de responsabiliser les enfants qui sont en âge de comprendre la notion de danger. La mise en place de certaines règles peut faciliter grandement le travail de l'éducatrice. Au moment des déplacements, par exemple, il est important de donner des consignes claires aux enfants tout en les sensibilisant aux dangers potentiels.

LES GRILLES D'OBSERVATION L'éducatrice peut créer ou adapter des grilles qui lui permettront de noter des observations sur chacun des enfants de son groupe. Ces grilles peuvent prendre une multitude de formes selon les besoins du moment. Par exemple, la grille de l'exemple 1.3 permet de noter des observations sur chaque enfant du groupe,

---

Exemple 1.3 — **Grille d'observation d'un groupe**

Date : 14 novembre

Nom de l'enfant	Observations
Julie	Au moment de la collation, Julie offre son aide pour nettoyer la table. L'éducatrice la remercie et lui indique l'endroit où elle peut aller chercher un chiffon.

L'observation au quotidien

Nom de l'enfant	Observations
Laurianne	Lorsque son père vient la chercher à 17 h, Laurianne lui propose de venir voir la maquette qu'elle a réalisée.
Audrey	Au moment de la causerie du matin, Audrey raconte un de ses rêves pendant cinq minutes.
Marc	Marc a proposé un nouveau jeu au moment où le groupe était à l'extérieur du service de garde. Il a expliqué les consignes et répondu aux questions des autres enfants. Puis tous les enfants du groupe ont expérimenté son jeu. Marc a dit en souriant qu'il était très content.
Pierrick	Il n'a pas dormi pendant la sieste. Il m'a demandé un livre et l'a regardé, étendu sur son matelas pendant toute la durée de la sieste.

alors que la grille de l'exemple 1.4 permet de noter des observations reliées à chacune des dimensions du développement global, pour chaque enfant du groupe. Ces deux grilles sont utilisées pendant une période de temps précise.

Exemple 1.4

Grille d'observation d'un groupe

Date : 7 au 17 janvier   Groupe : 4 ans

Contexte de l'observation : Observations recueillies au moment de la période de jeux libres en après-midi. Les enfants choisissent leurs activités selon leurs goûts et leurs champs d'intérêt. Le matériel disponible dans le local est facilement accessible. Je présente deux nouveautés aux enfants (des blocs géants, une valise contenant des objets mystérieux).

Nom	Dimensions du développement			
	Physique et moteur	**Socioaffectif et moral**	**Intellectuel**	**Langagier**
Catherine	Elle fabrique une tour de 10 blocs en alternant les couleurs.			Elle récite une comptine sur les vêtements.
Nathan		Il demande de l'aide à un ami pour ouvrir une valise fermée à clé.	Il invente une utilité à un objet inconnu.	
Olivier				Il raconte sa visite au verger à un autre enfant.

LA RÉTROACTION VIDÉO L'éducatrice ne peut pas tout voir et elle ne peut pas accorder la même attention à tout ce qui se passe. La rétroaction vidéo consiste à placer une caméra fixe dans le local où ont lieu les activités ou à demander à une personne extérieure de filmer le groupe. Cette technique permet à l'éducatrice de revoir autant de fois qu'elle le désire certaines séquences et d'observer ses interactions avec les enfants.

4. Je manque de temps pour observer les enfants.

L'éducatrice est en général très occupée lorsqu'elle est en présence des enfants. Cependant, étant donné l'importance de l'observation, il est essentiel qu'elle s'interroge sur sa façon de gérer son temps. Pourquoi ne pas d'abord utiliser l'horaire de la journée afin de déterminer les moments où il peut être possible d'observer les enfants ? Ensuite, l'éducatrice peut s'auto-observer en décrivant ce qu'elle fait pendant ces périodes. Si elle sort sans cesse du matériel, c'est peut-être parce que celui-ci n'est pas suffisamment accessible aux enfants. Ou peut-être n'a-t-elle pas bien prévu ce dont les enfants pourraient avoir besoin au moment de sa planification. Si elle intervient sans cesse auprès des enfants pour expliquer les consignes d'une activité, peut-être celle-ci n'est-elle pas adaptée à leurs besoins ou ne répond-elle pas à leurs champs d'intérêt. Si l'éducatrice est sans cesse sollicitée par les enfants, il se peut que les activités proposées soient toujours les mêmes et provoquent l'ennui, ou qu'elles ne favorisent pas suffisamment l'autonomie des enfants. Par ailleurs, en prenant toujours avec elle un carnet de notes, l'éducatrice peut inscrire très rapidement certaines observations et les reporter dans son journal de bord à la fin de la journée.

1.3.5 Les objets de l'observation

Pour pouvoir élargir son point de vue, l'éducatrice doit centrer son attention sur différents « objets[6] » d'observation. L'éducatrice observe donc à la fois l'enfant, le groupe, elle-même, les parents, l'environnement physique, le milieu, le matériel, etc. (voir le tableau 1.3).

1.3.6 Les contenus de l'observation

L'éducatrice s'intéresse au développement global de l'enfant, mais également à son alimentation, à son hygiène personnelle, à son sommeil, à sa santé et à son bien-être psychologique ou développement socioaffectif (Larose, 2000). Par exemple, en ce qui a trait au bien-être et à la sécurité de l'enfant, elle peut observer la réaction et le comportement suivants :

---

6. Le terme « objet » est utilisé ici comme dans le Programme d'études des techniques d'éducation à l'enfance de la Direction générale des programmes et du développement du ministère de l'Éducation du Québec. Il se distingue de l'« objet » dans la situation pédagogique.

Tableau
1.3

Quelques caractéristiques des objets d'observation

Objets d'observation	Caractéristiques (variant selon la situation)
Enfant	Âge (0-12 ans), nationalité, langue d'usage, niveau d'apprentissage, goûts et champs d'intérêt, sexe, etc.
Groupe	Formation par groupe d'âge, multi-âges Ratio selon le type de service de garde
Éducatrice	Formation, âge, sexe, nationalité, expérience
Parents	Famille traditionnelle, reconstituée, monoparentale Niveau de scolarité (varie de l'analphabétisme aux études universitaires) Valeurs, personnalité, culture
Environnement physique	Moderne, ancien, adapté aux enfants ou non, construit en fonction de la vocation d'un service de garde ou modifié
Milieu	Urbain, rural Garde en installation, garde en milieu de travail, garderie reconnue ou non, halte-garderie, garde en milieu scolaire, garde en milieu familial, jardin d'enfants Milieu socioéconomique variable
Matériel	Équipement adapté à l'âge, à la clientèle, à chacune des dimensions du développement global Budget variable selon le milieu

❖ Comportement observable : s'endort cinq minutes après le début de la sieste (sommeil).

❖ Réaction observable : a des rougeurs sur le ventre après avoir consommé du jus d'orange (alimentation, santé).

En ce qui a trait au bien-être psychologique du poupon, l'éducatrice peut remarquer les comportements suivants :

❖ Comportements observables : pleure lorsqu'il voit un étranger et tend les bras à l'éducatrice ; rit aux éclats lorsque l'éducatrice le chatouille avec une marionnette.

Afin de favoriser le développement global de l'enfant, l'éducatrice observe les dimensions physique et motrice, socioaffective et morale, intellectuelle ou cognitive et langagière (regroupement suggéré dans le *Programme éducatif des centres de la petite enfance*).

Dans la réalité, ces dimensions sont toutes interreliées, et un comportement implique rarement une seule dimension.

À première vue, l'enfant qui découpe un cœur dans du carton se situe très certainement dans la dimension physique et motrice de son développement. Toutefois, si elle observe l'enfant attentivement, l'éducatrice peut comprendre qu'il découpe ce cœur afin de l'offrir à quelqu'un. La dimension socioaffective est donc présente. De plus, l'enfant ne vient-il pas d'exprimer verbalement ses émotions? La dimension langagière est donc également de la partie.

Ces dimensions du développement, que l'on nomme également «aspects du développement», sont regroupées de différentes manières selon les auteurs (voir le tableau 1.4). Certains s'intéressent au développement global, alors que d'autres se limitent à l'une ou l'autre de ses dimensions.

Chacune de ces dimensions (ou aspects) du développement de l'enfant peut se subdiviser en différentes composantes qui viendront les préciser. De chacune de ces composantes découlent des apprentissages qui s'exprimeront par des comportements que l'éducatrice pourra observer (voir les figures 1.4, 1.5 et 1.6).

Figure 1.4 — Dimension du développement, composantes et comportements observables

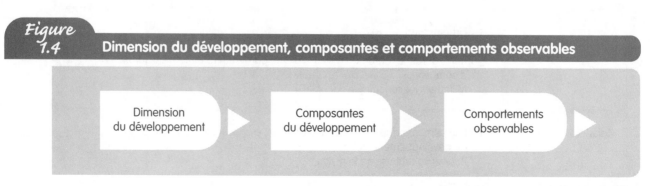

Au cours d'une même activité, l'enfant peut réaliser une multitude d'apprentissages. L'éducatrice a donc l'occasion de l'observer sous différents angles. Puisqu'il lui est impossible d'accorder autant d'attention à tout ce qui se passe, elle doit faire des choix. Par exemple, elle peut s'attarder sur la dimension socioaffective, ce qui ne l'empêche pas de percevoir par la même occasion ce qui se passe sur le plan moteur. La plupart du temps, les apprentissages réalisés par l'enfant concernent plus d'une dimension de son développement. En consultant des ouvrages de référence[7] et en s'exerçant régulièrement à décrire le comportement de l'enfant, l'éducatrice a la possibilité d'acquérir graduellement une meilleure compréhension du développement de chacun des membres de son groupe. Voici quelques exemples de comportements observables:

7. Voir par exemple Hendrick (1993), Betsalel-Presser et Garon (1984), Brigance (1997), Olds et Papalia (2001), Pelletier (1998), Grand et Garand (1985).

Tableau
1.4

Dimensions ou aspects du développement global

Auteurs ou source	Dimensions ou aspects	
Programme éducatif des centres de la petite enfance (1997) 0-12 ans	Dimension physique et motrice Dimension intellectuelle	Dimension socioaffective et morale Dimension langagière

Hendrick (1993) 0-12 ans	Motricité globale
	Motricité fine
	Aspect affectif
	Aspect social
	Aspect multiculturel
	Sexisme absent
		Créativité
		Aspect cognitif :
		    habiletés intellectuelles
		Aspect cognitif : habiletés
		    langagières

Olds et Papalia (2001) 0-12 ans	Développement physique Développement intellectuel	Développement de la personnalité et développement social
Pelletier (1998) 1-12 ans	Aspect cognitif Aspect psychomoteur Aspect social	Aspect affectif Aspect moral
Brigance (1997) 0-7 ans	Habiletés motrices et comportement Motricité globale Motricité fine Développement socioaffectif Autonomie Langage	Connaissances générales et maîtrise des concepts Prélecture Lecture Écriture Calcul

Grand et Garand (1985) 3-5 ans	Activités motrices
	Activités manuelles
	Conscience du corps
	Activités de relaxation
	Relations avec les autres enfants
	Communication verbale
	Expression des émotions
	Expression créatrice
	Habitudes de travail
		Relations avec les adultes
		Organisation perceptive
		Orientation dans l'espace
		Orientation dans le temps
		Développement de la pensée
		    logique
		Adaptation aux moments
		    de la journée

Dimensions du développement

Dimensions physique et motrice	Dimension intellectuelle	Dimensions socio-affective et morale	Dimension langagière

▽ ▽ ▽ ▽

Composantes du développement*

Perceptions visuelles, auditives, olfactives, gustatives et tactiles Schéma corporel Latéralisation Motricité globale Motricité fine	Connaissance du monde Compréhension des relations entre les objets et entre les événements Construction de la pensée Raisonnement logique Résolution de problèmes	Confiance en soi Estime de soi Connaissance de soi Autonomie Habiletés sociales Établissement de liens Communication efficace Expression de soi Empathie Confiance envers autrui Sentiment d'appartenance Respect des règles	Résolution de conflits Expression verbale des émotions et des idées Compréhension du langage parlé Expression de ses idées par la création artistique

▽ ▽ ▽ ▽

Comportements observables**

Manipule un hochet sonore à l'aide de sa main gauche (poupon).
Crée un montage à partir de pâte à modeler, de sable et de carton (enfant de 4 ans).

* Le terme «composantes» est repris par l'auteure. Cependant, les éléments retenus sont tirés du *Programme éducatif des centres de la petite enfance* (1997).

** Il s'agit d'exemples.

Source: Programme éducatif des centres de la petite enfance (1997).

❖ Dimensions socioaffective et motrice: partage un jouet avec un autre enfant (dimension socioaffective); grimpe sur une chaise (dimension motrice).

❖ Dimensions intellectuelle et motrice: enfile des perles de couleurs en respectant la séquence rouge, blanc, rouge, blanc; nomme les parties du visage en les touchant à la demande de l'éducatrice.

❖ Dimensions intellectuelle, langagière, affective et motrice: choisit un atelier sans le soutien de l'éducatrice; joue à la corde à danser avec deux autres enfants en récitant une comptine; classe des formes en fonction de leur couleur; imite le cri d'un oiseau au moment où l'éducatrice raconte une histoire sur les pigeons.

Figure
1.6

Aspects du développement, composantes et comportements observables

Aspects du développement

Aspect cognitif	Aspect psycho-moteur	Aspect social	Aspect affectif	Aspect moral

Composantes du développement de l'enfant

Habiletés logiques Créativité Langage Connaissances Compréhension du monde	Motricité globale Motricité fine Latéralité Schéma corporel Organisation temporelle et sens rythmique Organisation spatiale Organisation perceptive	Conscience des autres ou empathie Relations avec les pairs Relations avec l'adulte Sens des responsabilités	Confiance (estime de soi) Autonomie Expression des besoins et des sentiments	Conception du bien et du mal Acceptation des différences Intégration des règles, des valeurs

Comportements observables*

Contexte : Les 10 enfants d'un groupe de 4 ans participent à la réalisation d'un projet qui s'intitule « l'hôpital ». Olivier prend une seringue en plastique et la manipule en poussant dessus. Il demande ensuite à Virginie si elle veut jouer avec lui au docteur. Elle accepte. Olivier lui demande donc pourquoi elle vient lui rendre visite. Elle lui dit qu'elle a mal à la tête. Il lui propose de lui faire une injection. Elle accepte aussitôt en disant : « Tu pourras m'en faire d'autres si ça fait encore mal. »

* Ce texte a été rédigé par l'auteure à partir d'une situation décrite par Pelletier (1998).

Source : Pelletier (1998).

En résumé, il existe divers objets de l'observation. Seule une étude approfondie de chacun de ces objets et de leurs interrelations peut aider l'éducatrice à bien comprendre certaines situations. De plus, les principaux buts de l'observation consistant à assurer le bien-être et la sécurité de l'enfant tout en favorisant son développement global et harmonieux, il va de soi qu'il faut s'attarder sur l'ensemble des dimensions développementales (voir le tableau 1.5).

Tableau
1.5 Observation en milieu éducatif

Objets de l'observation (ce qu'on observe)	But de l'observation : assurer le bien-être et la sécurité des enfants	But de l'observation : favoriser le développement global des enfants
L'enfant, le groupe, l'éducatrice, les parents, l'environnement physique, le milieu, le matériel, etc.	Contenu de l'observation (thèmes observables) : • Alimentation • Hygiène personnelle • Sieste • Habillage et déshabillage • Santé • Bien-être psychologique (développement socioaffectif)	Contenu de l'observation (dimensions observables) : • Dimensions physique et motrice • Dimensions socioaffective et morale • Dimension intellectuelle • Dimension langagière

1.3.7 Les situations où l'observation est nécessaire

Selon Champoux, Couture et Royer (1992, p. 3), l'observation sert à « objectiver le jugement », « à donner des pistes pour l'intervention », « à préciser une demande de services adaptés » et à « évaluer l'intervention ». Par « objectivation du jugement », on entend le fait de baser son évaluation sur des faits plutôt que sur des impressions. Décrire clairement les compétences acquises par l'enfant à l'aide de comportements observables est un moyen fiable d'aller dans ce sens. La démarche est la même, que l'on observe la capacité d'un poupon à ramper ou celle d'un enfant d'âge scolaire à créer une œuvre d'art.

L'observation permet de trouver des pistes d'intervention valables et de faire les changements nécessaires au fur et à mesure des besoins. En outre, elle permet d'évaluer la qualité des interventions mises de l'avant par l'éducatrice.

1.4 L'OBSERVATION PAR LE JEU

L'observation dans un milieu éducatif suppose l'acquisition de connaissances précises et le perfectionnement de certaines habiletés et attitudes. Plusieurs moyens peuvent nous permettre d'acquérir ces compétences. Il est évidemment pertinent de faire des exercices d'observation directement auprès des enfants, dans un laboratoire d'observation ou à l'aide de moyens audiovisuels. Nous encourageons fortement la lectrice à faire ce type d'exercices. En outre, les jeux d'observation sont un complément efficace pour développer certaines attitudes et habiletés utiles à l'observatrice et pour les conserver. Il ne faut donc pas hésiter à les utiliser, surtout si l'on souscrit au principe selon lequel l'enfant apprend par le jeu (*Programme éducatif des centres de la petite enfance*, 1997).

Dites si, dans les situations suivantes, l'observation est souhaitable. Répondez par oui ou par non selon les facteurs mentionnés. Discutez de vos réponses avec vos pairs.

1. La mère de Jérémie (2 ans) me dit qu'il a très mal dormi hier et qu'il s'est plaint d'avoir mal aux oreilles. (oui)

2. Le service de garde a un budget serré ; alors, j'observe la cuisinière pour savoir si elle gaspille la nourriture. (Non)

3. Olivier est nouveau dans le service de garde. J'observe la façon dont les autres enfants réagissent à son égard. (oui)

4. J'adore Véronique, car elle est très gentille avec moi. Je l'observe plus que les autres (Non)

5. Je demande aux enfants de réciter une comptine et je les observe pour voir comment chacun d'eux se débrouille. (oui) intellectuel

6. Pendant une excursion en forêt, je demande aux enfants d'observer un insecte qui passe près de nous. (oui) Langage

7. J'observe la nouvelle éducatrice du groupe des poupons afin de m'assurer qu'elle fait bien son travail. (Non)

8. Au moment où je range le matériel de mon groupe, j'observe les objets défectueux afin de pouvoir les réparer ou les remplacer. (oui) sécurité

9. J'observe les voitures des parents afin de connaître leur situation financière. (Non)

10. Avant d'aller dîner, j'observe les enfants pour m'assurer qu'ils se sont tous lavé les mains. (oui) hygiène

11. J'observe l'aménagement de mon local afin de m'assurer qu'il sera stimulant pour les enfants. (oui)

12. Au moment d'une interaction avec un enfant d'un autre groupe, je m'observe afin de m'assurer que le ton de ma voix est ferme mais que je ne crie pas. oui

13. Pendant la récréation, j'observe les allées et venues de la directrice de l'école. (Non)

14. Je relis soigneusement ma planification afin de m'assurer que je n'ai pas oublié de matériel pour ma prochaine activité. (oui)

15. J'observe le comportement des enfants dans l'escalier afin de m'assurer de leur sécurité. (oui)

1.4.1 Les habiletés et attitudes de l'observatrice

Les habiletés nécessaires à l'observation sont nombreuses et elles exigent un certain entraînement. Elles impliquent, entre autres, plusieurs formes de discrimination et de mémoire sensorielles (vue, odorat, ouïe, toucher), la concentration, l'attention et la capacité d'analyse. Du côté des attitudes, l'éducatrice doit se montrer ouverte, curieuse, capable de collaboration et d'entraide, et respectueuse à l'égard des autres. Ces attitudes sont essentielles pour tenir compte des ressources de chacun des membres d'une équipe de travail. De plus, elles facilitent les échanges au moment où l'éducatrice doit confronter les résultats de ses observations à ceux d'autres personnes (parents, intervenants).

Faire le parallèle avec les méthodes que nous utiliserons dans une situation réelle d'observation nous aide à mieux comprendre nos façons de procéder. Sommes-nous des joueuses intuitives qui explorent à l'aveuglette? Avons-nous tendance à employer systématiquement certaines stratégies pour arriver à découvrir la solution d'un jeu? Quelles sont les stratégies que nous utilisons spontanément? Aurions-nous avantage à varier ces stratégies ou à en expérimenter d'autres? Nous inspirons-nous des méthodes dont se servent nos pairs lorsqu'ils réussissent certains jeux mieux que nous? Les jeux d'observation nous offrent l'occasion d'acquérir les compétences sollicitées par chacune des étapes de la démarche d'observation. Voici les principales compétences à acquérir à l'étape de l'observation :

❖ la discrimination (action de distinguer ou de différencier) : visuelle, auditive, olfactive, tactile et gustative ;

❖ la mémorisation (action de se souvenir ou de conserver de l'information visuelle, auditive, olfactive, gustative et tactile) ;

❖ la concentration (capacité de demeurer attentif) ;

❖ l'ouverture (capacité de percevoir les choses ou les événements sans porter de jugements) ;

❖ le respect (capacité de prendre en considération le point de vue de l'autre).

1.4.2 Les jeux d'observation

De plus en plus répandus et faciles d'accès, les jeux d'observation se présentent sous différentes formes. Jeux coopératifs, énigmes, jeux à l'ordinateur, rallyes, jeux de cartes peuvent s'avérer très efficaces lorsqu'ils sont utilisés fréquemment. Une multitude de jeux plus stimulants les uns que les autres pour l'observation sont disponibles sur le marché, dans différents sites Internet ou dans divers livres ou cahiers. Par exemple, dans leur ouvrage *Le plaisir de jouer*, Crevier et Bérubé (1987) suggèrent une grande variété de jeux coopératifs dont plusieurs favorisent à la fois la prise de contact et l'observation. L'exercice qui suit présente quelques adaptations de ces jeux.

Exercice 1.4 Des jeux

Après avoir expérimenté les jeux suggérés ci-dessous, nommez quelques habiletés et attitudes pouvant être stimulées par chacun d'eux en comparant vos réponses à celles des autres membres du groupe.

Jeu 1 : Noms et mouvements

Placés en cercle, les participants disent leur prénom et font un geste qui les représente. Ensuite, chacun dit son prénom, fait son geste et appelle une autre personne en disant son prénom et en faisant son geste. Exemple : Josée (geste de la main) appelle David (mouvement avec le pied). C'est ensuite le tour de David et ainsi de suite.

Jeu 2 : La «tag» amoureuse

La personne qui a la «tag» brandit un foulard pour s'identifier. Afin de devenir intouchables, les joueuses peuvent se regrouper en se prenant par les épaules en fonction du nombre de personnes indiqué par la meneuse de jeu par groupe de quatre, de deux, de neuf, etc. Cependant, il est interdit de demeurer en groupe plus de cinq secondes. La personne attrapée a la «tag» à son tour.

Jeu 3 : Main à main

En silence, les joueuses circulent dans la pièce. La meneuse de jeu nomme des émotions (la peur, la joie, la haine, la hâte, etc.) que les joueuses devront tenter de transmettre par une poignée de main qu'elles donneront au plus grand nombre de participantes possible.

Jeu 4 : La tueuse

La meneuse de jeu choisit une tueuse sans que les autres participantes puissent l'identifier. Son arme est le clin d'œil. Pendant que les membres du groupe circulent dans la pièce, la tueuse fait des clins d'œil discrets afin de ne pas se faire repérer. Ses victimes doivent compter jusqu'à cinq puis s'effondrer par terre, crier et faire une mimique de circonstance puisqu'elles sont victimes d'une mort atroce. Lorsqu'une joueuse a un doute sur l'identité de la tueuse, elle lève la main et dit : «J'ai un doute.» Si personne ne l'appuie, c'est-à-dire si personne ne pense connaître également l'identité de la tueuse, elle doit immédiatement imiter les cris et gestes d'une personne en train de mourir d'une mort atroce. Si ces deux personnes identifient correctement la tueuse, le jeu s'arrête. Dans le cas contraire, elles doivent s'effondrer immédiatement et le jeu continue.

Jeu 5 : Les couleurs

Les joueuses circulent dans la pièce. Lorsque la meneuse de jeu dit une couleur, elles doivent immédiatement se précipiter pour toucher cette couleur sur les vêtements d'une autre personne.

CONCLUSION

Dans le présent chapitre, nous avons fait le parallèle entre l'observation dans la vie quotidienne et l'observation en milieu éducatif afin de prendre conscience de certains de nos acquis et de nos défis à relever en la matière. Ensuite, nous avons exploré différentes définitions de l'observation en faisant ressortir les mots clés de chacune d'elles. Cette démarche nous a amené à constater que le sens des mots n'est pas le même pour tous. Cela explique, entre autres, pourquoi il est toujours préférable de reproduire fidèlement les propos d'une personne observée plutôt que de les exprimer à notre façon. Par ailleurs, il est parfois très pertinent de vérifier auprès de la personne concernée le sens qu'elle donne à son propos afin d'éviter les mauvaises interprétations. Nous avons aussi situé l'observation dans un contexte plus large par le biais du programme éducatif, de la situation pédagogique et des différentes finalités de l'observation et en explorant un moyen concret de développer certaines habiletés et attitudes nécessaires à l'observatrice : le jeu.

ACTIVITÉS D'ÉVALUATION FORMATIVE

Trouver le bon mot

Complétez les phrases suivantes en ajoutant le terme le plus approprié parmi la liste ci-dessous :

- ❖ recueillir
- ❖ confrontation
- ❖ objectivité
- ❖ outils
- ❖ d'objectivité
- ❖ productions
- ❖ percevoir
- ❖ méthodes
- ❖ faits
- ❖ pièges
- ❖ processus
- ❖ l'autoévaluation
- ❖ critères
- ❖ connaître
- ❖ besoins

1. L'observation en milieu éducatif est possible si l'on utilise les _____ et les _____ d'observation appropriés.

2. L'observation dans la vie quotidienne permet à l'individu de _____ la réalité qui l'entoure.

3. Il est essentiel que l'éducatrice arrive à bien se connaître afin d'éviter les _____ qui peuvent nuire à son _____ .

4. Aider une personne à apprendre nécessite que l'on s'intéresse à elle et que l'on relève ses _____ .

5. L'observation repose sur un _____ complexe.

6. Il est important de baser notre interprétation de la réalité sur des _____ .

7. La notion d'observation est étroitement liée à la notion _____ .

8. _____ est un moyen efficace de demeurer plus objectif.

9. L'éducatrice peut s'engager dans une démarche réflexive ou une démarche de _____ pour s'assurer d'une plus grande objectivité.

10. L'observation cherche à _____ l'information tandis que l'évaluation la compare avec des _____ .

11. Lorsqu'elle s'intéresse aux _____ de l'enfant, l'éducatrice le fait pour mieux _____ l'enfant.

1. Quel est le but principal de l'observation en milieu éducatif ?

2. Quels sont les deux liens que vous pouvez établir entre le *Programme éducatif des centres de la petite enfance* et l'observation ?

3. Quelles sont les cinq composantes du processus éducatif ?

4. Quelles sont les quatre habiletés et attitudes nécessaires à l'observatrice ?

5. Quels sont les deux mots clés pouvant vous aider à définir l'observation ?

6. Quelle est la différence fondamentale entre l'observation et l'évaluation ?

7. Quels sont les deux moyens que peut utiliser l'éducatrice pour rendre l'observation plus efficace tout en se facilitant la tâche ?

8. Quel est le moyen simple, efficace et facilement accessible qui peut aider l'éducatrice à améliorer ses habiletés et attitudes comme observatrice ?

9. Quelles sont les six étapes de la démarche d'observation que vous avez expérimentées par l'entremise du travail d'observation ?

10. Que peut faire l'éducatrice pour s'assurer qu'elle est la plus objective possible ?

Regroupez chacun des énoncés ou des mots suivants dans la catégorie correspondante.

1. Chaque enfant est un être unique.
2. Bien-être de l'enfant
3. Éducatrice
4. Planifier
5. Développement de l'enfant
6. Environnement physique
7. Évaluer
8. Sécurité
9. L'enfant apprend par le jeu.
10. Enfant

Processus éducatif : _____

Programme éducatif (principes) : _____

Objets de l'observation : _____

Contenu de l'observation : _____

PROJET D'OBSERVATION

Titre du projet 1 : Le menu

Le projet d'observation 1 permet d'explorer de manière intuitive chacune des étapes d'une démarche d'observation : la planification et l'organisation de la démarche, la collecte des données, l'analyse des données, l'interprétation des résultats et l'évaluation de la démarche. À ce stade-ci, l'éducatrice ne doit pas s'inquiéter si elle a une idée imprécise de chacun de ces termes et si elle a l'impression de nager dans l'inconnu. Le but de l'exercice est justement de lui permettre d'explorer une démarche d'observation sans avoir reçu d'information précise à ce sujet. En travaillant ainsi, c'est-à-dire en se fiant à son intuition, en partant de ses acquis, l'éducatrice entreprend une démarche d'apprentissage qui repose sur des bases solides. Elle n'a aucune inquiétude à avoir, car nous lui transmettrons les notions théoriques à acquérir de façon graduelle et au moment opportun afin de susciter la meilleure compréhension et la meilleure intégration possible.

Dès maintenant, l'éducatrice a l'occasion d'explorer une méthode d'observation qui lui sera fort utile dans le cadre de son travail, soit l'auto-observation. Car, le premier pas à franchir avant d'observer les enfants consiste peut-être à accepter le fait que l'éducatrice elle-même peut influencer le comportement de ces derniers, et donc qu'elle a tout intérêt à apprendre à s'auto-observer avec la plus grande objectivité possible.

Niveau de difficulté	Application ou sensibilisation : la personne qui observe travaille de façon intuitive.
Objectifs	• Planifier une démarche d'observation. • Organiser une démarche d'observation. • Recueillir des données. • Analyser des données. • Interpréter les résultats. • Évaluer une démarche d'observation.

Marche à suivre

1. Trouvez une façon de procéder pour noter vos observations.

2. Notez tout ce que vous mangez et buvez pendant une semaine.

3. Discutez avec vos pairs de vos méthodes de travail respectives.

4. En équipe de travail, énumérez cinq façons de classer les données que vous avez recueillies pendant cette semaine d'observation.

5. Choisissez une des catégories que vous avez imaginées à l'étape précédente et classez une partie de vos résultats respectifs à partir de celle-ci.

6. Donnez un exemple de conclusion à laquelle vous pourriez arriver en fonction des résultats obtenus.

7. Répondez aux questions de la fiche d'autoévaluation. Encerclez les lettres ou les chiffres qui correspondent le mieux à votre choix de réponse. Plus d'une réponse est possible pour une même question.

FICHE D'AUTOÉVALUATION DU PROJET 1

Planification

1. Je choisis de noter mes données d'observation :

    a) au fur et à mesure que je les observe ;

    b) à la fin de chaque journée ;

    c) à la fin de la semaine ;

    d) lorsque j'ai le temps de le faire ;

    e) pêle-mêle ;

    f) en les regroupant par jour de la semaine ;

    g) en les regroupant par type de repas ;

    h) en précisant les heures.

Remarques : _____

_____

Collecte des données

2. Je recueille les données d'observation :

    a) en notant le nom des aliments de façon globale (ex. : pâté chinois, verre de lait) ;

    b) en notant le nom des aliments et en précisant les quantités (ex. : deux portions de pâté chinois et huit onces de lait) ;

    c) en notant le nom des aliments de façon détaillée (ex. : pâté chinois : bœuf, maïs, pommes de terre) ;

    d) en notant le nom des aliments de façon très détaillée (ex. : pâté chinois : bœuf haché mi-maigre assaisonné avec de la poudre d'oignon, du sel et du poivre du moulin, etc.) ;

e) en notant le nom des aliments dans un tableau, sous forme de liste, dans un texte narratif;

f) en dessinant les aliments que je mange ou en découpant des images dans des pages publicitaires.

Remarques : _____

_____

Analyse

3. J'analyse les données recueillies :

a) en énumérant cinq façons différentes de regrouper les aliments en catégories;

b) en transposant facilement les résultats obtenus dans une des catégories que j'ai retenue;

c) en cernant facilement les similitudes et les différences entre les données recueillies en fonction de la catégorie sélectionnée.

Remarques : _____

_____

Interprétation

4. J'interprète les résultats de mon observation en rédigeant une conclusion fictive de deux à trois phrases basée sur des faits.

Remarques : _____

_____

Évaluation

5. J'évalue ma démarche d'observation :

a) en déterminant ma façon de procéder;

b) en faisant ressortir les facteurs qui ont facilité mon travail ou lui ont nui;

c) en étant capable de suggérer des modifications à apporter dans ma façon de travailler.

Remarques : _____

_____

2

L'OBSERVATION ET L'ÉTHIQUE

Élément de compétence
Préparer son observation

Objectif d'apprentissage

❖ Déterminer les règles d'éthique à suivre pour chacune des étapes d'une démarche d'observation.

Objectifs spécifiques

❖ Définir la notion d'éthique.

❖ Établir des liens entre des situations concrètes et la présence de jugements moraux.

❖ Formuler des règles d'éthique adaptées à différentes situations.

❖ Réaliser toutes les étapes d'une démarche d'observation en appliquant des règles d'éthique.

INTRODUCTION

On façonne les plantes par la culture,
et les hommes par l'éducation.
JEAN-JACQUES ROUSSEAU, 1762

L'éducatrice, de par la nature de son rôle, a l'énorme responsabilité de favoriser le bien-être et le développement harmonieux des enfants dont elle a la charge. Les nombreux choix qu'elle est amenée à faire quotidiennement ont un effet direct sur le comportement de l'enfant et peuvent même avoir des répercussions sur sa vie adulte. Il est donc impératif que l'éducatrice fasse le point sur sa capacité à demeurer objective au moment de l'observation et de l'interprétation du comportement de l'enfant, réfléchisse à la valeur morale des décisions qu'elle prend ou questionne la pertinence des orientations prises par son équipe de travail. C'est ici que l'éthique entre en jeu. « L'éthique vise à nous permettre de faire des évaluations morales plus réfléchies, plus critiques et plus rationnelles du comportement d'autrui, de l'organisation de la société ou de nos propres décisions » (Blackburn, 1996, p. 5).

2.1 DÉFINITION ET BUTS DE L'ÉTHIQUE

L'éthique appliquée « s'intéresse à la morale et élabore des analyses et des théories sur la nature, la fonction et la valeur des jugements moraux. Ces jugements nous servent à évaluer le comportement d'autrui et l'organisation de la société ainsi qu'à guider nos propres actions » (Blackburn, 1996, p. 4). L'éducatrice, de par la nature de son travail, fait face quotidiennement à des dilemmes moraux. Doit-elle informer les parents de son intention de cesser son travail auprès de leur enfant dès qu'elle aura trouvé un emploi ailleurs ou attendre et les mettre devant le fait accompli? Doit-elle essayer de convaincre les parents de consulter un spécialiste pouvant répondre aux besoins particuliers de leur enfant? À quel moment est-il préférable d'intervenir plutôt que de laisser les enfants régler leur conflit entre eux? Lorsqu'un jeune enfant mord les autres enfants du groupe, doit-elle révéler son identité aux parents de ces derniers?

Dans un autre ordre d'idées, supposons qu'une éducatrice observe que les enfants se querellent régulièrement et qu'elle fait l'hypothèse que le manque d'espace peut en être la cause. Doit-elle remettre en question la décision d'équipe concernant l'espace alloué à son groupe, ou intervenir uniquement auprès des enfants et ainsi éviter des conflits potentiels? Souvent laissée à elle-même face à ce genre de questions, l'éducatrice s'en remet à ses propres valeurs, à son code d'éthique personnel. Choisir le chemin de la réflexion et du questionnement exige un investissement personnel important. En fait, choisir de s'engager personnellement sur le plan éthique, c'est comprendre la nécessité de questionner son propre comportement, ses décisions et accepter de se remettre en question lorsque la situation l'exige. Évidemment, une éducatrice peut faire le choix d'adopter des attitudes éthiques bien qu'il n'y ait pas de code de déontologie (synonyme d'éthique) dans son milieu de travail. Il serait heureux cependant que ce choix puisse devenir le premier pas vers une démarche collective d'élaboration d'un tel code.

2.2 LE CODE D'ÉTHIQUE DE L'ÉDUCATRICE

La définition la plus répandue d'un code d'éthique considère qu'il s'agit d'un «ensemble de règles et de principes régissant la pratique d'un domaine d'activité» (Legendre, 1993). Cependant, «les éthiciens font valoir que l'éthique est autre chose qu'un ensemble de règles à appliquer rigidement» (Blackburn, 1996, p. 19). En effet, bien que le code de déontologie contribue grandement à traduire les orientations générales d'un groupe ou d'une équipe de travail, il devient trop souvent une liste de vœux pieux qui libèrent la conscience de ceux qui prétendent le posséder sans toutefois influer véritablement sur leur pratique. Le premier comportement éthique que les éducatrices doivent adopter demeure de jeter un regard critique sur leurs gestes quotidiens. Cette responsabilité à la fois individuelle et collective repose sur une démarche qui implique non seulement l'élaboration de règles, mais leur mise à jour régulière.

C'est en questionnant ses jugements moraux et en confrontant sa perception avec celle de ses collègues que l'éducatrice s'assure davantage de la légitimité de ses décisions. Par la même occasion, elle redonne vie au code d'éthique véhiculé par son milieu. D'abord, elle doit développer sa capacité à reconnaître les situations qui relèvent de jugements moraux; ensuite, elle doit améliorer son habileté à discuter, de telle sorte que son point de vue repose sur des arguments valables. Les éducatrices n'ont pas à porter de jugements sur la morale des autres. Mais elles doivent prendre conscience de ce qui motive leurs propres choix afin de s'assurer que ces derniers correspondent vraiment à ce qu'elles veulent. Cela leur donnera la possibilité de nuancer leur point de vue.

Exercice 2.1

Les questions ci-dessous font toutes appel à des jugements moraux. En équipe de travail, répondez à chacune des questions par « oui », « non » ou « cela dépend de certains facteurs ». Ensuite, confrontez votre point de vue avec celui des autres participantes. Derrière vos arguments se dissimulent des jugements moraux que vous devez découvrir puis décrire au reste de la classe à la fin de l'exercice.

Exemple

Question : Dois-je transmettre cette information aux parents de Julien, même si cela pourrait nuire à l'enfant ?

Arguments

(Julie) Oui, car le parent a le droit d'être informé par rapport à tout ce qui concerne son enfant.

(Colette) Non. Si la réaction des parents risque de nuire à l'enfant, s'il risque d'être frappé, par exemple, je considère que je n'ai pas nécessairement à en parler. De plus, puisque je suis déjà intervenue par rapport à ce comportement au moment où il s'est produit, je considère que c'est suffisant.

Jugement moral

Le jugement moral qui motive le choix de Julie pourrait être que le droit des parents d'être informés de ce qui arrive à leur enfant passe avant le bien-être de celui-ci.

Le jugement moral qui motive le choix de Colette pourrait être que le bien-être de l'enfant passe avant le droit des parents d'être informés par rapport à ce qui lui arrive.

1. Dois-je communiquer cette observation à la mère d'Audrée sachant qu'elle travaille dans le même milieu que moi et que cela pourrait envenimer nos relations?

2. Dois-je garder le silence alors que j'ai toutes les raisons de croire qu'un enfant d'un autre groupe est victime d'abus et que son éducatrice refuse de porter plainte?

3. Dois-je intervenir lorsque j'observe une collègue qui agit de façon inadéquate avec un enfant?

4. Dois-je réagir lorsque j'observe qu'une collègue véhicule des préjugés à l'égard des parents d'un des enfants de son groupe?

Comme nous l'avons mentionné précédemment, un code d'éthique vivant implique un va-et-vient constant entre les principes mis de l'avant et leur application dans la vie quotidienne. Cela ne peut se faire sans une certaine forme d'engagement de la part des différents intervenants du milieu. L'engagement éthique correspond à la « capacité qui amène le sujet à développer son jugement moral, à prendre et à assumer des décisions et des comportements éthiques dans des situations professionnelles » (Grisé et Trottier, 1997, p. 80). À titre d'exemple, voici une ébauche de code d'éthique (voir le tableau 2.1) qui pourrait avoir été réalisée par une équipe de travail en milieu éducatif. Nous présentons un code d'éthique incomplet pour souligner le fait qu'un tel code doit s'enrichir des pratiques quotidiennes et être revu, discuté et augmenté régulièrement.

Tableau
2.1

Ébauche d'un code d'éthique pour l'observatrice

Principe : Chaque enfant est un être unique (MFEQ, 1997).

Droits de l'enfant	L'enfant a le droit de se développer globalement et à son rythme dans les meilleures conditions possibles. L'enfant a le droit d'avoir sa personnalité, ses valeurs, ses croyances et sa culture. L'enfant a le droit de recevoir une attention particulière lorsqu'il a des besoins spéciaux (handicap physique, déficience, trouble d'apprentissage, retard de développement, maladie, etc.).
Responsabilités de l'éducatrice	L'éducatrice a la responsabilité d'observer les apprentissages réalisés par l'enfant en considérant à la fois ses forces et ses difficultés. L'éducatrice a la responsabilité de reconnaître les indices comportementaux précurseurs des problèmes d'intégration ou affectifs, ou de toute autre difficulté que l'enfant peut avoir à surmonter. L'éducatrice a la responsabilité de reconnaître les indices d'abus, de mauvais traitements ou de maladie mineure (fièvre, maux de ventre, etc.) chez l'enfant. L'éducatrice a la responsabilité de choisir et d'utiliser les méthodes et outils d'observation les mieux adaptés à la problématique ou aux besoins de l'enfant et de faire une analyse et une interprétation rigoureuse des résultats obtenus. L'éducatrice a la responsabilité de faire preuve de discrétion lorsqu'elle procède à une observation de l'enfant ou du groupe afin d'éviter d'indisposer ceux-ci.

Principe : La collaboration entre le personnel éducateur et les parents contribue au développement harmonieux de l'enfant (MFEQ, 1997).

Droits des parents	Les parents ont le droit d'avoir leur personnalité, leurs valeurs, leurs croyances et leur culture. Les parents ont le droit d'être informés adéquatement du vécu de leur enfant dans le milieu de garde, de ses apprentissages ou de tout autre élément pertinent pouvant favoriser son bien-être. Les parents ont le droit de compter sur la discrétion de l'éducatrice concernant toute information confidentielle.
Responsabilités de l'éducatrice	L'éducatrice a la responsabilité d'informer les parents du vécu de leur enfant, de ses apprentissages, de ses besoins ou de tout autre élément de nature à faciliter la collaboration. Cette information et ses commentaires doivent se baser sur des faits.

Principe :	La collaboration entre le personnel éducateur et les parents contribue au développement harmonieux de l'enfant (MFEQ, 1997).
Responsabilités de l'éducatrice *(suite)*	L'éducatrice a la responsabilité d'informer les parents de tout changement majeur survenant dans l'attitude ou le développement de leur enfant ou de toute situation particulière. Elle doit aussi les renseigner sur les ressources susceptibles de les aider s'ils en ont besoin. L'éducatrice a la responsabilité de ne pas divulguer d'informations confidentielles à des personnes non engagées directement auprès de l'enfant. L'éducatrice doit éviter de parler d'un enfant, de ses parents, d'une collègue ou de tout autre intervenant impliqué dans le dossier de l'enfant dans un lieu public comme un restaurant. L'éducatrice a la responsabilité de participer à tout plan d'intervention mis sur pied par des intervenants d'un autre milieu (CLSC, centre de réadaptation, etc.). Lorsque sa présence à une réunion est sollicitée par des parents et qu'elle ne peut y assister, elle doit leur faire parvenir toute information pertinente à propos de leur enfant.
Droits de l'éducatrice	L'éducatrice a le droit d'être informée de toute situation pouvant avoir des répercussions importantes sur le vécu de l'enfant dans le milieu éducatif afin d'intervenir de façon adéquate auprès de lui.

Le code d'éthique devient vraiment efficace lorsqu'il est intégré aux pratiques quotidiennes des intervenants d'un milieu. En s'exerçant à formuler des règles d'éthique adaptées à différentes situations, on peut plus facilement établir des liens entre la théorie et la pratique. En outre, les discussions entre collègues favorisent l'émergence de points de vue différents, ce qui aide l'éducatrice à nuancer davantage ses propos. La réflexion qui s'ensuit devient beaucoup plus rigoureuse et intéressante.

Exercice 2.2

Pour chacune des situations suivantes, trouvez la règle d'éthique qui devrait s'appliquer et trouvez un mot clé pouvant convenir à chacune d'elles.

Exemple

Situation : Claudine, l'éducatrice du groupe des poupons, entre en contact avec une physiothérapeute pour lui parler des difficultés du petit Gabriel (18 mois) par rapport à l'apprentissage de la marche.

> **Règle :** L'éducatrice a la responsabilité de demander l'autorisation des parents avant de consulter un spécialiste à propos de la problématique vécue par leur enfant. Toutefois, il est tout à fait correct qu'elle demande de l'information à un spécialiste si elle ne mentionne pas le nom de l'enfant. C'est comme si elle consultait un ouvrage afin de mieux se documenter sur la question (mot clé : confidentialité).

Situation 1

Dans une réunion d'équipe de travail, je raconte que ma sœur connaît les parents d'Olivier (3 ans, groupe des Sittelles) et qu'ils ont des problèmes conjugaux.

Situation 2

J'observe les enfants de mon groupe à l'aide d'une grille qui ne tient pas compte de leurs différences culturelles.

Situation 3

Je demande à rencontrer les parents de Julien afin de les informer des changements de comportement de leur fils depuis quelques semaines et de voir avec eux comment nous pourrions l'aider.

2.3 L'ÉTHIQUE ET L'OBSERVATION

L'observation de l'enfant fait appel aux connaissances, aux habiletés et aux attitudes de l'éducatrice, et plus particulièrement à son jugement. Comme nous l'avons vu précédemment, l'éducatrice doit faire plusieurs choix quotidiennement. Elle doit aussi en faire à chacune des étapes d'une démarche d'observation. « Le problème n'est pas simple, parce qu'observer c'est en fait, inconsciemment ou consciemment, choisir ce que l'on observe et ce que l'on note, dans la multitude de faits et interpréter à chaud pour tout faire rentrer dans une catégorie, une hypothèse, une question » (Ancelin et Schützenberger, 1972, p. 27). Pour chacun de ces choix se posent des questions d'ordre éthique ou moral. Est-ce que l'éducatrice intervient pour le bien de l'enfant ? Fait-elle preuve d'objectivité dans sa façon de recueillir et d'analyser les données, et d'interpréter les résultats ? Respecte-t-elle l'intimité de l'enfant ? Est-ce que sa façon de divulguer les résultats de ses observations est adéquate ? Est-elle en mesure de reconnaître les situations qui dépassent ses compétences ? Accumule-t-elle suffisamment de données avant d'interpréter ses résultats ? Est-elle capable d'orienter les parents vers les ressources concernées ?

En fait, « on peut tout observer mais tout n'a pas le même intérêt ou la même signification. Par ailleurs, il est des observations que chacun peut faire, d'autres qu'on ne peut faire que dans la classe, c'est-à-dire en relation avec les autres enfants, d'autres enfin qui demandent une formation particulière » (Vayer et Roncin, 1990, p. 36). Le même problème se pose par rapport à l'observation d'un groupe d'enfants. À quelle dimension de la vie de groupe l'éducatrice accorde-t-elle de l'importance ? Quelle est sa propre influence sur la dynamique du groupe ? Tient-elle compte des règles implicites (non dites ouvertement) et explicites (clairement établies) qui régissent le fonctionnement du groupe pour interpréter avec justesse les situations observées ?

L'observation des enfants met en cause non seulement le jugement de l'éducatrice, mais également sa rigueur et son intégrité. L'éducatrice travaille avec rigueur en n'hésitant pas à se questionner sur ses choix à chacune des étapes de la démarche d'observation ; elle fait preuve d'intégrité en s'engageant à fond dans une démarche réflexive lui permettant de découvrir les filtres qui peuvent nuire à son objectivité. Contrairement à la croyance populaire, ces attitudes ne vont pas nécessairement de soi. Elles s'acquièrent avec de la volonté et des efforts, et on doit parfois même entreprendre une démarche personnelle pour arriver à les développer. Bien entendu, il ne suffit pas de connaître l'existence de certaines règles d'éthique ou d'être d'accord avec elles pour les intégrer à notre pratique. Aller dans ce sens nécessite un engagement personnel et collectif.

2.4   L'OBSERVATION ET LES RÈGLES D'ÉTHIQUE

De même qu'on ne saurait observer les enfants sans se poser un certain nombre de questions concernant la façon de procéder, on doit respecter des règles quand on observe le milieu de vie d'une personne. Essayez d'imaginer, par exemple, qu'un groupe de personnes se présentent chez vous pour y faire un exercice d'observation. À quoi vous attendriez-vous de la part de ces individus entrant soudainement dans votre intérieur ? Vous espéreriez sans doute qu'ils respectent certaines règles. Les enfants aussi sont en droit de s'attendre à cela. Ne devrait-on pas observer le lieu où ils passent une grande partie de leur temps, toucher ou déplacer leurs affaires personnelles sans prendre un certain nombre de précautions ?

En fait, chaque étape d'une démarche d'observation est propice à se poser des questions d'ordre éthique. Par exemple, l'éducatrice le fait lorsqu'elle se demande si elle a recueilli suffisamment de données pour dresser un portrait réaliste des difficultés et des forces d'un enfant. Elle le fait également lorsqu'elle se demande si elle devrait consigner telle observation dans le journal personnel de l'enfant plutôt que dans le rapport quotidien accessible aux parents.

Exercice 2.3

Mise en situation : Vous êtes ma nouvelle stagiaire et je vous accueille dans mon local en l'absence des enfants afin de discuter des modalités du stage et de mieux vous connaître. Je vous invite à visiter le local de mon groupe pour que vous notiez vos observations concernant l'environnement physique et le matériel qui s'y trouve. Cette démarche vous aidera à planifier vos activités au moment où vous aurez à intervenir auprès des enfants.

L'observation et l'éthique

Règle d'éthique

1. Formulez deux règles d'éthique que vous devriez respecter quand vous procéderez à l'observation du local où l'éducatrice reçoit les enfants.

   Exemple de règle : Je m'engage à respecter les enfants en remettant à leur place les objets que je pourrais avoir déplacés.

Collecte des données

2. Pendant une période de 10 minutes, observez l'environnement physique et le matériel disponible dans le local en prenant des notes le plus objectivement possible. Un bon truc pour vous assurer d'être objective : demandez-vous si toutes les participantes décriraient ce que vous observez de la même manière que vous. Faites part du résultat de vos observations au reste du groupe en distinguant ce qui relève ou non des faits.

Analyse des données

3. En dyade, énumérez quatre ou cinq façons de regrouper vos données par catégories. Choisissez-en une avec laquelle vous pourrez vous exercer à classer vos données.

Interprétation des résultats

4. Discutez en groupe du genre de résultats qu'il est possible d'obtenir selon les catégories retenues (voir le corrigé à la page 234).

Évaluation

5. Expliquez dans quelle mesure vous avez respecté les règles d'éthique que vous vous êtes fixées au début de l'exercice.

CONCLUSION

Dans le présent chapitre, nous avons eu l'occasion de réfléchir à différentes questions d'ordre éthique. Ces dernières concernent notamment le secret professionnel, l'intégrité, la responsabilité et la disponibilité de l'éducatrice. Nous comprenons le sens du mot « éthique » et nous sommes en mesure de détecter la présence de jugements moraux dans différentes situations. Nous pouvons également formuler des règles d'éthique liées à l'observation et les appliquer à chacune des étapes de la démarche d'observation.

ACTIVITÉ D'ÉVALUATION FORMATIVE

Activité 1 — Questions d'éthique

Décrivez votre réaction à chacune des situations présentées ci-dessous et expliquez les implications morales qui en découlent.

Situation 1

Chantal, une stagiaire de première année, se rend dans son milieu de stage une fois par semaine depuis trois semaines. Elle observe que, contrairement à ce qu'elle a appris dans ses cours, les enfants ne sont pas invités à se laver les mains avant et après les repas. Cette situation la préoccupe beaucoup, d'autant plus que sa superviseure de stage viendra l'observer bientôt et qu'elle sera évaluée sur cet aspect de son travail auprès des enfants.

Situation 2

Luc observe que le petit Vincent, âgé de 18 mois, s'est touché une oreille à maintes reprises ce matin (entre 10 et 15 fois), que son nez coule, qu'il a les yeux rougis et qu'il choisit de se tenir à l'écart plutôt que de participer à l'activité, contrairement à son habitude. L'éducateur en parle donc au parent, qui promet de faire examiner les oreilles de son enfant. Le lendemain, le même scénario se reproduit. Le soir, le parent prétend qu'il n'a pas eu le temps de consulter un médecin, mais qu'il le fera. Après trois jours, rien n'a été fait pour soulager l'enfant.

Situation 3

Nicole travaille comme coordonnatrice dans un centre de la petite enfance depuis peu. Elle constate que certains membres du personnel refusent de s'engager dans les projets d'équipe, ont tendance à déprécier leurs collègues et même certains parents. Ils imposent aussi leur point de vue aux membres de l'équipe au moment des réunions. Cela crée un climat de tension tel que même les enfants s'en ressentent. Cette situation préoccupe Nicole, et elle ne sait que faire, d'autant plus qu'elle n'est pas encore titulaire de son poste dans le milieu.

ACTIVITÉS D'ENRICHISSEMENT

1. Consultez un code d'éthique professionnelle (par exemple celui du Syndicat des travailleuses et des travailleurs des centres de la petite enfance de l'Estrie, intitulé *Code d'éthique professionnelle : Pour le personnel en service de garde*) et tentez d'établir des liens entre les règles qui y sont décrites et l'observation.

2. Discutez avec une éducatrice ou une gestionnaire afin de connaître les règles d'éthique véhiculées par son milieu en matière d'observation.

3. Effectuez une recherche dans Internet afin d'amasser de l'information susceptible de vous permettre d'établir des liens entre l'éthique et l'observation en milieu éducatif (exemples de mots clés : observation, éthique, garderie, école, code d'éthique, éducation, etc.).

4. Faites une recherche d'information sur l'éthique et l'observation en consultant des livres sur ce sujet.

3

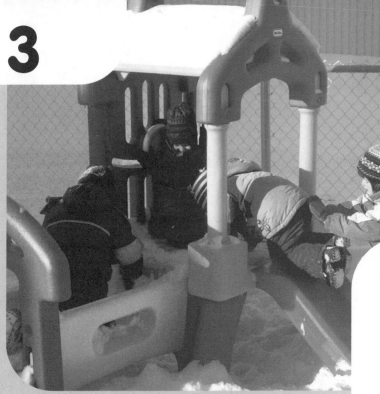

LA PERCEPTION DE LA RÉALITÉ

Élément de compétence

Percevoir et noter des faits liés au comportement d'un enfant ou d'un groupe d'enfants

Objectifs d'apprentissage

❖ Être à l'écoute des événements et des comportements dans une situation donnée.

❖ Mettre en place les conditions favorables à l'observation.

Objectifs spécifiques

❖ Définir la notion de perception.

❖ Expliquer les trois étapes du processus de perception.

❖ Reconnaître les limites de la perception.

❖ Participer à des jeux visant à stimuler les sens.

❖ Relever une dizaine de filtres susceptibles d'influencer la capacité d'un individu à percevoir la réalité de manière objective.

❖ Expliquer l'importance de l'autoévaluation dans le processus de perception.

INTRODUCTION

L'humain est avant tout un être de perception. Comme nous le verrons dans le présent chapitre, ce sont nos sens qui rendent le phénomène de la perception possible, chacun d'eux apportant une dimension particulière à notre vie. Généralement, un sens déficient sera compensé par un autre. Par exemple, une personne aveugle développera davantage le sens du toucher, tandis qu'une personne sourde se servira davantage du sens de la vue pour percevoir le monde qui l'entoure.

En fait, tous les sens peuvent être stimulés afin d'accroître leur efficacité. Puisque les sens sont, en quelque sorte, la porte d'entrée nous permettant de percevoir ce qui nous entoure, aucune observation n'est possible sans eux. Nous avons donc intérêt à développer nos sens le plus possible afin de devenir des observateurs efficaces.

Cependant, cela ne suffit pas. Nous devons également apprendre à demeurer le plus objectif possible en nous limitant à la description des faits malgré tous les filtres qui peuvent influencer notre perception de la réalité. Le filtre désigne « un dispositif qui nous permet d'encoder et de décoder les informations à partir de différents repères qui teintent notre lecture de la réalité » (Bessette et Duquette, 2003, p. 126).

Par exemple, lorsqu'elle s'interroge sur ses façons de faire, l'éducatrice peut noter que le malaise qu'elle ressent, chaque fois qu'elle observe un enfant en train de pleurer, l'incite à amener l'enfant à cesser ce comportement le plus rapidement possible plutôt que de le laisser exprimer sa peine. En outre, lorsqu'elle observe une querelle entre des enfants, l'éducatrice, parce qu'elle prend en compte ses valeurs, aura tendance à décoder la situation comme exigeant l'intervention d'un adulte et elle empêchera ainsi les enfants d'apprendre à régler eux-mêmes leurs conflits.

Chacune des étapes d'une démarche d'observation peut comporter son lot de filtres pouvant nuire à l'objectivité de l'éducatrice. N'oublions pas que l'autoévaluation demeure un outil efficace pour aider l'éducatrice à objectiver sa subjectivité, c'est-à-dire à prendre conscience des filtres qui l'empêchent de traduire la réalité avec la plus grande objectivité possible.

3.1 DÉFINITION DE LA PERCEPTION

Selon Legendre (1993, p. 975), la perception est le « processus par lequel une personne acquiert des renseignements sur son environnement ». Ces renseignements de nature sensorielle sont traditionnellement perçus comme des stimulations visuelle, auditive, olfactive ou tactile. Ce qu'il faut retenir ici, c'est que tous nos sens sont sollicités lorsqu'il s'agit de décoder les renseignements qui nous entourent.

D'ailleurs, comme le mentionnent Myers et Myers (1990, p. 31), « nous devons nous fier à nos sens pour qu'ils nous disent ce qui se passe autour de nous ». Il serait fort regrettable que nous nous limitions à la vue lorsque vient le temps d'observer les enfants, alors que nos autres sens peuvent nous aider à mieux comprendre certaines situations.

Pour Bagot (1999, p. 5), «la perception désigne l'ensemble des procédures qui nous permettent de prendre connaissance du monde environnant et de construire nos propres représentations mentales de ce monde». Ainsi, un individu peut percevoir une même situation d'une façon très différente de celle des autres. Sachant cela, il devient évident que nous avons tout avantage à confronter nos perceptions à celles d'autres personnes.

Par ailleurs, selon Tavernier (1992), «toute observation procède d'une activité de perception mais toute perception n'est pas observation. L'observation est une activité de perception convergente et comparative orientée par un questionnement; elle suppose focalisation, attention et recherche». En effet, l'observation ne se limite pas à la perception des choses. Elle requiert la capacité à sélectionner des informations sensorielles pertinentes, à relater des faits de manière à se rapprocher le plus possible de la réalité, à démontrer l'ouverture nécessaire pour accepter de se remettre en question et à baser ses interprétations sur des faits. «On ne peut donc pas s'improviser observateur […], car cette démarche implique une organisation rigoureuse tant de la collecte des données que de leur interprétation» (Delorme et Flückiger, 2003, p. 42).

3.2 LE PROCESSUS DE PERCEPTION

À chaque fois que nous percevons des stimuli internes (ce que nous ressentons) ou externes (ce que nous captons à l'extérieur de nous), le processus de perception, incluant la sélection, l'organisation et l'interprétation, se met en marche. Par exemple, une éducatrice intervenant auprès d'un enfant éprouve soudainement une sensation de malaise. Elle se sent étourdie, elle a mal au cœur et elle a les jambes molles (sélection). Rapidement, l'éducatrice regroupe les informations sensorielles qu'elle est en train de percevoir afin de les mettre en relation les unes avec les autres. Elle les regroupe alors sous la rubrique «symptômes de maladie» (organisation). Puis, elle conclut qu'elle est sûrement enceinte, d'autant plus si cela correspond à l'une de ses craintes ou à un désir (interprétation). L'éducatrice vient alors de franchir les trois étapes du processus de perception déclenché par des stimuli internes.

Le processus de perception peut également être déclenché à la suite de stimuli externes. Par exemple, l'éducatrice remarque qu'un enfant de son groupe a les yeux rougis et qu'il pleure pendant qu'elle raconte une histoire (sélection). Elle établit un lien entre cette information et le fait que l'enfant est placé à l'extérieur du cercle (organisation). Enfin, elle s'explique la situation comme étant une illustration d'une difficulté de l'enfant à exprimer son besoin (interprétation).

Reconnaître chaque étape de ce processus peut aider l'éducatrice à comprendre l'importance de faire des choix plus conscients au moment de la sélection des informations, de recueillir suffisamment d'observations en contexte avant de chercher à les analyser et de baser son interprétation sur des faits plutôt que sur des impressions.

3.2.1 La sélection de l'information

Les informations sensorielles que nous sommes en mesure de percevoir sont très nombreuses. C'est pourquoi nous effectuons toujours un certain tri parmi la masse d'informations perceptibles. Cependant, comme le mentionnent Alder et Towne (1998, p. 66), «la sélection n'est pas une démarche objective», car «nos besoins déterminent grandement les informations que nous sélectionnons dans notre environnement». Par exemple, si l'éducatrice se sent triste ou déprimée, il est possible qu'elle remarque davantage des indices verbaux ou non verbaux lui donnant l'impression que les personnes qui l'entourent ressentent les mêmes émotions qu'elle.

Pour Myers et Myers (1990), plusieurs facteurs nous amènent à sélectionner une partie de l'information disponible dans l'environnement.

❖ **L'intensité**

Plus une stimulation est intense, plus nous sommes susceptibles de la percevoir. Par exemple, un enfant qui chante plus fort que les autres attirera davantage notre attention.

❖ **La dimension**

Plus la dimension des choses que nous observons est grande, plus notre attention est sollicitée. Par exemple, les gros caractères sur une affiche capteront davantage notre attention que ceux qui sont plus petits.

❖ **Les contrastes**

Nous remarquons plus facilement un enfant à la peau blanche dans un groupe d'enfants à la peau noire ou un enfant vêtu de jaune et de violet qu'un enfant vêtu de brun.

❖ **La répétition**

Un geste ou un message court que l'on répète fréquemment attirent davantage l'attention qu'un long message monotone. Par exemple, l'enfant qui lève sa main pour parler à plusieurs reprises finit par attirer l'attention, de même que l'éducatrice qui insiste sur certains mots en les répétant lorsqu'elle raconte une histoire.

❖ **Le mouvement**

Un objet qui bouge attire plus notre regard qu'un objet immobile. De ce fait, un enfant qui lit dans le coin lecture sans bouger attirera moins l'attention que celui qui saute à la corde.

❖ **La familiarité et la nouveauté**

Un nouveau jeu parmi des jeux familiers ou un objet familier dans un nouvel environnement attirent généralement notre attention.

Tableau
3.1

Exemples de facteurs pouvant influencer la sélection de l'information

Facteurs	Exemples
Intensité	Les sons, les bruits, les pleurs, etc.
Dimension	Les personnes, les objets, les locaux, etc.
Contrastes	Les couleurs, la vitesse d'exécution, les émotions, etc.
Répétition	Les paroles, les mouvements, les situations, etc.
Mouvement	Les déplacements dans le local, les transitions, les gestes, etc.
Familiarité et nouveauté	Les personnes, les objets, l'habillement, les meubles, le local, etc.

«Puisqu'on ne peut tout noter, faute de quoi on se perdrait dans un amas d'observations inutilisables, il faut percevoir l'essentiel» (Ancelin, 1972, p. 27). Ainsi, «le bon observateur sélectionne un petit nombre d'informations pertinentes parmi le large éventail des informations possibles» (De Ketele, 1987, p. 28). L'éducatrice doit demeurer très attentive à ce qui se passe afin de reconnaître l'influence des facteurs qui entrent en jeu au moment de la sélection de l'information.

3.2.2 L'organisation de l'information

La deuxième étape du processus de perception est l'organisation. Celle-ci amène l'éducatrice à classer ou à catégoriser les informations recueillies sans même s'en rendre compte bien souvent. Mucchielli (1988, p. 9) explique que, même avec la meilleure volonté, l'observateur ne peut échapper à cette catégorisation puisqu'il «organise ses perceptions à l'aide de son vocabulaire disponible, ce qui met automatiquement en jeu ses catégories de décodage, ses concepts, ses stéréotypes, ses acquis sociaux en général».

Au-delà du choix des mots, il demeure que cette tendance à organiser l'information reçue ou à la catégoriser spontanément est pratiquement automatique. L'éducatrice doit donc faire un effort pour reconnaître cette étape de la démarche d'observation afin de conserver la plus grande objectivité possible. Par exemple, lorsqu'elle rencontre des enfants pour la première fois, l'éducatrice peut être portée à les catégoriser sans même en prendre conscience. Ainsi, un enfant sera étiqueté comme timide, un autre comme leader, etc. Bien entendu, il est possible qu'avec le temps, elle comprenne qu'elle avait raison, mais elle peut également faire erreur et avoir de la difficulté à se défaire de sa première impression. L'éducatrice doit donc se limiter à décrire les comportements des enfants plutôt qu'à les catégoriser.

3.2.3 L'interprétation de l'information

La troisième étape du processus de perception est l'interprétation. Elle vise à donner un sens à ce qui a été perçu. «L'interprétation personnelle, phénomène lié à la projection, consiste à donner à la réalité des significations issues de l'univers personnel» (Mucchielli, 1988, p. 15). Cette tendance nous incite à interpréter la réalité en fonction de nos croyances, de nos attentes, de notre expérience, de nos humeurs, de nos émotions, de notre culture, de nos valeurs, de nos préjugés, des rôles sociaux et de nombreux autres facteurs. C'est ce qui pourrait nous amener, par exemple, à interpréter le refus d'un enfant de partager un jouet comme étant une conséquence liée au fait qu'il est enfant unique. Il s'agit d'un jugement plutôt rapide et il peut en résulter des conséquences malheureuses et culpabilisantes pour l'enfant si l'éducatrice oriente son intervention dans cette direction.

«Ce que nous percevons dans une situation d'observation informelle ou dans une situation dans laquelle l'enfant est placé devant une tâche déterminée, est toujours, dans une certaine mesure, une interprétation» (Vayer et Roncin, 1990, p. 30). Cependant, en retardant le moment de l'interprétation et en se basant sur des faits, l'éducatrice se donne la possibilité de noter suffisamment d'observations et de prendre le recul nécessaire pour faire une interprétation plus juste des situations qu'elle observe.

En effet, l'éducatrice doit non seulement recueillir plusieurs observations avant de chercher à les interpréter, mais elle doit chercher à connaître les circonstances entourant les situations. Ainsi, interpréter une situation dans laquelle un enfant refuse de choisir un atelier parmi les nombreux choix qui lui sont proposés comme un manque d'intérêt de sa part peut être trompeur. D'autant plus, si cette interprétation repose sur une seule observation et que l'éducatrice ne tient pas compte du contexte entourant cette situation.

Tout comme dans la figure présentée dans l'exercice 3.1, l'éducatrice doit éviter de tirer des conclusions trop rapides et tenir compte du contexte dans lequel se présente un comportement. Le contexte lui-même peut être trompeur si on se fie uniquement à sa première impression ou à ce qui nous semble le plus évident.

Un autre facteur important entre en jeu au moment de l'interprétation d'une perception. Il s'agit de la compréhension de la situation observée à partir d'une théorie à laquelle on adhère. Par exemple, le fait qu'un enfant de 4 ans suce son pouce pour s'endormir ou qu'il refuse de toucher à des textures comme de la pâte à modeler ou de la peinture tactile peut être interprété différemment selon les théories ou les approches auxquelles nous nous référons. En effet, comme l'explique Mucchielli (1988), les

Observez la figure ci-dessous et tentez de déterminer si le petit cercle est un rond parfait.

Source: Block et Yuker (1994).

connaissances d'un individu, les théories auxquelles il adhère et les hypothèses qu'il émet influencent sa manière d'interpréter les situations qu'il perçoit. Il est important que l'éducatrice reconnaisse qu'elle subit l'influence de théories et qu'elle n'hésite pas à confronter ses idées avec celles de ses collègues afin d'enrichir son point de vue.

3.3 LES LIMITES DE LA PERCEPTION

Selon Bagot (1999, p. 5), «la perception implique de nombreux traitements au cours desquels l'individu interprète les informations issues de l'environnement». Cela revient à dire que chacun de nous possède une vision très personnelle du monde qui l'entoure. On appelle ce phénomène «distorsion».

> La distorsion est le processus par lequel un observateur déforme, d'une façon plus ou moins importante, un objet observé. Il est fréquent de voir plusieurs observateurs d'une même situation en donner une description différente. Cette distorsion est l'effet de la personnalité même de l'observateur. Un observateur s'attarde plus à certains détails de la situation; un autre se souvient plus facilement d'une certaine partie de la situation et moins d'une autre; un autre porte son attention sur un élément particulier de la situation observée. Cette sélection amène parfois l'observateur à utiliser un sens plus qu'un autre et, par conséquent, à porter plus attention à un phénomène qu'à un autre (Landry, 1994, p. 109).

Ignorer ce phénomène, c'est choisir de percevoir une seule réalité, la nôtre. Le reconnaître, c'est ouvrir la porte à un autoquestionnement nous permettant de prendre conscience des facteurs qui entrent en jeu lorsque nous percevons ce qui nous entoure. Ce peut être également de faire le choix de nous enrichir des perceptions des autres plutôt que de nous y opposer systématiquement lorsqu'elles entrent en contradiction avec les nôtres.

On peut prendre en compte certaines limites de la perception, même si elles peuvent sembler insurmontables à première vue, et compenser les lacunes qu'elles occasionnent par des moyens souvent très simples. Comme l'explique Mucchielli (1988), ces limites concernent, par exemple, la localisation de l'observateur dans l'espace, les imprécisions des moyens sensoriels, la sélection de l'attention et de la mémoire. Par exemple, il est impossible pour l'éducatrice d'être partout à la fois et de voir toutes les situations. Cependant, elle peut compenser cette lacune en circulant davantage et en se plaçant de manière à voir tous les enfants.

Tableau
3.2 **Les limites de la perception**

Limites de la perception	Pistes de solution
Localisation de l'observatrice dans l'espace	❖ Toujours se placer de manière à avoir une bonne vue d'ensemble du groupe (éviter de tourner le dos aux enfants). ❖ Circuler davantage pour changer de point de vue. ❖ Écouter davantage et circuler régulièrement lorsque les enfants sont derrière l'éducatrice ou dans une autre pièce (par exemple, en milieu familial). ❖ Répartir l'espace entre les éducatrices lorsque plusieurs groupes sont réunis et écouter attentivement pour repérer rapidement des bruits suspects ou l'absence de bruit (à l'extérieur par exemple).
Difficulté à demeurer attentive en tout temps	❖ Avoir une bonne hygiène de vie (être reposée, bien s'alimenter, faire de l'exercice). ❖ Faire des jeux et des exercices pour développer la capacité d'attention. ❖ Travailler avec des centrations d'observation. ❖ Profiter des moments de repos dont on dispose pour refaire le plein d'énergie.
Imprécision des moyens sensoriels	❖ Faire un travail sur soi afin de stimuler tous les sens à chaque fois que la situation le permet. ❖ S'assurer de l'efficacité de chacun des sens (par exemple, passer des examens de la vue régulièrement si nécessaire).
Difficulté à rester objective	❖ Entreprendre une démarche d'autoévaluation incluant une démarche réflexive et une démarche de confrontation*.

* Voir le chapitre 1.

Les facteurs susceptibles d'influencer notre perception de la réalité sont fort nombreux. Les reconnaître, c'est se permettre de faire la part des choses. Comme nous l'avons déjà mentionné, c'est en objectivant sa subjectivité, c'est-à-dire en reconnaissant que nous subissons certaines influences et en mettant à jour les filtres qui en sont la source, que nous pourrons observer les enfants avec une plus grande objectivité et ainsi intervenir de manière plus efficace auprès d'eux.

3.3.1 Les valeurs

Nous possédons tous un certain nombre de valeurs. «Une valeur est une conception assez durable de ce qui est bon ou mauvais et de l'importance relative que nous attribuons aux choses, aux gens et aux événements de notre vie» (Myers et Myers, 1990, p. 85). Qu'elles soient conscientes ou non, il n'en demeure pas moins que nos valeurs orientent généralement nos actes et influencent notre façon de percevoir la réalité. «Nous entendons traditionnellement comme valeurs des notions comme liberté, égalité, solidarité, dignité, vie, santé, amour, amitié, gain, droit, argent, bonheur, authenticité, honnêteté, courage […] dont certaines sont considérées comme des valeurs par les uns et comme des non-valeurs par les autres» (Leleux, 2000, p. 65). Mieux connaître nos propres valeurs, celles du milieu, des enfants et de leur famille ne peut que nous aider à contextualiser les observations recueillies et à objectiver notre subjectivité.

3.3.2 Les préjugés

Qui pourrait se vanter de n'avoir aucun préjugé à l'égard de personnes, de groupes, ou d'institutions? Les préjugés[1] sont des idées préconçues, c'est-à-dire élaborées avant même de connaître l'objet auquel elles se rapportent. Hendrick (1993) ajoute que ces idées sont liées à l'éducation et aux croyances. Les milieux éducatifs ne font pas exception à la règle. Certains auront des préjugés envers une approche pédagogique, une méthode d'éducation dont ils ont entendu parler ou un type de milieu éducatif. Ces préjugés pourront être défavorables ou favorables selon la situation.

Pourtant, il arrive souvent que la personne qui agit en fonction de certains préjugés n'en a pas pleinement conscience. Il est alors d'autant plus important d'apprendre à percevoir la présence de préjugés, que ce soit les nôtres ou ceux des personnes qui nous entourent.

Nous pouvons percevoir les préjugés d'une personne en écoutant attentivement son discours ou en relevant des indices dans ses comportements non verbaux. Par exemple, lors d'une réunion d'équipe, l'expression faciale d'une éducatrice montrant son enthousiasme à recevoir, dans le milieu, un enfant handicapé peut indiquer qu'elle

---

1. Il s'agit d'une définition du ministère de l'Éducation reprise par Legendre (1993).

a un préjugé favorable relativement à cette clientèle. Ce n'est évidemment pas négatif, mais nous devons demeurer vigilantes afin d'éviter de nous laisser influencer par des préjugés négatifs envers l'enfant ou sa famille. Ces préjugés peuvent apparaître à chaque étape de la démarche d'observation. Par ailleurs, nous devons apprendre à les repérer également chez les personnes observées afin d'en tenir compte au moment de l'interprétation des données.

3.3.3 L'effet Pygmalion

Selon Rosenthal et Jacobson (1971), l'individu a une forte tendance à faire ce qu'on attend de lui. Leurs travaux ont démontré un lien entre la perception des enseignants des capacités intellectuelles de leurs élèves et le taux de réussite de ces derniers. Ainsi, après avoir présenté à des enseignants certains enfants comme étant doués, ces chercheurs ont constaté que le taux de réussite de ces derniers avait grandement augmenté. En fait, ces enfants réussissaient très bien, même s'ils avaient été sélectionnés au hasard. Ce phénomène que l'on nomme « effet Pygmalion » désigne le fait que les attentes de l'éducatrice envers un enfant peuvent l'amener, consciemment ou inconsciemment, à adopter certaines attitudes qui modifieront le comportement et la capacité d'apprentissage de l'enfant.

En fait, sans même s'en rendre compte, l'éducatrice est susceptible de se faire une opinion sur chacun des enfants de son groupe et de les percevoir en fonction de celle-ci. Les préjugés ainsi véhiculés par l'éducatrice peuvent s'avérer favorables ou défavorables à l'enfant selon le cas. Bien entendu, certains enfants risquent d'être désavantagés s'ils ne sont pas perçus tels qu'ils sont réellement, ce qui peut entraîner des interventions qui ne répondent pas à leurs besoins réels.

3.3.4 L'effet de halo

Les idées que l'on entretient à propos d'un enfant peuvent nous amener à considérer d'autres idées comme allant de soi (Rosenthal et Jacobson, 1971). Ce phénomène appelé « effet de halo » provoque des distorsions dans notre perception des autres. En effet, l'image que nous nous faisons d'une personne ou l'opinion que nous avons d'elle nous entraîne vers d'autres perceptions qui peuvent être vraies ou fausses. Par exemple, l'éducatrice peut associer le fait qu'un enfant provienne d'un milieu modeste à des capacités intellectuelles moindres.

Elle peut également établir des liens entre le comportement d'un enfant et le milieu culturel des parents ou croire que le jeune frère d'un enfant avec lequel elle a travaillé auparavant se comportera de façon identique, même s'il est très différent. En adoptant une attitude d'ouverture et en acceptant de s'autoévaluer par une démarche réflexive et une démarche de confrontation, l'éducatrice peut prendre conscience de ses idées préconçues.

3.3.5 Les stéréotypes

Legendre[2] (1993, p. 1183) décrit le stéréotype comme étant une «perception arrêtée et caricaturale, généralisée à tous les membres d'un groupe social et qui prétend les décrire à l'aide de clichés rigides, réducteurs et dénués de fondement». Ces caricatures peuvent correspondre à différents aspects de la vie des individus. Il suffit bien souvent d'être obèse, d'être paré d'ornements (boucles d'oreilles, tatouages) ou d'avoir une couleur particulière de cheveux pour provoquer l'apparition d'un stéréotype dans l'esprit des gens.

Aucune personne ne voudrait correspondre à un stéréotype et devenir une caricature de quelque chose d'autre qu'elle-même. En devenant un stéréotype, un individu perd son identité, sa nature propre ; il devient une représentation simpliste de lui-même. Cette idée nous apparaît farfelue, mais, bien souvent, il arrive que notre perception des gens qui nous entourent soit influencée par des stéréotypes. La femme vêtue d'une jupe courte et de talons hauts sera considérée comme une aguicheuse, alors que l'homme musclé sera perçu comme un macho.

Il en est de même pour l'enfant. L'enfant est un être unique, on ne le répétera jamais assez. Il faut donc se centrer sur ce qu'on observe vraiment et non le mettre dans un carcan dont il ne pourra plus sortir par la suite. Par exemple, un enfant handicapé intellectuellement n'est pas seulement un enfant handicapé : il a sa personnalité, ses valeurs, ses goûts, ses préférences, ses qualités et ses défauts. À nous de les reconnaître afin d'éviter d'être obnubilées par son handicap! Ce sera la même chose pour un enfant qui présente des troubles de comportement, qui est malade ou qui provient d'une culture différente de la nôtre.

Par conséquent, l'observatrice doit reconnaître la présence de stéréotypes dans sa façon de percevoir les informations et elle doit se concentrer sur les faits observés afin de les interpréter de manière plus objective. Par exemple, une éducatrice observe un nouveau parent vêtu d'un gilet sans manches, qui a des tatouages sur les bras et qui porte des bottes de cuir jusqu'aux genoux. Son premier réflexe est d'associer ces informations aux gangs de motards et d'en déduire que ce parent en fait partie. Puis, l'éducatrice observe la relation du parent avec son enfant. Le parent tient son enfant par la main, se penche pour lui parler, lui sourit et lui dit doucement : «Je suis certain que tu vas bien t'amuser ici, car les gens semblent très gentils.» L'éducatrice organise alors les informations qu'elle a sélectionnées en fonction des comportements qu'elle observe et interprète la situation en se disant que le parent se comporte de façon adéquate avec son enfant. De cette façon, elle évite de se laisser aveugler par ses préjugés et de ne rien voir d'autre.

---

2. Il s'inspire d'une définition de Morin.

3.3.6 Les croyances

La croyance correspond à «l'action de croire qu'une chose est vraie, vraisemblable ou possible[3]». Les croyances sont perceptibles non seulement dans le discours des individus, mais également dans leur comportement. Par exemple, la façon de se vêtir, de s'alimenter et d'interagir avec les autres peut être influencée par les croyances de l'individu.

Certaines croyances sont perçues comme des vérités absolues par un grand nombre d'individus, alors que d'autres ne correspondent à la réalité que d'un petit nombre. Les croyances religieuses en sont un bon exemple, mais elles ne sont pas les seules à influencer le quotidien des individus.

Bien entendu, le fait que plusieurs personnes aient les mêmes croyances n'en fait pas pour autant des vérités. Ici, nous sommes dans le domaine des interprétations ou des suppositions, et celles-ci peuvent s'avérer plus ou moins valables selon le cas. Ainsi, croire que la fessée est la seule façon de bien éduquer les enfants nous semble impensable aujourd'hui. Cette idée correspond pourtant à une croyance très répandue au Québec il n'y a pas si longtemps de cela, 20 ou 30 ans tout au plus.

L'éducatrice, ses collègues et les parents possèdent tous des croyances. Par exemple, l'éducatrice croit que jouer dehors et avoir une alimentation équilibrée est bon pour l'enfant. Ses collègues croient qu'on doit favoriser la collaboration et l'entraide dans une équipe de travail. Les parents croient que tel type de milieu éducatif est bon ou mauvais pour leur enfant.

L'éducatrice doit être consciente de ses propres croyances et de celles des personnes qu'elle côtoie pour bien interpréter certaines situations et intervenir de manière efficace. En effet, comment peut-elle comprendre certaines situations et bien les interpréter si elle ne reconnaît pas les croyances qui se dissimulent derrière le comportement des individus? Comment respecter les croyances des autres sans être en mesure de les percevoir? Respecter les croyances des autres ne veut pas dire y adhérer, mais plutôt reconnaître qu'ils sont en droit de posséder leurs propres croyances. Par exemple, interdire aux enfants d'exprimer leur point de vue parce qu'il ne correspond pas à nos propres croyances est malheureux et va à l'encontre du principe préconisant l'unicité de l'enfant, que l'on retrouve dans le *Programme éducatif des centres de la petite enfance* (1997).

Qui plus est, l'éducatrice doit tenir compte des croyances de l'enfant et de sa famille dans sa façon d'interpréter leurs comportements et ajuster ses interventions en conséquence. Elle peut intervenir de manière plus efficace si elle comprend et prend en considération les facteurs qui peuvent pousser un enfant à agir de telle ou telle façon.

---

3. Selon le dictionnaire *Le Petit Robert*.

3.3.7 La culture

La culture peut être définie comme étant l'ensemble des caractéristiques que l'on peut attribuer à une communauté ou à un groupe. Chaque culture se distingue par l'« ensemble des manières de voir, de sentir, de percevoir, de penser, de s'exprimer et de réagir; [l']ensemble des modes de vie, des croyances, des connaissances, des réalisations, des us et coutumes, des traditions […], etc. » (Legendre, 1993, p. 284). Ne pas tenir compte de ces différences, c'est s'exposer à des situations conflictuelles ou, à tout le moins, d'incompréhension mutuelle. Par exemple, un comportement non verbal aussi simple qu'un sourire peut avoir un sens très différent selon la culture de la personne. « Dans certaines cultures, l'étiquette interdit la manifestation ouverte des sentiments comme la joie ou la colère. […] Ainsi, un Japonais peut paraître beaucoup plus réservé et tranquille qu'un Arabe, alors que leurs sentiments sont tout à fait identiques » (Alder et Towne, 1998, p. 163).

Étant donné l'abondance des différences possibles d'une culture à l'autre et la méconnaissance que nous pouvons avoir des autres cultures, il est essentiel d'observer attentivement et de questionner nos façons de faire les choses. Pour intervenir de façon adéquate auprès d'enfants provenant de milieux culturels différents et de leurs parents, l'éducatrice doit faire preuve d'ouverture et, parfois même, dépasser ses propres préjugés ou sa peur de l'inconnu. D'ailleurs, comme le mentionne Hendrick (1993), l'éducatrice qui ose entrer en contact avec les parents et qui leur démontre son respect s'assure de leur collaboration.

Tenir compte des facteurs culturels peut signifier, pour l'éducatrice, qu'elle s'informe davantage sur les caractéristiques du milieu culturel d'un enfant. La compréhension de simples détails peut parfois expliquer bien des situations qui, autrement, demeureraient incompréhensibles. Cependant, « l'origine culturelle peut expliquer certaines différences entre les enfants, mais pas toutes : il faut aussi tenir compte des caractéristiques personnelles » (Lavallée et Marquis, 1999, p. 45). C'est en faisant des lectures appropriées, en discutant avec les personnes concernées et en observant les comportements verbal et non verbal des enfants et de leurs parents, ainsi que ses propres réactions, que l'éducatrice pourra arriver à mieux comprendre de quelle manière les différences culturelles s'expriment.

Exercice 3.2

Cinq personnes du groupe-classe participent à un jeu de rôles pendant que le reste du groupe doit les observer. Les observateurs doivent noter les commentaires des participants au sujet des différents candidats. Une fois l'exercice terminé, les commentaires sont regroupés selon les catégories suivantes : valeur, préjugé, stéréotype, croyance, culture; et les résultats sont présentés à tout le groupe.

Mise en situation : Vous faites partie d'une équipe de travail dans un milieu de garde. Vous devez sélectionner une personne pour la liste de rappel, et la situation est urgente, car il y a un poste à pourvoir. Cependant, vous avez malencontreusement égaré les curriculum vitæ et vous n'avez que les photographies des candidats. Vous devez procéder rapidement (10 minutes maximum) en exprimant votre point de vue sur chacune des photographies. Vous devez établir un consensus et justifier votre choix.

3.3.8 Le concept de soi et le processus d'attribution

Selon Alder et Towne (1998, p. 76), « le concept de soi est un facteur important qui influence autant notre façon de nous percevoir que de percevoir les autres ». La personne qui a une image positive d'elle-même aurait tendance, selon eux, à percevoir les autres positivement et inversement pour la personne qui a une image négative d'elle-même. Ce phénomène a des conséquences majeures sur le plan de l'observation. Il peut impliquer par exemple que, devant une même situation, une éducatrice perçoive que la journée d'un enfant s'est bien déroulée malgré quelques petits incidents, alors que sa collègue ne retiendra de la journée que ces petits incidents qu'elle perçoit comme négatifs.

Par ailleurs, l'être humain cherche tout naturellement à comprendre ce qui se passe. Cette tendance est appelée « processus d'attribution ». Le processus d'attribution

La perception de la réalité

« consiste à identifier les causes d'un comportement donné » et permet de tirer « des conclusions au sujet des motifs qui poussent les gens à agir de telle ou telle façon » (Alder et Towne, 1998, p. 77). Par exemple, une éducatrice attribue le retard inhabituel d'un enfant au fait qu'il était malade la veille et qu'il ne viendra sans doute pas au service de garde ce jour-là. Elle peut évidemment avoir raison, tout comme elle peut faire erreur.

En outre, la plupart des gens ont tendance à faire un type d'attribution qui leur permet de sauvegarder leur estime de soi. Ce phénomène fait en sorte que, très souvent, les individus attribuent les causes de leurs échecs aux autres et s'accordent le mérite de leur réussite. Cette forme d'attribution se nomme « biais de complaisance ». Par exemple, si j'échoue à un examen, c'est parce que le professeur est trop sévère ou qu'il ne m'aime pas. Par contre, si je m'adapte facilement à tous mes milieux de travail, c'est que je possède une très bonne capacité d'adaptation. Alder et Towne (1998) font également ressortir d'autres tendances liées à la perception. Chacune d'elles est illustrée à l'aide d'un exemple dans le tableau 3.3.

Exercice 3.3

Pour chacune des illustrations suivantes, donnez un exemple de biais de complaisance.

Exemple : Si nous avons perdu la partie, c'est parce que notre entraîneur habituel n'était pas présent.

1  **2**  **3**  **4**

Tableau 3.3

Tendances liées à la capacité de perception

Tendance	Exemple
Être influencé par ce qui semble le plus évident (stimuli qui sont intenses, répétitifs, inhabituels ou attirants)	J'observe une querelle entre deux enfants de mon groupe. Martine crie très fort en pointant son index vers Nathan et dit : « Je ne t'aime pas. » J'ai l'impression que Martine est fautive puisque c'est elle qui attire mon attention, alors que ce n'est pas nécessairement le cas.

Tendance	Exemple
Conserver ses premières impressions même si elles sont fausses	L'année dernière, j'ai vu le père d'un des enfants de mon groupe critiquer une décision de la commission scolaire à la télévision. Maintenant que son enfant est dans mon groupe, j'ai l'impression que tout ce qu'il me dit est un reproche.
Voir seulement les aspects négatifs des autres	Un parent vous demande comment est la nouvelle coordonnatrice. Vous répondez qu'elle est très gentille, qu'elle aime beaucoup les enfants et qu'elle est très travaillante, mais vous ajoutez qu'elle est un peu radine. Le parent ne retient que cette information négative.
Accuser les gens d'être responsables de leur propre malheur	Lorsqu'elle arrive en classe sans sa tenue d'éducation physique, je blâme Michèle en me disant qu'elle n'est pas à son affaire. Lorsque la même chose m'arrive, je me justifie en me disant que je suis débordée.
Penser que les autres nous ressemblent	Je suis une personne qui a besoin de se sentir valorisée. Lorsque je reçois une stagiaire dans mon groupe, je m'efforce de constamment lui donner de la rétroaction positive. Après un certain temps, elle se replie sur elle-même, car tous ces commentaires la mettent mal à l'aise.

3.3.9 Les facteurs personnels

D'autres facteurs comme l'état de santé, l'âge et les cycles biologiques peuvent influencer les perceptions de l'éducatrice. De plus, le phénomène de projection entre également en jeu. Selon Mucchielli (1988, p. 13), la projection « entraîne alors une déformation massive des données d'observation. La personnalité de l'observateur se retrouve à son insu dans son observation ». Par exemple, l'éducatrice passionnée peut percevoir que les enfants démontrent beaucoup de passion dans tout ce qu'ils entreprennent. Aussi, une mère à qui on annonce que des visiteurs arrivent chez elle peut soudainement avoir l'impression que la maison est très en désordre alors que, deux minutes plus tôt, elle la trouvait bien rangée. Il est bien évident que la perception de la réalité ne saurait être la même pour tous, étant donné la multitude de facteurs qui entrent en jeu.

3.3.10 Les rôles sociaux

Dès sa naissance, l'enfant se voit attribuer un rôle, même si celui-ci n'est pas toujours explicite, c'est-à-dire énoncé clairement. Selon Cloutier, Morisset et Ouellet (1983), le rôle attribué à un individu correspond aux attentes que l'on entretient à son égard selon son statut dans la société. Par exemple, on s'attend souvent à ce que l'enfant le plus vieux de la famille se comporte d'une certaine façon, en étant plus responsable ou en prenant soin de ses frères et sœurs. On peut aussi penser que la seule fille de la famille doit aider davantage sa mère dans les travaux ménagers. Ces rôles, qu'on pourrait également qualifier de «missions parentales», déterminent souvent le comportement qu'on attend d'un individu.

La société attribue également des rôles en fonction de la profession, de l'âge ou du statut social. L'individu lui-même s'attribue des rôles et le fait également pour les personnes qui l'entourent. Ainsi, sans même nous en rendre compte, nous pouvons tenir pour acquis que certains gestes devraient être faits par des garçons et d'autres par des filles, ou par des jeunes ou des personnes âgées selon la situation.

De la même façon, lors d'une promenade, chacun des professionnels dans divers domaines peut percevoir la réalité différemment. Le sportif peut observer que le rythme de la marche est trop lent pour favoriser une bonne stimulation cardiovasculaire. Le botaniste observe les plantes et l'éducateur voit les enfants qui s'amusent près d'un lac. La sélection des informations est directement influencée par la profession ou la formation de chaque individu.

Ces stéréotypes (ou idées préconçues) que nous entretenons par rapport aux personnes et au rôle qu'elles devraient jouer nous empêchent d'être objectives dans notre façon de les percevoir. Il est souhaitable de prendre un certain recul afin de voir ce qui se passe vraiment, sans altérer la réalité en attribuant des rôles spécifiques et stéréotypés aux personnes. Par exemple, j'observe un parent qui vient chercher son enfant à la garderie. Il sourit, se penche, embrasse l'enfant, lui parle en souriant, etc. J'observe ensuite que ses vêtements sont sales, qu'il porte un jeans et un vieux chandail. Je peux trouver que c'est inusité, pour un médecin, d'être ainsi vêtu, alors que je n'aurais peut-être même pas prêté attention à cela si ce parent avait été jardinier ou garagiste. L'image que la personne me présente ne correspond pas à celle que je me fais d'un médecin.

Exercice 3.4

Pour chacune des personnes mentionnées ci-dessous, décrivez un exemple de rôle spécifique pouvant lui être attribué.

Enfant Parent Personne âgée Homme Femme

Exercice 3.5

Classez les professions et les métiers mentionnés ci-dessous selon l'ordre d'importance que vous leur attribuez en fonction de leur rôle dans la société. Discutez de vos résultats avec vos pairs.

Massothérapeute Curé Médecin Plombier Secrétaire Serveuse Psychologue

Après avoir réalisé quelques exercices d'observation (observation d'un enfant ou d'un groupe d'enfants), prenez connaissance des facteurs d'influence suivants et notez ceux qui pourraient vous influencer personnellement.

1. L'intensité, la dimension, les contrastes, la répétition, le mouvement, la familiarité et la nouveauté.

2. Conserver sa première impression.

3. Voir seulement les aspects négatifs des autres.

4. Accuser les gens d'être responsables de leur propre malheur.

5. Penser que les autres me ressemblent.

6. Attribuer ses erreurs aux autres.

7. Se laisser influencer par le rôle social d'une personne.

8. Se laisser influencer par son état de santé ou sa fatigue.

9. Se laisser influencer par son âge ou ses cycles biologiques.

10. Se laisser influencer par ses valeurs, ses préjugés, l'effet Pygmalion, l'effet de halo, ses croyances, sa culture, etc.

3.4 DES ÉNONCÉS OBJECTIFS

De toute évidence, l'énoncé «Ce garçon semble se laisser manger la laine sur le dos par sa petite sœur, car c'est elle qui décide de tout» est subjectif. Cependant, en l'analysant de plus près, on peut arriver à voir ce qui se cache derrière cette affirmation. Est-ce un stéréotype, un préjugé, une valeur, une croyance, une question de rôle ou le reflet de la culture de la personne qui l'affirme? La réponse à cette question sera valable dans la mesure où la justification sera rigoureuse puisqu'il est possible de percevoir une même situation sous différents angles. Ainsi, l'exemple du garçon et de sa sœur peut être interprété de diverses manières.

❖ Cet énoncé est un stéréotype sexuel dans la mesure où on interprète que la fille ne peut pas prendre de décisions, contrairement au garçon, et que, à l'inverse, le garçon qui laisse la fille prendre des décisions à sa place n'est pas un vrai gars.

❖ Cet énoncé traduit les valeurs de l'émetteur parce qu'il accorde de l'importance au fait que les rapports entre les personnes doivent être égaux.

❖ Cet énoncé accorde de l'importance à la place que les individus occupent dans une famille. Les plus vieux devraient décider pour les plus jeunes.

❖ Cet énoncé peut être perçu comme un préjugé à l'égard des hommes qui laissent les femmes prendre des décisions à leur place.

Reformulez les énoncés ci-dessous de manière à les rendre plus objectifs.

1. Puisque Nicolas a renversé du lait sur la table à plusieurs reprises cette semaine, je pense qu'il ne doit pas avoir l'occasion de se verser du lait très souvent à la maison.

2. Olivier n'aime pas parler de sa famille reconstituée puisqu'il ne la mentionne jamais.

3. Cette mère ne s'occupe pas bien de ses enfants, car ils arrivent au service de garde tôt le matin et repartent tard le soir.

Des jeux pour stimuler la perception

Les jeux sont des outils très intéressants pour nous aider à développer nos sens. Ces jeux favorisent, entre autres, la discrimination et la mémoire visuelle, olfactive, tactile et gustative. Puisque ces derniers sont, en quelque sorte, les portes d'entrée sans lesquelles il est impossible de faire des observations, nous avons intérêt à les développer le plus possible.

Jeu 1 : Où suis-je ?

Repérez les trois photographies qui représentent la même personne à des époques différentes.

Jeu II : La chasse aux odeurs

Vous devez circuler, en équipe, dans un espace donné pendant une durée de 5 à 10 minutes à la recherche de 10 odeurs distinctes. Après une mise en commun des résultats, vous devez trouver des caractéristiques vous permettant de classer ces odeurs par catégories.

Jeu III : Retrouver le toutou

Les yeux bandés, vous devez identifier l'animal que représente chacun des 10 toutous se trouvant dans un panier. Après deux minutes, notez les résultats obtenus sur une feuille.

Variante : Chaque participant apporte un toutou et le met sur une couverture. À quatre pattes et les yeux bandés, chacun tente de reconnaître son toutou en le touchant.

Jeu IV : Le silence

Pendant deux minutes, vous devez fermer les yeux et essayer d'identifier les bruits et les sons ambiants. Lorsque l'exercice est terminé, notez vos résultats sur une feuille, puis comparez-les avec ceux des autres participants.

Jeu V : Les objets rangés

Vous avez une minute pour observer et mémoriser l'emplacement de l'objet présenté dans chaque case numérotée. On déplace ensuite les objets et vous devez les replacer dans l'ordre initial (Loiseau, 1959).

Jeu VI : Le trajet

À tour de rôle, les partenaires d'une dyade doivent observer un trajet dessiné sur le sol (à partir de cartons représentant des pieds), le mémoriser et le parcourir les yeux bandés. La personne qui observe son partenaire doit lui décrire ce qu'il a fait, une fois le trajet terminé.

Jeu VII : La reconnaissance auditive

Notez le titre des pièces musicales ou des interprètes qui vous seront présentés.

Jeu VIII : Chacun à sa place

Vous devez observer attentivement la disposition de 10 objets placés sur un grand carton pendant une minute. Ensuite, vous regardez ailleurs pendant qu'une personne change de place un ou des objets. Vous devez replacer les objets dans l'ordre initial.

Jeu IX : Des blocs, encore des blocs

Les yeux bandés, vous devez construire une maison avec des blocs dans le délai le plus rapide possible en utilisant tous les blocs mis à votre disposition. Une fois l'exercice terminé, la personne qui vous a observé doit décrire ce que vous avez fait.

Jeu X : La boîte de découvertes

Vous devez identifier les objets qui sont dans une boîte en les touchant, et mémoriser leur nom. La personne qui vous accompagne veille à ce que vous complétiez l'exercice dans les délais prescrits. Une fois l'exercice terminé, vous pouvez noter vos réponses et les comparer avec celles de votre partenaire lorsque celui-ci aura terminé l'exercice.

Jeu XI : Trouvez les animaux

Dans le texte ci-dessous (écrit par un auteur inconnu), nous avons trouvé 28 noms d'animaux. Trouvez-les et encerclez-les.

Avec hâte et joie, Jean va chercher la crèche, va la déposer au pied de l'arbre. Très ému, le père, qui arrive au salon, donne au garçon un sou : « Risque-toi à orner l'arbre. » Puis, après avoir longtemps réfléchi, enfin il dit : « Il a le tronc mou ton arbre. Apporte la pince et fixe-le. » À ce moment, la coquette fillette demanda pour cadeau une ardoise au papa qui répondit : « Loulou, pour cela, il faudra, tu sais, que je gagne au moins 100 $. » À sa bouche, un pli, on le devine bien, marque sa tristesse. « C'est fou, inexplicable même, mais j'ai un père qui ne gagne pas cher pour tout ce qu'il fait. C'est à ne rien comprendre ». « Il est en Abitibi, son patron, dit Jean. Il est allé voir un moine au monastère ». « Pour combien de jours ? », demanda Loulou. « Seize », bredouilla Jean, incertain. « Non, huit », répondit le père. « Les gros salaires sont pour autrui », enchaîna Jean.

CONCLUSION

Dans le chapitre 3, nous avons exploré différentes facettes du monde des perceptions. Dans un premier temps, chacune des étapes du processus de perception a été décrite. Il s'agit de la sélection, de l'organisation et de l'interprétation. Ensuite, différents filtres pouvant nuire à l'objectivité de l'éducatrice ont été présentés et mis en relation avec chacune de ces étapes. Finalement, en stimulant chacun de ses sens, au moyen de jeux par exemple, l'éducatrice est susceptible de mieux percevoir la réalité qui l'entoure. Par ailleurs, l'autoévaluation demeure le moyen le plus efficace d'éviter les filtres qui peuvent nuire à l'objectivité de l'éducatrice.

ACTIVITÉS D'ÉVALUATION FORMATIVE

Activité 1 — Questionnaire

Afin de vous exercer à utiliser tous vos sens pour percevoir la réalité, complétez le questionnaire suivant à partir de l'observation d'un morceau de pain dont vous ignorez la composition à première vue. Ensuite, comparez vos résultats avec ceux des autres participants.

Marche à suivre

1. Décrivez le morceau de pain que vous avez en votre possession en vous servant uniquement de vos yeux.

2. Décrivez l'odeur du morceau de pain.

3. Décrivez la texture du morceau de pain.

4. Décrivez les différentes composantes que vous identifiez après avoir goûté au morceau de pain.

Activité 2 — Jeu d'association

La liste ci-dessous présente différents facteurs pouvant influencer votre perception de la réalité. Associez le numéro attribué à chacun de ces facteurs à l'exemple correspondant.

1. Intensité.
2. Dimension.
3. Contraste.
4. Répétition.
5. Mouvement.
6. Familiarité.
7. Nouveauté.
8. Je conserve ma première impression même si elle est fausse.

9. Je vois seulement les aspects négatifs des autres.
10. J'accuse les gens d'être responsables de leur propre malheur.
11. Je pense que les autres me ressemblent.
12. Ma santé.
13. Mon cycle biologique.
14. Mon âge.
15. Je suis influencé par ce qui me semble le plus évident.

A. La mère de Luc arrive toujours en retard le matin et Luc manque le début des activités. Elle manque d'organisation.

B. Soudain, Lisette éclate en sanglots. Je vois son grand frère partir en courant. Je pense qu'il est responsable de ses pleurs.

C. La première fois que j'ai rencontré la cuisinière de notre garderie, j'ai trouvé qu'elle était très gênée. Depuis, j'ai toujours l'impression qu'elle est timide malgré ses éclats de rire et ses bouffonneries.

D. Le papa de Samuel parle très fort. Lorsqu'il est là, je me désintéresse des autres parents.

E. Pendant nos réunions d'équipe, Viviane gesticule sans cesse. J'ai l'impression qu'elle prend toute la place et je ne vois qu'elle.

F. Lorsque j'ouvre le service de garde le matin depuis une ou deux années, j'ai toujours l'impression que les enfants sont agités.

G. Rita porte un superbe chandail lilas ce matin. C'est ma couleur préférée et je n'en ai jamais vu de si beau. J'ai l'impression de ne voir qu'elle.

H. J'ai toujours trouvé que le papa de Marc-André était un bel homme avec ses cheveux longs. Ce matin, il est arrivé au centre de la petite enfance avec les cheveux rasés. Je ne vois que lui.

I. Justin est beaucoup plus grand que les autres enfants de son groupe. Ça me donne souvent l'impression qu'il est plus vieux que les autres même si cela n'est pas le cas. Je suis donc plus exigeante avec lui.

J. Dans le groupe des poupons, Sylvie a mordu un autre enfant à trois reprises cette semaine. Aussitôt que j'entends pleurer un enfant, je pense que c'est elle qui est responsable de la situation.

K. Le tube de pâte dentifrice est toujours placé sur la même tablette dans la salle de bain. Lorsque je constate qu'il n'est pas à sa place, je suis certaine qu'un enfant l'a pris alors qu'il est sur la tablette juste au-dessus.

L. Étant responsable d'un service de garde en milieu familial, je peux difficilement me faire remplacer quand j'ai un rhume. Lorsque les enfants me demandent d'aller jouer dehors, je leur dis qu'il fait beaucoup trop froid alors que le thermomètre indique 10°C.

M. Émilie veut toujours tout décider. Les autres enfants refusent donc de jouer avec elle. C'est tout ce qu'elle mérite.

N. Geneviève, qui est maintenant une préadolescente, se maquille pour aller à l'école.

O. Personnellement, je suis très mal à l'aise de recevoir des félicitations en public. Ainsi, lorsque nous avons décidé de souligner le départ à la retraite de notre coordonnatrice, j'ai suggéré qu'on lui remette simplement une carte et un cadeau, sans faire de fête.

Notez vos observations sur un entretien entre deux personnes pendant une période de cinq minutes. Ce peut être une conversation réelle, un dialogue de film ou un jeu de rôles. Une fois l'observation terminée, remplissez le questionnaire sans le consulter auparavant.

Questionnaire après l'observation d'un entretien

Personne A (prénom) : _____   Personne (prénom) B : _____

1. Qui a commencé l'entretien ?

2. Quel est le sujet de l'entretien ?

3. Est-ce que les noms d'autres personnes sont mentionnés au moment de l'échange ? Si oui, nommez ces personnes.

4. Décrivez les émotions de la personne « A » au moment de l'entretien et justifiez votre réponse.

5. Est-ce que la personne « B » démontre qu'elle écoute la personne « A » ? Si oui, décrivez de quelle façon elle le fait.

6. De quelle couleur sont les chaussettes de la personne « B » ?

7. Combien de temps dure l'entretien entre la personne « A » et la personne « B » ?

8. Comment l'entretien entre les deux personnes se termine-t-il ?

9. Où l'entretien se déroule-t-il ?

10. Les personnes se touchent-elles pendant l'entretien ? Si oui, décrivez comment cela se passe.

ACTIVITÉS D'ENRICHISSEMENT

Perception visuelle

❖ Observez un enfant en situation de jeu et notez son comportement. Par exemple, il mange une pomme, il sourit, il penche la tête, etc.

❖ Observez des substances dans des bouteilles fermées et tentez de les identifier : par exemple, de la farine, du sucre en poudre, du sel, de l'huile végétale, du jus de raisin, du sirop d'érable, etc.

❖ Observez un dessin pendant une minute et reproduisez-le de mémoire.

❖ Observez des jetons de différentes couleurs pendant une minute. Ensuite, dites combien de jetons de chaque couleur il y avait.

❖ Essayez de reconstituer le plus rapidement possible des cartes postales ou des cartes de souhaits découpées en quatre ou cinq parties et placées ensemble dans une boîte.

* Participez à une randonnée en forêt et notez vos observations dans un carnet.

* Jeu collectif « Le chef d'orchestre » : ce jeu consiste à identifier la personne qui ébauche un mouvement, mouvement aussitôt suivi par le reste du groupe. Un volontaire se retire et observe les joueurs afin de découvrir qui est cette personne.

* Nommez le plus de caractéristiques possible pouvant distinguer les timbres-poste qui vous sont présentés (couleur, forme, dentelure, cachet d'oblitération, déchirures, pays, unité monétaire ou valeur postale, etc.).

Perception auditive

* Nommez les personnages d'émissions de télévision pour enfants à partir de l'enregistrement sonore qui vous sera présenté.

* Participez au jeu du guetteur : tentez de prendre le foulard dissimulé sous la chaise du guetteur qui a les yeux bandés sans qu'il puisse vous repérer par les bruits ou les sons que vous faites en vous déplaçant.

* Suivez les consignes d'une personne qui vous décrit un dessin que vous devez reproduire sur une feuille. Comparez ensuite vos résultats avec l'œuvre originale.

Perception tactile

* Les yeux bandés, ou par l'entremise d'une boîte de découvertes, décrivez l'objet qui vous est présenté et si c'est possible, nommez-le. La personne qui vous accompagne doit noter vos commentaires.

* Touchez des objets en mettant divers types de gants ou de mitaines (gants de laine, gants de caoutchouc, mitaines de cuisine) et décrivez vos sensations.

Perception gustative

* Les yeux bandés, faites une dégustation de fruits. Décrivez les différentes saveurs que vous goûtez.

* Dégustez un repas ou une collation les yeux bandés.

Perception olfactive

* Placez-vous deux par deux et allez à la chasse aux odeurs. La personne qui a les yeux bandés cherche des odeurs pendant que l'autre la guide.

4

LA COLLECTE DES DONNÉES

Percevoir et noter des faits liés
au comportement d'un enfant
ou d'un groupe d'enfants

Objectifs d'apprentissage

❖ Enregistrer des données d'observation.

❖ Formuler des faits d'observation.

❖ Utiliser des techniques de prise de notes.

Objectifs spécifiques

❖ Reconnaître l'importance de la mémoire
pour l'observatrice.

❖ Distinguer différents types de jugements.

❖ Formuler des énoncés de fait
contextualisés dans un texte suivi
d'au moins 200 mots.

❖ Transcrire mot à mot une conversation
entre deux interlocuteurs.

❖ Utiliser des taxonomies pour rédiger
des énoncés en lien avec
des comportements observables.

INTRODUCTION

Selon Beaud (1998), les trois principales composantes de l'observation sont la perception, la mémorisation et la notation. En effet, il ne suffit pas de percevoir les informations sensorielles environnantes pour être une bonne observatrice. Comme nous l'avons déjà mentionné, ce sont les sens qui déterminent la perception de la réalité, et c'est la raison pour laquelle l'éducatrice doit demeurer attentive à chacune des étapes du processus de perception afin d'éviter les filtres qui pourraient l'empêcher de traduire la réalité avec la plus grande objectivité possible.

La mémoire joue également un rôle important puisqu'elle permet à l'éducatrice de retenir les observations et les informations importantes. En effet, ses tâches très variées l'empêchent la plupart du temps de prendre des notes détaillées. Elle doit donc s'exercer à le faire rapidement sans toutefois manquer de rigueur, et utiliser sa mémoire pour compléter les données recueillies lorsqu'elle a la possibilité de le faire.

Pour être rigoureuses, les observations de l'éducatrice doivent être des énoncés de fait. De plus, ces énoncés doivent être pertinents et suffisamment précis pour être utiles à l'éducatrice. En effet, celle-ci doit noter les détails significatifs sans tomber dans des descriptions inutiles et interminables. La capacité de synthèse ou capacité à percevoir l'essentiel d'une situation s'acquiert avec l'entraînement et fait appel au jugement de l'éducatrice. Dans la sélection que celle-ci fait inévitablement au moment où elle recueille des données d'observation, elle doit prendre conscience de ses choix et comprendre les raisons qui l'amènent à les faire. Son jugement est donc sollicité à l'étape de la collecte des données tout comme à chacune des autres étapes de la démarche d'observation.

La plupart du temps, l'éducatrice écrit ses observations, bien qu'elle puisse parfois faire des schémas ou des dessins. Du fait que ses énoncés doivent refléter le plus possible la réalité, l'éducatrice doit respecter certaines règles. Elle évite, par exemple, d'employer des qualificatifs ou des expressions comme « il a l'air de… », « il me semble que… », « j'ai l'impression que… », car ces types d'énoncés ne sont pas des faits d'observation. En fait, l'éducatrice doit apprendre à distinguer les énoncés de fait des autres types d'énoncés. Un bon moyen pour y arriver est de définir la nature des énoncés que les humains formulent lorsqu'ils communiquent. Ces énoncés se réfèrent tous à une forme quelconque de jugement.

4.1 LA MÉMOIRE ET L'OBSERVATION

Comme nous l'avons expérimenté avec quelques jeux visant à stimuler l'éveil des sens, il est impossible de tout percevoir, parce que nos sens ne sont pas complètement développés et que notre corps a lui-même ses propres limites. Cependant, stimuler nos

La collecte des données

sens peut nous aider à acquérir une meilleure discrimination visuelle, auditive, tactile, olfactive et gustative, tout comme cela peut contribuer à stimuler notre mémoire visuelle, auditive, tactile, olfactive et gustative. En effet, selon Isnard (1988), stimuler nos sens est un bon moyen d'améliorer notre mémoire. Étant donné le contexte dans lequel l'éducatrice doit observer les enfants, la mémoire joue un rôle essentiel et mérite qu'on lui accorde de l'importance. La mémoire est un outil indispensable non seulement par rapport à l'observation directe, mais également pour retenir les informations transmises par les parents ou les autres intervenants du milieu. Encore faut-il l'entraîner suffisamment pour arriver à de bons résultats.

Cependant, selon Isnard (1988, p. 25), la mémoire ne se limite pas à retenir des mots, des phrases ou des dates. En effet, « la parole nous autorise les souvenirs, le corps impose les siens ». Ainsi, le corps, par les sensations, garde en mémoire certaines informations ou émotions. En avoir conscience peut nous aider à garder une distance par rapport à une situation que nous observons et qui ravive nos propres souvenirs, ou les émotions que nous avons pu vivre dans une situation similaire. Lorsque l'éducatrice observe les enfants, il est essentiel qu'elle prenne une distance par rapport aux événements qui surviennent afin d'éviter d'attribuer aux personnes observées ses propres émotions.

Pour améliorer sa mémoire, il faut d'abord comprendre que « la mémoire aime l'ordre et n'a aucune limite en autant qu'elle est structurée » (Isnard, 1988, p. 38). De plus, comme l'explique Isnard (1988, p. 39), « la mémoire se complaît dans les extrêmes ». Cette auteure suggère donc de passer d'exercices favorisant une concentration soutenue à une observation générale afin de stimuler la mémoire. Pour elle, il est important d'alterner les exercices afin de ne pas toujours entraîner la mémoire de la même façon. Par ailleurs, « exercer sa mémoire, c'est choisir un état d'esprit positif » (Isnard, 1988, p. 33). Pratiquer des exercices de relaxation peut aider l'éducatrice à atteindre cet état.

La durée des exercices 4.1, 4.2 et 4.3 peut varier de une à cinq minutes. L'éducatrice peut créer ses propres exercices en utilisant les situations de la vie quotidienne pour s'exercer à capter simultanément des informations sensorielles variées. Par exemple, elle peut écrire une liste de tâches qu'elle devra réaliser, tout en écoutant une émission de télévision, ou prendre conscience des bruits ambiants, tout en observant un paysage.

Exercice 4.1

« Durant toute une minute, abandonnez-vous, les yeux immobiles, sans rien fixer. De cette façon, contrairement à ce que vous croyez, vous enregistrerez maintes informations visuelles. Faites cela régulièrement et vous serez étonné de la mémoire que vous obtiendrez de votre environnement immédiat » (Isnard, 1988, p. 39).

«Parcourez des yeux le contour de vos deux mains, détaillant chaque doigt. Fermez les yeux et refaites mentalement le même trajet. Simple? Ne riez pas… Certains ne parviennent pas à visualiser leurs mains et oublient même leurs doigts» (Isnard, 1988, p. 40).

Fixez le point central du mandala[1], puis éloignez votre regard. «Pourquoi vous éloigner volontairement de la cible, s'il s'agit de se concentrer dessus? Simplement pour provoquer un vagabondage de l'esprit volontaire […] plutôt que de le subir» (Isnard, 1988, p. 41). Vous pouvez créer vos propres formes ou mandalas, ou bien vous servir de n'importe quel objet vous permettant de vous concentrer sur un point et de chercher à vous en éloigner.

Fiche d'autoévaluation sur la mémoire

Oui	Non	Énoncés
☐	☐	1. Je retiens bien ce qui m'intéresse.
☐	☐	2. Je retiens mieux quand je prends des notes.
☐	☐	3. Si je ne suis pas attentive à ce que je fais, j'oublie plus vite.
☐	☐	4. Quand je suis fatiguée, j'ai des trous de mémoire.
☐	☐	5. J'ai la mémoire des noms.

1. L'auteure a adapté cet exercice de Isnard (1988) et le mandala de Cabrol et Raymond (1987).

Oui	Non	Énoncés
☐	☐	6. Je ne sais pas (ou plus) retenir par cœur.
☐	☐	7. Je retiens mieux ce que je vois (ou ce que j'entends et ce que je ressens).
☐	☐	8. J'utilise un agenda que je tiens à jour.
☐	☐	9. Quand j'ai des soucis, j'ai la mémoire qui flanche.
☐	☐	10. Quand je fais les choses fréquemment, je m'en souviens.
☐	☐	11. J'exerce régulièrement ma respiration pour oxygéner mes neurones.
☐	☐	12. Je sais qu'avec le temps, j'ai tendance à déformer les faits.

Source : Couchaere (1983, p. 25-26).

4.2 LES DIFFÉRENTS TYPES DE JUGEMENTS

« Un jugement est un acte de pensée par lequel on asserte quelque chose, c'est-à-dire par lequel on affirme ou on nie quelque chose. C'est aussi un énoncé ou une partie d'énoncé, écrit ou oral, qui exprime le résultat d'un tel acte de pensée » (Blackburn, 1996, p. 90). Ces jugements peuvent concerner des choses, des gens ou des situations. Ils peuvent faire référence à des événements qui ont déjà eu lieu il y a fort longtemps, qui surviennent présentement ou qui pourraient se produire dans un avenir plus ou moins rapproché. N'importe quel individu peut porter de tels jugements. Très peu, cependant, auront l'occasion de réfléchir à la nature de ces jugements. Ainsi, « depuis Kant, au moins, nous distinguons différents types de jugements » (Leleux, 2000, p. 61).

Blackburn (1996) distingue trois types de jugements correspondant à des opérations mentales différentes : les jugements de fait (aussi appelés « jugements d'observateur »), les jugements de valeur (aussi appelés « jugements d'évaluateur ») et les jugements de recommandation (aussi appelés « jugements de prescripteur »). De son côté, Leleux (2000) aborde la question des jugements déterminants (aussi appelés « inférences »). Toutes ces formes de jugements peuvent intervenir à l'une ou l'autre des étapes de la démarche d'observation. Il est donc essentiel de bien les distinguer afin d'être en mesure d'en faire bon usage.

Les différents types de jugements ne sont pas négatifs en soi dans la mesure où l'éducatrice est capable de bien les distinguer et de les utiliser à bon escient. Pour y arriver, elle doit absolument adopter des attitudes éthiques. Le tableau 4.1 permet de comparer les types de jugements et les étapes de la démarche d'observation qui les utilise le plus souvent.

Tableau
4.1

Types de jugements et étapes de la démarche d'observation	
Types de jugements	**Étapes correspondantes**
Jugements de fait (énoncés de fait)	Collecte des données
Inférences	Analyse des données Interprétation des résultats
Jugements de valeur	Interprétation des résultats Évaluation de la démarche d'observation
Jugements de recommandation	Intervention auprès de l'enfant, du groupe, des parents ou d'autres intervenants

4.2.1 Les jugements de fait

Blackburn (1996, p. 91) explique que les jugements de fait « prétendent décrire la réalité, qu'il s'agisse de choses, d'événements, de personnes, d'états ou de relations existant entre ces éléments ». Cette nuance nous rappelle que toute observation, même si elle se rapproche le plus possible de la réalité, demeure subjective, parce que l'être humain constitue lui-même un filtre qui traduit la réalité à partir de ses sens qui sont par ailleurs limités. Pour illustrer cette idée, pensons au microscope sans lequel nous serions incapables de voir les objets invisibles à l'œil nu. Les jugements d'observateur peuvent prendre deux formes distinctes : les jugements de fait sans observation et les jugements de fait avec observation.

[...]emple, lorsque je dis que « certaines familles au Québec ont accès à des [...] à 5 $ par jour », je prétends décrire la réalité, donc c'est un jugement [...] d'un jugement de fait sans observation, puisque je n'ai pas [...]ne dans chacune de ces familles. C'est la même chose [...] petite enfance *Les girouettes* ferme ses portes à [...] rétend décrire la réalité, mais il ne correspond pas [...]vation », car il s'avère impossible pour moi d'aller le [...]ais que mon énoncé devienne un énoncé de fait avec [...] que l'horaire affiché à l'entrée du centre de la petite [...]ne que le service est ouvert de 7 h 30 à 17 h 30 après [...]demment.

[...]e de ses fonctions, l'éducatrice s'intéresse particulièrement [...] observation. Afin d'éviter la confusion entre les jugements [...] les jugements de fait avec observation, nous appellerons ces derniers « énoncés de fait » ou « faits d'observation ». Ainsi, toute référence à un jugement de fait sans observation sera indiquée en ces termes, alors que la terminologie « jugement de fait avec observation » sera utilisée uniquement pour aider l'éducatrice à comprendre la part de subjectivité qui subsiste même dans les énoncés de fait ou les faits d'observation.

L'éducatrice doit apprendre à formuler les énoncés de fait ou les faits d'observation avec la plus grande objectivité possible. Par exemple, après avoir observé un groupe d'enfants, elle note les énoncés suivants :

❖ Les huit enfants de mon groupe ont réalisé un bricolage avec le matériel mis à leur disposition.

❖ Julien s'est habillé sans aide ce matin (habit de neige, bottes, gants, tuque).

❖ Après la collation de l'après-midi, Carole m'a dit : « Est-ce que tu veux que je lave la table ? »

Même si elle utilise surtout les jugements de fait avec observation, l'éducatrice se sert également des jugements de fait sans observation. Elle les utilise pour aller chercher des informations qu'elle ne peut pas observer elle-même. Par exemple, elle note celles que les parents lui transmettent pour savoir comment l'enfant se comporte à la maison ou pour mieux comprendre ce qu'il a vécu quand il était plus jeune. L'éducatrice doit prendre un certain recul par rapport aux informations qu'elle reçoit, car celles-ci peuvent découler non seulement de jugements de fait avec ou sans observation, mais également des autres types de jugements.

Tableau 4.2

Exemples de jugements de fait

	Jugement de fait avec observation	Jugement de fait sans observation
Chose	Dans le coin déguisements, il y a 10 costumes, 1 boîte de maquillage et 2 miroirs.	Dans certains milieux de garde, les enfants ont accès à des déguisements pour jouer.
Événement	Christian m'a donné sa montre en pleurant ce matin après l'avoir échappée par terre.	Il arrive que des enfants brisent des objets personnels lorsqu'ils sont au service de garde après l'école.
Personne	Geneviève a fait une crise d'asthme avant la collation du matin. Elle était en train de jouer avec Élodie quand elle a commencé à tousser.	Geneviève est asthmatique.
État	J'ai mal à la tête ce matin.	Le mal de tête est très répandu de nos jours.

4.2.2 Les jugements de valeur

Selon Legendre, le jugement de valeur est en lien étroit avec la notion d'évaluation, et ce type de jugement «suppose qu'il y a déjà adhésion du sujet à un idéal auquel il compare les choses ou les événements qu'il observe» (1993, p. 768). Les jugements de valeur, également appelés «jugements d'évaluateur» ou «jugements évaluatifs», «ne sont ni des énoncés de fait ni des énoncés d'inférence» (Myers et Myers, 1990, p. 129). Selon Leleux (2000), l'éthique entre en ligne de compte, lorsqu'il s'agit de faire ce type de jugement. L'éducatrice doit d'abord reconnaître la présence de tels jugements pour être en mesure de questionner les choix éthiques qu'ils sous-tendent. Blackburn (1996, p. 92) distingue trois types de jugements de valeur ou d'évaluateur : les jugements de valeur épistémiques, esthétiques et moraux. «Les jugements de valeur épistémiques portent sur la valeur ou le mérite des théories ou des hypothèses.» L'observatrice porte des jugements de valeur épistémiques lorsqu'elle compare le résultat de ses observations aux théories qu'elle connaît ou aux hypothèses qu'elle désire mettre de l'avant.

«Les jugements de valeur esthétiques portent sur la beauté et la laideur, sur l'appréciation artistique» (Blackburn, 1996, p. 92). L'éducatrice émet des jugements de valeur esthétiques lorsqu'elle donne son opinion sur une production de l'enfant, ou lorsqu'elle cherche à valoriser l'enfant en le complimentant sur un vêtement qu'il porte ou un objet qu'il possède. Ces jugements peuvent s'adresser à l'enfant ou être transmis aux parents dans le rapport quotidien. Quel parent ne sera pas heureux d'apprendre que son enfant a réalisé une magnifique construction de blocs avec ses amis ?

Les jugements moraux traitent «de la valeur morale d'actions, d'intentions, de personnes et d'institutions politiques, économiques ou juridiques» (Blackburn, 1996, p. 92). L'éducatrice porte des jugements moraux lorsqu'elle se positionne par rapport au programme éducatif de son milieu, lorsqu'elle commente l'attitude d'une personne ou lorsqu'elle émet une opinion par rapport à certaines décisions gouvernementales qui influent sur son travail.

Tableau 4.3   Exemples de jugements de valeur

Jugement de valeur	Exemple
Épistémique	L'hypothèse que David serait plus heureux s'il était dans le même groupe que son frère m'apparaît très plausible.
Esthétique	La nouvelle affiche représentant le nom de notre centre de la petite enfance est beaucoup plus belle que celle que nous avions auparavant.
Moral	La réaction de Nabila par rapport aux critiques des autres enfants est admirable.

4.2.3 Les jugements de recommandation

« Les jugements de recommandation (aussi appelés jugements de prescripteur) sont ceux par lesquels on conseille (ou déconseille) de faire quelque chose, on recommande de faire ou de ne pas faire quelque chose » (Blackburn, 1996, p. 91). L'éducatrice porte ce type de jugements lorsqu'elle guide une stagiaire, conseille une collègue ou fait certaines recommandations aux enfants ou à leurs parents. Par exemple, elle suggère aux parents de consulter un médecin, car elle a observé à plusieurs reprises que leur enfant touchait ses oreilles en pleurant et qu'il était fiévreux.

4.2.4 Les jugements déterminants ou inférences

« Le jugement déterminant correspond à ce que nous appellerions aujourd'hui l'opération mentale déductive ou d'inférence […] » (Leleux, 2000, p. 61). L'inférence est « un mode de raisonnement qui consiste à tirer une conséquence ou une conclusion logique d'un ensemble de données » (Legendre, 1993, p. 714). Ainsi, si nous examinons le ciel en disant qu'il fera beau demain, nous nous basons probablement sur certaines connaissances ou sur des observations antérieures que nous mettons en relation entre elles pour faire cette affirmation.

Cette inférence peut être très plausible ou très peu, selon le cas. Cependant, cet énoncé n'est pas un fait d'observation. En effet, la prévision n'a pas encore été confirmée et d'ici là, la température peut réserver bien des surprises. Chose certaine, ce qui est un fait d'observation, c'est que vous avez tenu tel ou tel propos.

Les principales formes d'inférence sont la déduction et l'induction, l'une étant l'inverse de l'autre. « Ainsi, si le sujet infère par hypothèse et s'il va du particulier au général, il procède par induction. S'il fait découler de deux propositions une troisième, qui en est la conséquence nécessaire en vertu de lois logiques, il suit un raisonnement déductif » (Legendre, 1993, p. 714).

Exemple 4.2

Lorsque je prends un repas au service de garde, je consomme des mets végétariens, alors que lorsque je mange chez moi, je consomme de la viande. J'en conclus que je suis une personne ouverte à différents types d'alimentation. Ceci est une **déduction**.

Je joue dehors tous les jours ; donc, je suis en bonne santé. Ceci est une **induction**.

Figure 4.1 Types de jugements

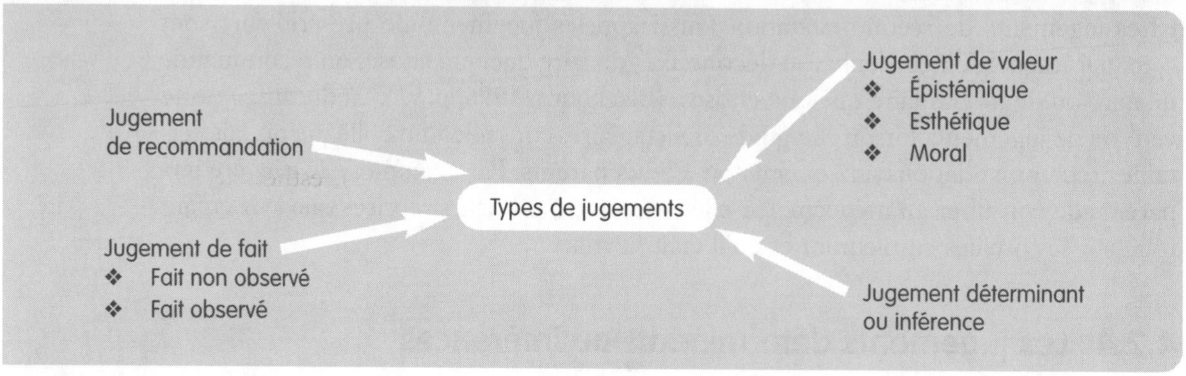

Tableau 4.4 Exemples pour chaque type de jugement

Type de jugement	Exemple
Jugement de valeur	
❖ Épistémique	L'idée selon laquelle la relation entre les enfants et leurs grands-parents est importante pour leur développement affectif m'apparaît très plausible.
❖ Esthétique	La fillette est habillée chaudement et avec goût.
❖ Moral	C'est très bien que ce grand-père exprime son affection pour sa petite-fille en la serrant contre lui.
Jugement de fait	
❖ Fait non observé	La plupart des hommes de plus de 65 ans sont à la retraite au Québec.
❖ Fait observé	Il y a deux personnes sur cette photographie.
Jugement déterminant ou inférence	Même si la fillette se tient devant l'abribus qui sert à attendre l'autobus scolaire, je suppose que ce n'est pas ce qu'elle fait puisqu'elle n'a pas son sac d'école.
Jugement de recommandation	Pour plus de sécurité, il faudrait que tous les enfants aient un abribus où ils pourraient attendre l'autobus.

4.3 LA FORMULATION DES ÉNONCÉS DE FAIT

Les faits d'observation se situent le plus près possible de la réalité. Par contre, les inférences sont des suppositions raisonnées concernant ce qui s'est déjà passé, ce qui se passe présentement ou ce qui pourrait se produire éventuellement. Par ailleurs, les jugements évaluatifs sont des commentaires oraux ou écrits que l'on peut faire sur les plans épistémique (en se basant sur des théories ou des hypothèses), esthétique ou moral. De plus, les jugements de recommandation sont des conseils que l'on prodigue aux personnes qui nous entourent.

Par exemple, si je dis que la robe que je porte présentement est déchirée, mon énoncé est un fait d'observation. Cependant, si je dis que ma robe est très belle, mon énoncé devient un jugement évaluatif esthétique. Finalement, si j'affirme que je porterai encore ma robe dans cinq ans parce que je l'adore et qu'elle me va bien, je fais une inférence. De plus, si je dis que vous devriez vous acheter une robe comme la mienne parce qu'elle est très confortable, je porte un jugement de recommandation.

De même, si je prétends que les enfants de mon groupe vont participer à un voyage à la fin de l'année, je fais une inférence puisqu'un contretemps pourrait bien empêcher la réalisation de ce projet ou un des enfants pourrait ne pas y participer. Cependant, si je dis que, le jeudi 22 octobre dernier, les 20 enfants de mon groupe en milieu scolaire et moi avons participé à une journée d'activités au centre sportif, c'est un fait d'observation. Par contre, si je qualifie cette journée de magnifique, l'énoncé devient alors un jugement évaluatif. De plus, si je dis aux enfants que, la prochaine fois, nous devrions partir plus tôt pour profiter davantage de cette activité, je porte un jugement de recommandation.

Apprendre à distinguer les énoncés de fait des inférences et des jugements évaluatifs peut améliorer grandement le travail de l'éducatrice. En effet, il est beaucoup plus facile d'être en relation avec les autres lorsqu'on sait faire la différence entre ce qui est de l'ordre des faits ou des interprétations et la réalité. Par exemple, dire à un parent que son enfant est agressif risque de le mettre sur la défensive et peut faire en sorte que le message ne passe pas malgré de bonnes intentions. Par contre, lui expliquer calmement que son enfant a tiré les cheveux d'un camarade à deux reprises, en précisant le contexte, peut s'avérer plus propice à un échange avec lui. Celui-ci risque moins de se sentir jugé ou responsable de la situation. En lui présentant objectivement les faits, nous pouvons l'amener à percevoir notre intention de discuter de l'incident avec lui dans le but de comprendre ce qui se passe et d'être ainsi à même de trouver une solution.

En développant notre habileté à reconnaître le type de jugement que l'on trouve dans les énoncés oraux et écrits, nous pouvons atteindre deux objectifs importants : distinguer la nature des propos de nos interlocuteurs et développer notre propre capacité à formuler des énoncés de fait. Ainsi, en comprenant mieux de quoi il est question lorsqu'une personne nous parle, nous pourrons communiquer avec elle de façon à rétablir les faits et donc, chercher à interpréter la situation avec une plus grande objectivité. Par exemple, si une collègue nous dit que tel ou tel enfant est hyperactif, nous la questionnerons aussitôt afin de faire ressortir les faits qui l'amènent à porter ce jugement évaluatif.

De notre côté, lorsque nous observons un enfant en situation de jeu, nous devons apprendre à préciser ses comportements observables (verse du sable dans un seau, utilise une pelle en plastique pour ramasser du sable) et à décrire le contexte dans lequel ces comportements apparaissent (âge et sexe de l'enfant, personnes présentes, lieu, etc.).

Les énoncés de fait gagnent à être mis en contexte. Pour arriver à le faire correctement, l'éducatrice doit sélectionner les informations pertinentes, car il ne sert à rien d'alourdir ses observations avec des détails sans importance. Par exemple, l'éducatrice peut indiquer l'âge des enfants dans la mesure où cette information l'aide à comprendre la situation. Par exemple, le fait de donner un coup de pelle sur la tête d'un enfant a une portée différente si l'enfant a 2 ans ou s'il en a 8.

Afin de déterminer le degré de précision de ses observations, l'éducatrice doit tenir compte de son but. Dans l'exemple précédent, mentionner que la pelle est rouge n'a pas vraiment d'intérêt à moins de préciser qu'il s'agit de la seule pelle rouge parmi les 10 pelles disponibles. Ce détail a une grande importance lorsqu'on connaît les façons d'agir des jeunes enfants.

Exercice 4.4

Pour chacun des énoncés suivants, indiquez s'il s'agit d'un énoncé de fait, d'une inférence ou d'un jugement évaluatif en justifiant votre réponse. Plus d'une réponse est possible pour une même question[2].

Énoncés

1. Cet enfant est intelligent.

2. Cette éducatrice est la plus brillante de toutes les étudiantes à qui j'ai enseigné cette année.

3. La coordonnatrice de mon CPE est toujours en train de me surveiller, essayant sans cesse de vérifier si je fais respecter la discipline dans mon groupe.

4. Vous n'avez pas travaillé à la garderie hier soir, car j'ai téléphoné, et on m'a dit que vous n'étiez plus là.

5. La maman de Paul est fortunée, car elle possède une voiture luxueuse.

6. Laurie est indisciplinée puisqu'elle ne répond pas à mes questions en classe.

2. Cet exercice est une traduction et une adaptation d'un texte de Berman Sanford (1962), *Why do we jump to conclusion?* utilisé par Louise Bouchard dans le cours « Communication et enseignement ».

7. Ce parent me déteste. Autrefois, il ne manquait pas de me saluer en arrivant à la garderie, mais maintenant il ne le fait plus.

8. Les gens ne m'aiment pas parce que je suis prestataire de la sécurité du revenu.

9. Ils vont fermer trois CPE dans la région puisqu'il y a des rumeurs en ce sens.

10. Elle ne s'intéresse pas à mon cours, car elle ne prend pas de notes.

Exercice 4.5

Enregistrez une émission radiophonique comportant un échange verbal entre deux interlocuteurs pendant environ trois minutes. Écoutez l'enregistrement le nombre de fois désiré afin de noter son contenu avec le plus de précision possible. Relevez ensuite les énoncés de fait.

Exercice 4.6

Dans le texte suivant tiré d'un article de revue*, relevez les phrases qui correspondent à des énoncés de fait.

« L'usage du Ritalin en inquiète plusieurs, en particulier les parents. On sait que l'enfant souffrant d'un déficit de l'attention est plus à risque non seulement d'être sujet au décrochage scolaire et à la délinquance juvénile, mais aussi, à l'adolescence et à l'âge adulte, de consommer plus de drogues ou d'alcool que le reste de la population. Or, la prise de Ritalin ne prédisposerait-elle pas davantage ces enfants à cette surconsommation ?

Dans un article publié en août 1999, une équipe de chercheurs de l'Université Harvard, à Boston, conclut qu'un groupe d'adolescents de 15 ans et plus souffrant du syndrome de déficit de l'attention avec hyperactivité et prenant du Ritalin depuis plus de 4 ans en moyenne est moins à risque de faire un usage abusif de drogues ou d'alcool qu'un groupe souffrant du même problème mais non traité au Ritalin ou même qu'un groupe témoin sans déficit d'attention. Les auteurs de l'article parlent d'un "effet protecteur" du Ritalin sur ce plan. »

*Dr François Raymond, « Les enfants du Ritalin », *Enfants*, octobre 2000.

Exercice 4.7

Complétez l'histoire qui suit (au moins 100 mots) par des énoncés de fait.

L'histoire de Pierrick

Pierrick est un garçon de 4 ans qui vit avec ses parents dans une maison située en face de l'école La fripotte à Saint-Jean-de-l'Olivier. Le jeudi 16 juillet 200X, alors qu'il jouait sur la galerie de sa maison avec son chat Horace, un homme aux cheveux blancs est descendu de sa voiture et l'a interpellé : « Eh toi, le petit blond ! peux-tu me dire où se trouve la maison de madame Pleurotte ? » Pierrick s'est avancé vers la voiture et lui a répondu : _____

L'histoire de Marie-Claude

Composez maintenant une histoire concernant Marie-Claude à partir d'énoncés de fait mis en contexte en utilisant au moins 100 mots. Voici quelques suggestions pour vous aider à décrire le contexte : la description de l'environnement, le lieu, le matériel, la date, l'heure, l'activité, la nature, un moment de vie, la description des personnages, les règles implicites et explicites, l'âge des individus, les consignes, ce qui s'est passé avant et après l'événement, la durée, etc.

4.4 LES COMPORTEMENTS OBSERVABLES

Selon Legendre (1993, p. 228), un comportement observable est un « comportement externe d'une personne, pouvant être suffisamment manifeste pour que deux ou plusieurs observateurs s'entendent sur la présence ou l'absence de ce comportement ». En milieu éducatif, l'éducatrice s'intéresse aux comportements de l'enfant dans chacune des sphères de son développement. D'après le *Programme éducatif des centres de la petite enfance,* le développement global de l'enfant comprend les dimensions physique et motrice, sociale, affective et morale, intellectuelle et langagière. Ces comportements seront décrits comme des énoncés de fait. Lorsqu'on s'y réfère, on peut également parler de « faits d'observation ».

Pour observer les comportements de l'enfant, l'éducatrice dispose d'une grande variété de méthodes et d'outils d'observation. Cependant, avant d'avoir recours à ces instruments, l'éducatrice doit apprendre à décrire ces comportements. En effet, le meilleur outil d'observation qui soit, s'il est mal employé, n'est pas très utile pour l'éducatrice et risque de ne pas répondre aux besoins de l'enfant.

Comme complément aux théories et aux approches du développement de l'enfant, l'éducatrice peut avoir recours aux taxonomies pour décrire les comportements de l'enfant de 0 à 12 ans sur le plan du développement ; elle peut aussi utiliser les expériences clés du programme éducatif High/Scope pour les enfants de 2 ans et demi à 5 ans.

4.4.1 Les taxonomies

Comme nous l'avons déjà mentionné, observer l'enfant dans différentes situations est essentiel pour comprendre où il se situe dans son développement global et avoir ainsi l'occasion de mettre de l'avant des interventions adaptées à ses besoins. Afin de satisfaire les besoins de l'ensemble de la clientèle des 0 à 12 ans, l'utilisation des taxonomies s'avère très utile pour aider l'éducatrice à décrire avec précision et rigueur les comportements qu'elle observe.

Selon Legendre (1993, p. 1278), la taxonomie est une « classification systématique et hiérarchisée d'objectifs d'habiletés, indépendants des objectifs de contenu, définis avec précision et agencés selon un continuum de complexité croissante de développement et selon une logique naturelle de cheminement de l'apprenant ; classification hiérarchique des comportements cognitifs, affectifs et moteurs établie sur la base d'un ou plusieurs critères (complexité, intériorisation…) ». Concrètement, la taxonomie des objectifs pédagogiques est constituée d'une liste de comportements présentés sous forme de verbes univoques, c'est-à-dire dont le sens est le même pour tous, regroupés ou classés en fonction d'un ordre d'apprentissage logique. Selon Bloom et ses collaborateurs (1969, p. 7), « les objectifs pédagogiques énoncés en termes de comportement ont leur contrepartie dans le comportement individuel. Ces comportements de l'individu peuvent être observés et décrits ».

Consulter ces listes de verbes peut aider l'éducatrice à décrire plus objectivement les comportements de l'enfant. Par exemple, dire que l'enfant s'amuse dans le coin poupées est plutôt imprécis et pourrait même être perçu de différentes façons suivant la personne qui observe. Ainsi, « s'amuser » pourrait être pris dans le sens de passer le temps ou d'avoir du plaisir. Qu'est-ce que l'éducatrice observe vraiment ? Que fait l'enfant ? Il parle à une poupée en lui disant : « Je vais changer ta couche maintenant. » Puis, il dépose la poupée sur la table et lui retire sa couche. Après avoir observé ces comportements, l'éducatrice peut interpréter la situation en disant que l'enfant « joue à imiter un adulte qui prend soin d'un bébé ». Cet énoncé décrit de façon beaucoup plus précise la réalité.

Même s'ils sont souvent employés pour la formulation d'objectifs, ces verbes peuvent également s'avérer très utiles pour aider l'éducatrice à nommer avec précision les comportements qu'elle observe.

Par exemple, pour observer les connaissances de l'enfant par rapport aux parties du corps, l'éducatrice doit être en mesure de décrire le comportement observable lui démontrant ce que l'enfant peut faire ou non, suivant le cas. Ainsi, elle peut observer qu'il est capable de nommer les parties du corps, qu'il peut les reconnaître ou qu'il est à même de les décrire. Nommer les parties du corps implique l'utilisation du langage, alors que simplement les reconnaître peut vouloir dire que l'enfant est capable de les montrer sur lui-même, sur une autre personne ou sur une photographie. De plus, décrire les parties du corps représente un niveau de complexité beaucoup plus élevé que de simplement les nommer.

En nous reportant aux listes de verbes énumérés dans les taxonomies, il devient plus facile de trouver les bons verbes pour décrire les comportements observés. Une éducatrice qui s'exerce suffisamment peut le faire spontanément sans avoir recours aux taxonomies.

Il arrive qu'un verbe se retrouve dans des catégories différentes ou dans plus d'une taxonomie. En effet, les mêmes verbes peuvent être perçus selon des niveaux de difficultés différents à l'intérieur d'une même taxonomie. Il s'agit alors pour l'éducatrice de déterminer où se situe l'enfant. Par exemple, lorsqu'il identifie un objet, le fait-il en fonction de sa connaissance de l'objet ou en démontre-t-il sa compréhension ? Ici, l'âge entre en ligne de compte, évidemment.

De plus, un même verbe peut concerner plus d'un domaine. Par exemple, la capacité de choisir nécessite des habiletés intellectuelles, tout en faisant appel à des capacités d'ordre affectif. Il faut donc comprendre qu'un même comportement peut impliquer plus d'une dimension du développement.

Lorsque les taxonomies sont utilisées pour aider l'intervenant à formuler des objectifs, il est possible de choisir le niveau de difficulté de l'objectif. Aussi serait-il souhaitable que l'enfant apprenne à nommer des objets (connaissance) en répondant, par exemple, à la question : « Qu'est-ce que c'est ? » ou qu'il nomme des objets afin de démontrer qu'il en comprend l'utilité en répondant, par exemple, à la question : « Quel objet sert à peigner les cheveux ? » La question est la même, mais le niveau de difficulté est différent.

Plusieurs taxonomies peuvent aider l'éducatrice dans son travail. Nous retenons la taxonomie de Bloom et de ses collaborateurs (1969) pour le domaine cognitif, la taxonomie de Krathwohl et de ses collaborateurs (1969) pour le domaine affectif et la taxonomie de Harrow (1969) pour le domaine psychomoteur.

LES VERBES COMPORTEMENTAUX LIÉS AU DOMAINE COGNITIF

Le domaine cognitif «englobe les objectifs qui traitent du rappel des connaissances (remémoration), et du développement des habiletés et des capacités intellectuelles» (Bloom et collab., 1969, p. 9).

Tableau 4.5   **Taxonomie de Bloom**

Niveau de difficulté 1 : Acquisition de connaissances

S'il connaît quelque chose, l'enfant sera capable de :

❖ définir	❖ reconnaître	❖ acquérir	❖ reproduire	❖ établir
❖ choisir	❖ énumérer	❖ distinguer	❖ rédiger	
❖ identifier	❖ rappeler	❖ souligner	❖ mesurer	

Niveau de difficulté 2 : Compréhension

S'il connaît quelque chose, l'enfant sera capable de :

❖ choisir	❖ illustrer	❖ opposer	❖ interpréter	❖ démontrer
❖ classer	❖ indiquer	❖ représenter	❖ réorganiser	❖ estimer
❖ expliquer	❖ juger	❖ transformer	❖ différencier	❖ prédire
❖ formuler	❖ justifier	❖ préparer	❖ distinguer	❖ compléter
❖ identifier	❖ nommer	❖ lire	❖ faire	❖ inférer

Niveau de difficulté 3 : Application

S'il peut transposer ses connaissances dans des situations concrètes, l'enfant sera capable de :

- appliquer
- généraliser
- relier
- choisir
- développer
- organiser
- utiliser
- employer
- transférer
- restructurer
- classer
- accomplir
- affirmer
- calculer
- construire
- démontrer
- expliquer
- montrer
- prédire
- sélectionner
- trouver

Niveau de difficulté 4 : Analyse

S'il peut décomposer la matière en ses composantes, le jeune sera capable de :

- distinguer
- détecter
- identifier
- classer
- discriminer
- reconnaître
- catégoriser
- déduire
- analyser
- contraster
- comparer
- conclure
- critiquer
- différencier
- justifier
- opposer
- résoudre
- séparer

Niveau de difficulté 5 : Synthèse

S'il peut combiner des éléments en vue d'une nouvelle structure, le jeune sera capable de :

- écrire
- raconter
- relater
- produire
- constituer
- transmettre
- créer
- modifier
- documenter
- résumer
- commenter
- conclure
- généraliser
- organiser
- préciser

Niveau de difficulté 6 : Évaluation

S'il peut juger de la valeur de matériel ou de méthodes à partir de critères bien définis, l'adulte est capable de :

- juger
- argumenter
- valider
- évaluer
- décider
- considérer
- comparer
- contraster
- choisir
- critiquer
- défendre
- déterminer
- éviter
- sélectionner
- soutenir

Source : Adapté de Bloom et collab. (1969), de Legendre (1993) et de Mercier (1987).

LES VERBES COMPORTEMENTAUX LIÉS AU DOMAINE AFFECTIF

« Le domaine affectif forme la deuxième partie de la taxonomie. Il englobe les objectifs décrivant les modifications de l'intérêt, les attitudes et les valeurs, ainsi que les progrès dans le jugement et la capacité d'adaptation » (Bloom et collab., 1969, p. 9).

Tableau 4.6 Taxonomie de Krathwohl

Niveau de difficulté 1 : Réception (présence)

S'il peut avoir conscience de ce qui l'entoure, avoir la volonté de recevoir, diriger son attention, l'enfant sera capable de :

- différencier
- séparer
- isoler
- partager
- accumuler
- choisir
- combiner
- accepter
- répondre corporellement
- écouter
- contrôler
- percevoir
- accepter
- être conscient
- sélectionner

Exemples d'observation

Lorsque je demande aux enfants quelle a été leur activité préférée pendant la période de jeux libres, Rachèle choisit les marionnettes en expliquant au groupe qu'elle a aimé jouer à modifier sa voix et que cela l'a fait rire. Au moment de la causerie, Nabila accepte d'attendre son tour pour parler.

Niveau de difficulté 2 : Réponse

S'il peut donner son assentiment, vouloir répondre, éprouver de la satisfaction à répondre, l'enfant est capable de :

- se conformer
- suivre
- confier
- approuver
- offrir spontanément
- discuter
- pratiquer
- applaudir
- acclamer
- augmenter
- jouer
- choisir
- compléter
- développer
- enregistrer
- énumérer
- établir
- rédiger
- répondre

Exemples d'observation

Après avoir réalisé un dessin, Julie l'offre spontanément à la stagiaire.
Les enfants du groupe discutent entre eux afin de décider d'un thème pour le projet de fin d'année.

Niveau de difficulté 3 : Valorisation

S'il peut accepter une valeur, préférer une valeur ou s'engager par rapport à une valeur, l'enfant est capable de :

- améliorer sa compétence
- renoncer
- nier
- spécifier
- assister
- aider
- encourager
- protester
- débattre
- argumenter
- accepter
- atteindre
- décider
- développer
- indiquer
- influencer
- participer
- reconnaître

Exemples d'observation

Vincent aide l'éducatrice à ramasser les matelas après la sieste.
Pendant la course de relais, Claude encourage ses coéquipiers en applaudissant et en scandant le slogan du groupe.

Niveau de difficulté 4 : Organisation

S'il peut conceptualiser une valeur, organiser un système de valeurs, le jeune est capable de :

* discuter
* théoriser sur
* comparer
* harmoniser
* organiser
* définir
* formuler
* associer
* choisir
* déterminer
* relier
* trouver

Exemples d'observation

Lorsque le grand-père de Justin vient expliquer aux enfants comment fabriquer une cabane à oiseaux, Lili formule une question à son intention.

À l'occasion des projets spéciaux de fin d'année, Li-Ann organise une chasse au trésor pour les petits des classes de maternelle qui viennent au service de garde.

Niveau de difficulté 5 : Caractérisation

Organisées en un système de valeur cohérent, les valeurs de l'individu adulte sont tout à fait intégrées à sa vie.

* réviser
* changer
* compléter
* réclamer
* éviter
* diriger
* résoudre
* résister
* accepter
* affronter
* décider
* démontrer
* développer
* identifier
* juger

Exemples d'observation

Lors d'une causerie sur le sort réservé aux prisonniers politiques, Jonathan cherche à résoudre le problème en suggérant que le groupe fasse parvenir une lettre et des dessins à une personne qui vit cette situation afin de l'encourager et de lui faire comprendre qu'elle n'est pas seule.

Julie décide de participer au projet de décoration.

Source : Adapté de Krathwohl et collab. (1969), de Legendre (1993) et de Mercier (1987).

LES VERBES COMPORTEMENTAUX LIÉS AU DOMAINE PSYCHOMOTEUR

La taxonomie du domaine psychomoteur comprend « l'ensemble hiérarchisé des objectifs reliés aux habiletés motrices, à la manipulation des objets, à la coordination musculaire et aux mouvements du corps » (Legendre, 1993, p. 1325).

Tableau 4.7

Taxonomie de Harrow

Niveau de difficulté 1 : Mouvements réflexes

Ce sont des « actions déclenchées sans le concours de la volonté en réponse à des stimuli » (Harrow, 1969, p. 68).

* flexion
* extension
* étirement
* adaptations posturales

Exemple d'observation

Frédéric étire les bras et les jambes lorsque l'éducatrice le couche sur le matelas.

Niveau de difficulté 2 : Mouvements fondamentaux

Ces mouvements innés sont produits par la combinaison des mouvements réflexes et sont à la base des mouvements complexes.

- ❖ marcher
- ❖ courir
- ❖ sauter
- ❖ glisser

- ❖ rouler
- ❖ grimper
- ❖ pousser
- ❖ tirer

- ❖ se balancer
- ❖ s'étirer
- ❖ se pencher
- ❖ se courber

- ❖ pivoter sur place
- ❖ tenir
- ❖ manipuler

- ❖ saisir
- ❖ agripper
- ❖ remuer les doigts

Exemple d'observation

Ariane agrippe une cordelette que l'éducatrice a suspendue au-dessus de son berceau.

Niveau de difficulté 3 : Capacités perceptives

C'est l'interprétation des stimuli captés par les différents sens qui procure à la personne les données nécessaires pour qu'elle s'adapte à son environnement.
Les manifestations des capacités perceptives sont perceptibles dans tous les mouvements significatifs.

Exemples

Auditif : suivre les consignes verbales.
Visuel : esquiver une balle en mouvement.
Kinesthésique : faire les adaptations posturales nécessaires pour maintenir son équilibre sur les mains.
Tactile : identifier les surfaces par le toucher.
Coordination : sauter à la corde, attraper, frapper du pied un objet.

Exemple d'observation

Virginie attrape le ballon lancé par un autre enfant et le relance à son tour.

Niveau de difficulté 4 : Capacités physiques

Ce sont des caractéristiques fondamentales, fonctionnelles et essentielles au développement des habiletés motrices hautement spécialisées.

Exemples

Toutes les activités qui exigent :

- ❖ un effort soutenu pendant une longue période de temps (course de fond, nage de fond) ;
- ❖ un effort musculaire (levée de poids, lutte) ;
- ❖ une variété de mouvements des hanches (toucher à ses orteils, ballet) ;
- ❖ des mouvements rapides et précis (course de relais, dactylographier, jouer au ballon prisonnier).

Niveau de difficulté 5 : Habiletés motrices

Il s'agit du degré d'adresse dans l'exécution de tâches motrices complexes qui sont fondées sur les mouvements innés.

Exemples

Toutes les activités dérivées des mouvements locomoteurs, non locomoteurs et de manipulation de la catégorie 2 (niveau de difficulté 2). Ces activités sont pratiquées dans les sports, la danse et les beaux-arts.

Source : Adapté de Harrow (1969), de Legendre (1993) et de Mercier (1987).

Exercice 4.9

Reproduisez la grille d'observation qui suit. Puis formulez, à l'aide des taxonomies des domaines cognitif, affectif et psychomoteur, des énoncés en lien avec des comportements que vous pourriez avoir observés lors de l'activité proposée.

Grille d'observation

Nom de l'enfant :   Âge :   Date :

Activité : Créer un objet imaginaire avec du matériel de récupération.

	Comportements observables	Remarques
Domaine psychomoteur	Exemple : Plier des bandelettes de papier.	
Domaine affectif	Exemple : Aider un ami.	
Domaine cognitif	Exemple : Expliquer l'utilité de son invention.	

Associez les verbes suivants à la taxonomie correspondante. Soyez attentive car un même verbe peut se retrouver dans plus d'une taxonomie.

Identifier, jouer, dessiner, secouer, reconnaître, accomplir, décrire, discuter, développer, lancer.

❖ Domaine cognitif

❖ Domaine affectif

❖ Domaine psychomoteur

4.4.2 Les expériences clés du programme éducatif High/Scope

Le *Programme éducatif des centres de la petite enfance* s'inspire des principes pédagogiques de l'apprentissage actif mis de l'avant par la fondation High/Scope pour les enfants de 2 ans et demi à 5 ans. Cinquante-huit expériences clés ont été formulées sous forme d'énoncés afin de donner « aux éducateurs un cadre de référence pour comprendre les jeunes enfants, pour soutenir leurs habiletés affectives, physiques, intellectuelles et sociales et pour planifier des expériences d'apprentissage qui tiennent compte du niveau de développement de chacun des enfants du groupe dont [ils] ont la responsabilité » (Hohmann et collab., 2000, p. 265). Ces expériences reposent sur l'observation des enfants et sur l'expérience de différents intervenants et chercheurs. Elles représentent une solution de rechange intéressante pour aborder l'observation auprès de la clientèle ciblée.

« Les éducatrices qui comprennent l'importance des expériences clés en tant qu'outil pour observer, décrire et soutenir le développement des enfants peuvent les utiliser pour guider leur travail avec les enfants » (Hohmann et collab., 2000, p. 265). Les expériences clés regroupent des comportements observables pouvant apparaître lorsque l'enfant est en activité. Ces dernières sont formulées à partir de verbes univoques que l'éducatrice peut retrouver dans les taxonomies. Étant donné que ces expériences s'adressent à des enfants de 2 ans et demi à 5 ans et que l'éducatrice peut être appelée à œuvrer auprès d'enfants de 0 à 12 ans, il est important qu'elle comprenne l'utilité des taxonomies.

Tableau
4.8

Expériences clés pour les enfants d'âge préscolaire

Représentation créative et imaginaire	Développement du langage et processus d'alphabétisation
❖ Reconnaître les objets en utilisant ses cinq sens (le toucher, la vue, l'ouïe, le goût et l'odorat). ❖ Imiter des gestes, des mouvements et des sons.	❖ Parler avec les autres de ses expériences personnelles significatives. ❖ Décrire des objets, des événements et des corrélations.

Représentation créative et imaginaire
(suite)

- ❖ Associer des modèles réduits, des figurines, des illustrations et des photographies à des lieux, à des personnes, à des personnages, à des animaux et à des objets réels.
- ❖ Imiter, faire des jeux de rôles et faire semblant.
- ❖ Fabriquer des sculptures et des structures avec de l'argile, des blocs et d'autres matériaux.
- ❖ Dessiner et peindre.

Développement du langage et processus d'alphabétisation *(suite)*

- ❖ Jouer avec les mots : écouter des histoires, des comptines et des poèmes, inventer des histoires et faire des rimes.
- ❖ Écrire de diverses façons : en dessinant des formes qui ressemblent à des lettres, en inventant des symboles, en reproduisant des lettres.
- ❖ Décoder des supports de lecture variés : lire des livres d'histoires et d'images, des signes et des symboles, ses propres écrits.
- ❖ Dicter une histoire à un adulte.

Estime de soi et relations interpersonnelles

- ❖ Faire des choix et les exprimer, élaborer des projets et prendre des décisions.
- ❖ Résoudre les problèmes qui surgissent au cours des périodes de jeu.
- ❖ Développer son autonomie en répondant à ses besoins personnels.
- ❖ Exprimer ses sentiments à l'aide de mots.
- ❖ Participer aux activités de groupe.
- ❖ Être sensible aux sentiments, aux champs d'intérêt et aux besoins des autres.
- ❖ Créer des liens avec les enfants et les adultes.
- ❖ Concevoir et expérimenter le jeu coopératif.
- ❖ Résoudre les conflits interpersonnels.

Mouvement

- ❖ Bouger sans se déplacer : se pencher, se tortiller, vaciller, balancer les bras.
- ❖ Bouger en se déplaçant : courir, sauter, sautiller, gambader, bondir, marcher, grimper.
- ❖ Bouger avec des objets.
- ❖ Exprimer sa créativité par le mouvement.
- ❖ Décrire des mouvements.
- ❖ Modifier des mouvements en réponse à des indications verbales ou visuelles.
- ❖ Ressentir et reproduire un tempo régulier.
- ❖ Suivre des séquences de mouvements en respectant un tempo commun.

Musique

- ❖ Bouger au son de la musique.
- ❖ Explorer et reconnaître des sons.
- ❖ Explorer sa voix.
- ❖ Développer le sens de la mélodie.
- ❖ Chanter des chansons.
- ❖ Jouer avec des instruments de musique simples.

Classification

- ❖ Explorer, reconnaître et décrire les similitudes, les différences et les caractéristiques des objets.
- ❖ Reconnaître et décrire les formes.
- ❖ Trier et apparier.
- ❖ Utiliser et décrire les objets de différentes façons.
- ❖ Tenir compte de plus d'une caractéristique d'un objet à la fois.
- ❖ Discriminer les concepts « quelques » et « tous ».
- ❖ Décrire les caractéristiques qu'un objet ne possède pas ou indiquer la catégorie à laquelle il n'appartient pas.

Sériation	Nombres
❖ Comparer les caractéristiques (plus long/plus court, plus gros/plus petit). ❖ Ordonner plusieurs objets selon une série ou une séquence et en décrire les particularités (gros/plus gros/encore plus gros, rouge/bleu/rouge/bleu). ❖ Associer un ensemble d'objets à un autre par essais et erreurs (petite tasse/petite soucoupe, moyenne tasse/moyenne soucoupe, grande tasse/grande soucoupe).	❖ Comparer le nombre d'objets de deux ensembles afin de comprendre les concepts « plus », « moins » et « égal ». ❖ Associer deux ensembles d'objets selon une correspondance de un à un. ❖ Compter des objets.
Espace	**Temps**
❖ Remplir et vider. ❖ Assembler et démonter des objets. ❖ Modifier la forme et la disposition des objets (emballer, entortiller, étirer, empiler, inclure). ❖ Observer des personnes, des lieux et des objets à partir de différents points d'observation. ❖ Expérimenter et décrire l'emplacement, l'orientation et la distance dans des lieux diversifiés. ❖ Expliquer les relations spatiales dans des dessins, des illustrations, des photographies.	❖ Commencer et arrêter une action à un signal donné. ❖ Expérimenter et décrire des vitesses de mouvement. ❖ Expérimenter et comparer des intervalles. ❖ Prévoir, se rappeler et décrire des séquences d'événements.

Source : Hohmann et collab. (2000, p. 266-267).

Exercice 4.11

Observez un groupe d'enfants de 2 ans et demi à 5 ans en situation de jeu pendant 10 minutes, de manière à décrire le contexte dans lequel ils se trouvent (lieu, date, heure, personnes présentes, activités, etc.). Choisissez ensuite un des enfants en l'observant, cette fois, de manière à décrire les expériences clés auxquelles il participe en vous référant au tableau 4.8.

4.5 LA PRISE DE NOTES

Observer sans prendre de notes, c'est courir le risque d'oublier des données essentielles. La prise de notes est nécessaire parce qu'elle peut aider l'éducatrice à mieux se concentrer sur une activité donnée, tout en conservant plus facilement les informations importantes. Ainsi, la nature du travail de l'éducatrice fait en sorte qu'elle dispose en général de peu de temps pour prendre des notes. Par contre, en ayant toujours un carnet et un crayon à portée de la main, il est plus facile pour elle de noter les informations et les observations qu'elle souhaite retenir.

Bien entendu, il ne s'agit pas d'écrire un texte narratif très détaillé. Des phrases courtes, quelques mots clés ou des abréviations peuvent être d'une grande utilité lorsque l'éducatrice remplit son journal de bord à la fin de la journée ou qu'elle note ses commentaires dans son rapport quotidien aux parents.

Selon ses besoins ou ses préférences, l'éducatrice peut avoir recours à différentes méthodes de prise de notes.

❖ La prise de notes compilatoire « est une succession de mots, de morceaux de phrases, entrecoupés de phrases entières parfois » (Couchaere, 1983, p. 74).

❖ La prise de notes fonctionnelle « consiste à diviser la page en trois ou quatre parties, puis à attribuer une fonction à chaque partie » (Couchaere, 1983, p. 75).

❖ La prise de notes par phrases-formules consiste en « des énoncés en forme d'assertions qui rassemblent de façon concise la pensée de l'auteur » (Couchaere, 1983, p. 76).

❖ La prise de notes arborescente « est un schéma qui s'élabore par association d'idées. Ce sont des mots clés ou morceaux de phrases qui sont écrits sur les branches. […] Cette façon de faire offre une rapidité de construction pour suivre le rythme et le schéma de la pensée qui est plutôt associative » (Couchaere, 1983, p. 77).

Après avoir déterminé quelle méthode elle veut utiliser, l'éducatrice peut retenir différentes stratégies pour rendre la prise de notes plus efficace.

Stratégies pour rendre la prise de notes efficace

❖ Avoir en tout temps à portée de la main un carnet et un crayon.

❖ En début de journée, noter les informations contextuelles pertinentes (date, lieu, personnes en présence, etc.).

❖ Les informations à retenir peuvent être présentées sous forme écrite, à l'aide de pictogrammes ou de dessins.

❖ Laisser une marge à gauche afin de pouvoir ajouter des annotations ou des commentaires permettant de retrouver les informations importantes plus rapidement.

❖ Écrire des phrases courtes, des abréviations ou des mots clés, et utiliser le soulignement, l'encadrement ou le surlignement pour faire ressortir les aspects importants.

❖ Illustrer la répétition d'un comportement en ajoutant un X chaque fois que ce dernier est observé.

❖ À la fin de la journée, relire les notes de la journée et réécrire les informations qui peuvent s'avérer utiles à plus long terme dans la section « Observations du journal de bord » afin de les conserver.

Date : _____ Temps : _____

Activité : Collation à l'extérieur

Personnes présentes : Les huit enfants du groupe, la stagiaire et l'éducatrice

Observations

Olivier refuse collation/pleure lorsque la stagiaire insiste.

Julie/pipi dans sa culotte/jeux libres à l'extérieur.

Rita dit en criant et en pleurant : « T'es pu mon ami, Nicolas. T'es trop méchant. Je t'aime pas ! »

CONCLUSION

Faisant suite au contenu en lien avec les perceptions, le chapitre 4 aborde deux autres composantes de l'observation, soit : la notation et la mémorisation. Comme on le sait, les observations de l'éducatrice doivent être rédigées à partir d'énoncés de fait. Pour y parvenir, elle doit les distinguer des autres types d'énoncés. Ces derniers se réfèrent à des jugements de valeur, à des jugements de recommandation ou à des inférences.

La formulation des énoncés de fait repose sur la description de comportements observables et requiert un niveau de précision acceptable. De plus, les informations relatives au contexte des situations observées doivent être prises en compte au moment de l'analyse des données. L'éducatrice doit donc prendre l'habitude de décrire le contexte à l'aide d'énoncés de fait. Différents moyens peuvent l'aider à formuler ces énoncés. Pour faciliter son travail, elle peut utiliser certaines taxonomies ou se référer aux expériences clés du programme éducatif High/Scope. Elle peut également faire appel à des stratégies de prise de notes.

ACTIVITÉS D'ÉVALUATION FORMATIVE

À vous de juger !
Activité 1

Pour chacun des énoncés ci-dessous, indiquez s'il s'agit d'un énoncé de fait, d'une inférence, d'un jugement évaluatif ou d'un jugement de recommandation.

1. Carole est une éducatrice sérieuse qui ne ménage pas ses efforts pour réussir.

2. Je vous demande d'arriver avant 9 h le matin, car votre enfant pourra s'intégrer plus facilement aux activités.

3. J'aime beaucoup le groupe d'enfants avec lequel je travaille cette année.

4. Le conseil d'administration du service de garde Les soleils zébrés a engagé trois éducatrices lundi dernier.

5. Si le salaire des éducatrices est augmenté, il y aura plus de personnes intéressées à choisir cette profession.

6. Jeudi prochain, nous irons à la cabane à sucre avec les enfants de nos classes puisque l'autobus est réservé.

7. Pierrot refuse de prêter son jouet à Aurélie.

8. Thérèse a investi beaucoup de temps dans la réalisation de ce document s'adressant aux parents de mon groupe.

9. Les enfants sont plus agités à la fin de la semaine parce qu'ils sont fatigués.

10. Les parents de Richard refusent de participer à l'assemblée générale parce qu'ils n'en voient pas l'importance.

Jeu d'association
Activité 2

Associez à chaque type de jugement énuméré ci-dessous un énoncé.

Types de jugements

1. Jugement de valeur épistémique

2. Jugement de valeur esthétique

3. Jugement de valeur moral

4. Jugement de fait non observé

5. Jugement de fait d'observation

6. Jugement déterminant (inférence)

7. Jugement de recommandation

Énoncés

A. Cet enfant refuse de participer aux activités de groupe parce qu'il est nouvellement arrivé dans notre centre de la petite enfance et qu'il ne connaît pas notre mode de fonctionnement.

B. Le parc où nous allons jouer est vraiment très beau.

C. Je vous suggère d'arriver plus tôt le matin afin que Didier puisse participer à la présentation des ateliers.

D. Je considère que la réaction de Juliette à la dernière réunion d'équipe n'a pas sa place dans un milieu éducatif.

E. Finalement, après avoir étudié la question, l'utilisation de la classification ESAR m'apparaît tout à fait appropriée pour solutionner notre problème.

F. Ce matin, Dimitri m'a demandé de l'aider à attacher ses souliers.

G. Plusieurs éducatrices qui ont connu les débuts des services de garde au Québec sont encore actives dans le milieu.

Activité 3 — **Évaluer un rapport d'observation**

Pour chaque énoncé du rapport d'observation de Jacqueline, une responsable d'un service de garde en milieu familial, indiquez le type de jugement utilisé.

1. Fait d'observation
2. Inférence
3. Jugement évaluatif esthétique

4. Jugement évaluatif moral
5. Jugement évaluatif épistémique
6. Jugement de recommandation

Rapport d'observation

Date : 22 août 2006   Service de garde en milieu familial

Enfants présents : Lucas, Antoine, June, Loraine et Émilie

1. Ce matin, la mère de Christian m'a téléphoné pour me dire que son garçon avait de la fièvre et qu'il ne viendrait pas au service de garde aujourd'hui.

2. Lorsque tous les autres enfants du groupe sont arrivés, je leur ai demandé s'ils désiraient aller jouer dehors ou s'ils préféraient demeurer dans la maison.

3. Trois enfants (June, Lucas et Loraine) m'ont dit qu'ils préféraient sortir.

4. Les autres enfants auraient voulu rester dans la maison, probablement parce qu'ils ont vu le nouveau jeu que j'ai acheté.

5. Personnellement, je trouve important que les enfants aillent dehors tous les jours.

6. Une fois dehors, Émilie a sali sa belle robe.

7. Selon moi, elle a pleuré parce que c'est son père qui lui a offert cette robe et qu'elle ne le voit pas souvent puisque ses parents sont séparés.

8. La séparation des parents provoque toujours des situations difficiles pour les enfants.

9. Les parents devraient faire plus attention à la dimension affective du développement de leurs enfants.

10. À la fin de la journée, June avait beaucoup de fièvre.

11. Elle a sans doute attrapé le rhume de Christian.

Trouver l'erreur

Activité 4

Parmi les énoncés suivants se cachent des énoncés de fait que vous devez repérer.

1. La cour de l'école aurait avantage à être réaménagée.

2. Ce matin, j'ai vu Carole, l'éducatrice du groupe des poupons, avec quatre enfants dans une voiturette.

3. Il est préférable que les enfant boivent du vrai jus plutôt que des boissons aux fruits.

4. Louise est très petite pour son âge.

5. Les enfants vont être fatigués ce soir après avoir tant couru au parc.

6. Il n'y a jamais personne dans notre service de garde le soir, car il est fermé après 18 heures.

7. Certains parents laissent leur voiture en marche lorsqu'il viennent reconduire leur enfant à la garderie.

8. Manon, la cuisinière de notre milieu, travaille avec nous depuis plusieurs années.

9. L'année prochaine, je travaillerai avec le groupe des 3 ans car ma demande a été acceptée.

10. Le milieu où je travaille n'accueille pas de poupons présentement.

a) Consultez les taxonomies qui se trouvent dans ce chapitre afin de classer les verbes suivants dans la taxonomie correspondante. Attention! Certains verbes peuvent se retrouver dans plus d'une taxonomie.

- ❖ Taxonomie du domaine cognitif
- ❖ Taxonomie du domaine affectif
- ❖ Taxonomie du domaine psychomoteur

classer	jouer	énumérer	se pencher
construire	manipuler	organiser	reconnaître
partager	écouter	pousser	s'étirer
choisir	relier	identifier des surfaces	

b) Formulez un énoncé qui décrit un comportement observable en utilisant un des verbes ci-dessus. Vous devez formuler votre énoncé en fonction de l'enfant et non en fonction de ce que l'éducatrice doit faire. Vous devez commencer par un verbe univoque et situer le contexte.

Exemple : S'étire au moment du lever à la fin de la sieste.

ACTIVITÉS D'ENRICHISSEMENT

Il n'y a rien de mieux que les émissions de télévision ou de radio pour nous aider à distinguer les énoncés de fait des énoncés d'inférence et des jugements évaluatifs! Amusez-vous, par exemple, à écouter les bulletins de nouvelles, et vous serez étonnée de constater à quel point vous y retrouverez peu d'énoncés de fait (observés et non observés). Les articles de journaux ou de revues, les conversations sont également une très bonne source de données permettant de développer votre habileté à distinguer les différents types d'énoncés.

Avec quelques collègues, vous pouvez également simuler un plan d'intervention où vous devrez présenter la problématique vécue par un enfant uniquement selon les faits. Dans le même sens, vous pouvez simuler un entretien avec un parent ou un coup de téléphone à un spécialiste. En fait, toutes les situations de communication où vous pouvez être concernée peuvent être un terrain d'exercice vous permettant :

- ❖ de distinguer les énoncés (fait d'observation, fait non observé, inférence, jugement évaluatif, jugement de recommandation) ;
- ❖ de formuler des énoncés de fait d'observation ;
- ❖ d'aider votre interlocuteur à préciser ses affirmations.

PROJET D'OBSERVATION

2

Titre du projet : Les préjugés

Dans ce deuxième projet d'observation, vous aurez l'occasion de vivre une situation d'observation avec des partenaires, ce qui favorisera l'émergence de certaines attitudes, telles que la collaboration, l'entraide, l'écoute et le respect. Par exemple, serez-vous capable de partager les tâches de façon équitable ? Arriverez-vous à respecter des points de vue différents du vôtre ? Saurez-vous adopter des attitudes éthiques à chacune des étapes de la démarche d'observation ?

Ce projet vous permettra de participer à une démarche d'autoévaluation qui impliquera à la fois la réflexion et la confrontation, puisque vous devrez repérer certains de vos préjugés et les comparer avec ceux de vos partenaires. Saurez-vous participer honnêtement, vous remettre en question et faire preuve d'ouverture d'esprit envers vos pairs et vous-même ?

Par ailleurs, vous devrez enregistrer des données d'observation en utilisant vos nouvelles connaissances concernant la prise de notes et la rédaction d'énoncés de fait contextualisés. Saurez-vous faire preuve d'objectivité, recueillir les données pertinentes (faits d'observation et informations) et démontrer un esprit de synthèse ? Ces données vous permettront-elles de remettre en question certains de vos préjugés et ainsi atteindre le but visé par le projet ?

Encore une fois, une partie de votre tâche consistera à travailler intuitivement puisque certains contenus n'ont pas encore été abordés, par exemple l'analyse des données, l'interprétation des résultats et l'évaluation de la démarche. Cependant, nous croyons que travailler de cette façon peut influer sur votre motivation à acquérir ces nouvelles compétences et ainsi faciliter votre apprentissage.

Présentation du projet

Le projet consiste à observer des personnes envers lesquelles vous avez des préjugés dans des lieux où vous savez qu'elles se trouvent. Vous devrez d'abord choisir un lieu d'observation dans lequel vous vous sentirez en sécurité physiquement et psychologiquement. Il ne serait pas profitable d'aller dans un endroit qui heurte sérieusement vos valeurs. Vous ne devrez pas non plus vous placer en situation de danger. Voici quelques suggestions de lieux provenant d'étudiantes en techniques d'éducation à l'enfance : une salle d'attente, un bar, une salle de quilles, un salon de coiffure, un restaurant, une cafétéria, une cour de récréation, un parc, etc. Comme vous pouvez le constater, il y a de nombreuses possibilités.

Après avoir choisi un lieu, vous devrez réfléchir à votre façon de procéder. Ferez-vous une observation clandestine, c'est-à-dire sans que les personnes présentes dans ce lieu en aient conscience ? Ou demanderez-vous l'autorisation d'observer les personnes dans ce lieu ? Ferez-vous une observation directe (faits d'observations), c'est-à-dire en recueillant vous-même les données d'observation ? Ferez-vous une observation indirecte (informations), c'est-à-dire en questionnant les gens qui se trouvent dans ce lieu ?

Dans un lieu public comme un restaurant ou un centre commercial, il n'est pas nécessaire de demander une autorisation pour observer les lieux ou les gens. Cependant, il convient de respecter certaines règles d'éthique. Par exemple, si vous observez des passants dans un centre commercial, vous éviterez de mentionner le nom des personnes connues ou toute information pouvant permettre de les identifier. De plus, vous ferez preuve de tact en évitant de fixer les gens, et vous prendrez des notes discrètement pour ne pas les incommoder.

Filmer les gens à leur insu, c'est-à-dire utiliser une caméra dissimulée sans l'autorisation des personnes concernées, n'est pas acceptable sur le plan éthique, comme le mentionne Angers (2000). Chaque situation est différente et mérite qu'on réfléchisse aux questions éthiques qu'elle soulève. Vous devrez demander une autorisation pour observer ce qui se passe dans un aréna, un club, une église, une soupe populaire ou une salle d'urgence. Dans tous les cas où vous demanderez une permission, il sera important de préciser vos intentions réelles. Il faudra expliquer que vous désirez observer les lieux et les gens qui s'y trouvent afin de faire un travail qui vous permettra de dissiper certains préjugés, tout en vous exerçant à noter des faits d'observation.

Niveau de difficulté	Application/Familiarisation
Objectifs	• Planifier une démarche d'observation. • Organiser une démarche d'observation. • Recueillir des données. • Analyser des données. • Interpréter les résultats. • Évaluer une démarche d'observation.

Marche à suivre

1. Nommez les lieux susceptibles de nourrir vos préjugés (minimum 5).

2. Sélectionnez un des lieux énumérés à l'étape précédente et réfléchissez aux conséquences morales de ce choix.

3. Énumérez vos préjugés par rapport au lieu choisi ou aux personnes qui pourraient s'y trouver.

La collecte des données

4. Formulez une centration d'observation. *(comportement)*

5. Rédigez un plan d'observation incluant la procédure prévue, l'organisation et le partage des tâches (minimum une demi-page).

6. Décrivez quatre règles d'éthique que l'équipe devrait suivre durant les différentes étapes de la démarche d'observation, et indiquez un moyen concret de vous assurer de leur respect.

7. Organisez la démarche d'observation (préparation du matériel, personnes-ressources, transport, selon les besoins).

8. Commencez votre observation qui durera de 30 à 45 minutes.

9. Compilez et regroupez les données recueillies par chacun des membres de l'équipe et faites une analyse sommaire en établissant des liens entre les données et en formulant une hypothèse.

10. Interprétez les résultats obtenus (au moins une demi-page) en expliquant les liens que vous avez faits et en justifiant votre hypothèse.

11. Dites à quelle conclusion vous en arrivez après ce travail d'observation (minimum une demi-page).

12. Évaluez votre démarche d'observation en faisant ressortir les facteurs favorisant ou entravant l'exercice et dites quelles modifications vous apporteriez si vous deviez réaliser un autre projet d'observation (minimum une demi-page).

Recommandations

❖ Notez vos observations dans un carnet de notes.

❖ Utilisez tous vos sens (dans la mesure du possible) pour procéder à votre observation et faire ainsi la description de ce que chacun d'eux a capté, en vous exerçant à utiliser un vocabulaire adéquat (précis et univoque).

❖ Décrivez le lieu observé (genre de lieu, situation géographique, aménagement, etc.).

❖ Décrivez les individus et leurs comportements verbaux et non verbaux en n'omettant pas de les situer dans leur contexte (l'heure, l'endroit, la situation, etc.).

❖ Précisez la fréquence des comportements.

❖ Prenez des notes sur place seulement si le contexte le permet [mots clés, énoncés, verbatim (discours mot à mot d'une personne), plan, dessin, etc.].

❖ Évitez les jugements de valeur, les qualificatifs (beau, gros, etc.), les adverbes (toujours, à peu près, etc.) et tenez-vous-en aux faits.

Autoévaluation de mes compétences

Indiquez pour chacun des énoncés suivants : oui, non ou ça dépend.

❖ Je m'autoévalue avec honnêteté et ouverture.

❖ J'accepte de me remettre en question.

❖ J'accepte les points de vue différents du mien.

❖ Je collabore facilement avec tous les membres de l'équipe.

❖ J'écoute les propos de tous les membres de l'équipe avec attention.

❖ J'assume ma juste part de responsabilités dans l'équipe sans prendre toute la place.

❖ Je respecte facilement les règles d'éthique que l'équipe s'est engagée à suivre.

❖ J'utilise avec aisance différentes techniques de prise de notes.

❖ Je rédige des énoncés de fait en les distinguant bien des autres types de jugements.

❖ Je précise le contexte entourant la situation d'observation en tenant compte d'au moins trois facteurs.

❖ Je recueille des données (faits d'observation et informations) en démontrant un esprit de synthèse ou en évitant de me perdre dans un fatras de données inutiles.

❖ Je sélectionne des données pertinentes selon le but visé par la démarche d'observation.

❖ Je suis à l'aise et j'ai confiance en moi lorsqu'il s'agit de travailler intuitivement.

❖ J'évalue une démarche d'observation en faisant ressortir les facteurs favorisant ou entravant l'exercice et en trouvant des moyens d'y remédier.

5

L'OBSERVATION DES INTERACTIONS

Élément de compétence

Préparer son observation

Objectif d'apprentissage

❖ Déterminer les objets et les contenus d'observation en rapport avec l'analyse à faire.

Objectifs spécifiques

❖ Reconnaître différents modes de comportements observables.

❖ Reconnaître les deux niveaux d'une communication afin de mieux comprendre les interactions entre l'enfant et ses pairs, et entre l'enfant et l'adulte.

❖ Décrire le contexte relatif à un événement de manière à cerner les différents objets d'observation impliqués.

❖ Distinguer les règles implicites des règles explicites afin de recueillir des données susceptibles de faciliter l'interprétation des résultats.

INTRODUCTION

« **O** bserver, c'est tout simplement "regarder attentivement". Cependant, à force de regarder attentivement, on se rend vite compte que les choses sont plus compliquées que cela » (Canter Kohn, 1982, p. 17). Il y a quelques années, j'enseignais à l'université où je formais de futurs enseignants. Je leur demandais de réagir à une situation fictive où un jeune avait une altercation avec son enseignante (inspirée de Bouchard). L'histoire du jeune était la suivante : « Un beau matin, l'adolescent arrive très en retard en classe. Il fait du bruit, insulte ses camarades, regarde l'enseignante d'un air méprisant et s'assoit en se croisant les bras, sans ouvrir ses livres. »

J'invitais aussi mes élèves à me décrire de quelle façon ils interviendraient auprès de ce jeune. Chacun exprimait alors les conséquences qu'il jugeait appropriées devant un tel comportement : réprimandes, avis au directeur et aux parents, exclusion, etc. À cette étape, je leur demandais de réfléchir au fait que leur interprétation de la situation se basait sur bien peu de choses, puisque je ne leur avais pas donné d'observations précises et que je n'avais pas décrit le contexte dans lequel s'était produit cet événement.

En fait, personne n'avait pensé à me demander de préciser ce qu'avait dit le jeune et à qui il s'était adressé. Ni quels étaient les comportements verbaux ou non verbaux des autres jeunes avant, pendant et après l'incident. On aurait pu me demander également si cette situation se produisait pour la première fois, si le jeune vivait un problème particulier qui aurait pu expliquer ce comportement. Qui était en fait ce jeune et dans quel genre de classe étions-nous ? J'invitais par la suite les étudiants à imaginer que nous étions dans une classe de jeunes ayant des troubles du comportement ou vivant des situations difficiles. Le jeune dont nous parlons est arrivé dans la classe il y a une semaine. Il a été placé en centre d'accueil parce que son père vient d'assassiner sa mère. C'est le jeune adolescent qui les a trouvés à son retour de l'école. Depuis qu'il fait partie du groupe, il n'a pas cherché à établir de contacts avec les autres jeunes. Je reposais ensuite la question du début : de quelle façon devions-nous intervenir auprès de ce jeune qui, soit dit en passant, s'appelait Stéphane ?

5.1 LES COMPORTEMENTS DE COMMUNICATION

Myers et Myers (1990, p. 15) reprennent l'idée répandue par les tenants d'une vision systémique de la communication, selon laquelle « un être humain ne peut pas ne pas agir, et toutes les actions ont potentiellement une valeur communicative ». Dans cette perspective, tout comportement est une forme de communication en soi. Ainsi, « […] il doit être bien clair dès le départ que nous considérons les deux termes, communication et comportement, comme étant pratiquement synonymes » (Watzlawick, Beavin et Jackson, 1972, p. 16). Par exemple, l'enfant qui joue encore avec les blocs, malgré trois demandes de votre part visant à les lui faire ranger, vous communique quelque chose d'autre que sa capacité à jouer avec les blocs. « Or, si on admet que, dans une interaction, tout comportement a la valeur d'un message, c'est-à-dire qu'il est une communication, il suit qu'on ne peut pas ne pas communiquer, qu'on le veuille ou non » (Watzlawick, Beavin et Jackson, 1972, p. 46).

Il serait donc impensable de se limiter à l'observation du discours pour comprendre une situation de communication vécue par des individus. « Verbalement ou silencieusement, par le geste ou l'immobilité, d'une manière ou d'une autre nous atteignons toujours les autres, qui en retour répondent inévitablement à nos actions et comportements » (Myers et Myers, 1990, p. 15).

Ainsi, l'enfant qui fait une grimace à son éducatrice au moment où celle-ci le réprimande peut lui communiquer son refus de se soumettre à son autorité ou sa difficulté à accepter d'être pris en faute ; mais il lui communique un message. Vérifier le sens de cette communication en questionnant l'enfant quand il est en âge de répondre devient essentiel pour assurer des relations harmonieuses. Canter Kohn (1982, p. 38) va dans ce sens en précisant que ces « explications et interprétations, complémentaires à celles de l'observateur, éclaireraient autrement les faits et les actions qui en découlent ». De même, ne pas réagir à ce comportement serait, en soi, communiquer quelque chose à l'enfant.

Par comportement, « on entend une activité ou une réaction observable dont la fréquence est mesurable » (Goupil et Jeanrie, 1977, p. 5). Par exemple, lorsque l'éducatrice observe un enfant qui réagit au départ de sa mère, elle peut noter les comportements suivants : il prend sa mère par le cou, il lui dit : « Je ne veux pas que tu t'en ailles », il pleure, etc. Cependant, pour comprendre comment les choses se passent, l'éducatrice ne peut pas se limiter à décrire le comportement de l'enfant. Plusieurs facteurs peuvent avoir une incidence sur celui-ci. Par exemple, il peut s'agir de l'attitude de la mère, de l'éducatrice et de celle des pairs.

Par ailleurs, toute communication repose sur deux niveaux : le modèle numérique et le modèle analogique (Legendre, 1993, p. 860). « Selon toute probabilité, le contenu sera transmis sur le mode digital [modèle numérique], alors que la relation sera essentiellement de nature analogique » (Watzlawick, Beavin et Jackson, 1972, p. 61).

Le modèle numérique (digital) est le texte littéral ou les mots prononcés par l'émetteur. Pensons au texte que l'on tape sur un clavier d'ordinateur. La communication numérique a un caractère informatif. Principalement axée sur le langage, elle présente le contenu du message et laisse peu de place à l'interprétation. C'est une forme de communication abstraite parce que le mot utilisé est loin de ce qu'il veut représenter. Par exemple, l'énoncé « Tu as une belle robe » relève du modèle numérique.

Le modèle analogique a une relation plus directe avec ce qu'il représente, puisqu'il concerne les aspects non verbaux de l'échange. C'est le sourire qui exprime la joie ou la poignée de main et le regard qui transmettent la sympathie. Ce modèle comporte des indices permettant de comprendre le sens du message et la nature de la relation entre les individus qui communiquent. Ainsi, dans l'exemple « Tu as une belle robe », la mimique, le ton de la voix, le regard, etc. viendront préciser de quelle manière on doit comprendre le message. La personne qui reçoit ce dernier décode-t-elle que la robe a dû coûter cher ou qu'on la trouve superbe ?

Prenons un autre exemple : la phrase « Je te quitte » n'a pas beaucoup de sens en soi. En l'absence des comportements non verbaux et du contexte entourant la situation, il est bien difficile de savoir s'il s'agit du mari qui s'en va au dépanneur ou de la femme qui vient de laisser son conjoint définitivement. La différence est énorme, vous en conviendrez. Cela revient à dire que, lorsqu'une personne nous répète les paroles d'une autre avec son émotivité à elle, ou lorsque des paroles sont citées hors contexte, la subjectivité aidant, on peut assister à une déformation importante de la réalité. Ainsi, pour éviter de faire des observations biaisées, nous devons tenir compte des modèles numérique et analogique, puisqu'ils sont interdépendants l'un de l'autre. En fait, l'un donne de l'information, tandis que l'autre indique comment nous devons l'interpréter.

Scheflen (cité dans Winkin, 1981, p. 147) présente les modes de communication de manière plus détaillée en les distinguant selon les comportements vocal (linguistique ou paralinguistique), kinésique, tactile, territorial ou proxémique, vestimentaire, esthétique et ornemental. Le comportement kinésique comprend les mouvements corporels, dont l'expression faciale, des éléments provenant du système neurovégétatif, la posture, les bruits corporels, etc. Scheflen mentionne aussi d'autres comportements peu étudiés comme l'émission d'odeurs.

5.1.1 Le comportement vocal

Le comportement vocal comprend les dimensions linguistique et paralinguistique. Pour l'observateur, les comportements linguistiques se représentent sous forme de mot à mot tiré de la description littérale du discours d'une personne. Ce mode de communication peut paraître simple à observer à première vue. Cependant, comme peu de gens ont pris l'habitude de reproduire fidèlement les paroles d'une personne, cela représente un défi de taille.

En général, nous avons tendance à reprendre dans nos propres mots les propos des autres plutôt que de les reproduire textuellement. Étant donné que le délai est souvent long entre le moment où l'éducatrice fait une observation et celui où elle peut la noter, elle doit apprendre à reproduire les propos le plus fidèlement possible. Par exemple, à la fin de la journée, les paroles « Tu n'es pas gentille, tu me chicanes tout le temps » pourront devenir « Il m'a fait part de son mécontentement à mon égard, affirmant que je suis toujours sur son dos ». (L'éducatrice peut transcrire ce type de notes dans la section « Observations » de son journal de bord.) Cependant, dans certaines circonstances, il est préférable qu'elle utilise son carnet de notes afin de transcrire le plus fidèlement possible certains propos. Par exemple, en milieu scolaire, l'enfant qui fait des allusions au suicide ou qui fait part à l'éducatrice d'abus dont il a été victime.

Les comportements linguistiques sont en étroite relation avec la dimension paralinguistique de la communication. Ainsi, le timbre de voix (aigu, grave, etc.), le volume de la voix (faible, moyen, fort), les coupures dans une phrase, l'accent mis sur certains mots, le ton de la voix (fâché, joyeux, résigné, déçu, colérique, etc.) peuvent devenir des indicateurs susceptibles de nous aider à saisir la teneur d'un message.

« Comme nous parlons une langue très élaborée, nous avons du mal à nous rappeler qu'il fut un temps où nous étions muets et où l'ensemble du processus de communication se transmettait par l'intermédiaire des variations de l'intonation » (Hall, 1984, p. 195). Un « bonjour » dit sur un ton de voix joyeux n'a pas la même signification que s'il est dit sur un ton colérique. De même, le commentaire d'un parent trouvant que les enfants ne jouent pas suffisamment à l'extérieur prendra un sens différent selon qu'il est exprimé avec colère, sèchement (ton de voix, volume, débit rapide) ou calmement (ton de voix, volume).

5.1.2 Le comportement kinésique

« Birdwhistell a défini la kinésique comme la façon de se mouvoir et d'utiliser son corps » (Hall, 1979, p. 77). Le comportement kinésique comprend les mouvements corporels, les gestes, le regard, la mimique, les éléments provenant du système neurovégétatif (coloration de la peau, dilatation de la pupille, activité viscérale, transpiration), la posture (position du corps dans l'espace) et les bruits corporels. Dans l'exemple du paragraphe précédent, on pourrait observer les indices suivants par rapport à l'attitude du parent : peau du visage qui rougit, bras et index dirigés vers l'éducatrice, sourcils froncés. Ces observations pourraient confirmer à l'éducatrice l'état de colère dans lequel se trouve le parent.

5.1.3 Le comportement tactile

Dans le comportement tactile, on entre en contact physique avec une autre personne, avec soi-même ou avec un objet. Par exemple, un parent peut toucher le bras de l'éducatrice délicatement lorsqu'il lui parle. Ce geste mis en relation avec un ton de voix doux et une mimique souriante pourrait indiquer à l'éducatrice que le commentaire du parent n'est pas un reproche. Si l'éducatrice a les yeux rougis, fait la moue et met la main devant sa bouche, cela pourrait être l'indice de son désarroi dans pareille situation.

5.1.4 Le comportement territorial ou proxémique

Le terme « proxémie » qui a été créé par Hall (1971) concerne la manière dont nous gérons notre espace personnel. Le comportement territorial ou proxémique correspond à la façon dont les individus prennent possession de l'espace et à la position physique qu'ils adoptent les uns par rapport aux autres.

Ainsi, l'« homme a développé son esprit de territorialité à un degré presque inimaginable » selon Hall (1984, p. 188). Qui n'est pas un jour entré, sans le savoir, dans le territoire ou la bulle d'une autre personne ? Qui n'a jamais malencontreusement transgressé une règle implicite, c'est-à-dire non formulée clairement ? Par exemple, une stagiaire voulant aider l'éducatrice peut ouvrir une porte d'armoire sans avoir été autorisée à le faire. Par la suite, cette même stagiaire peut s'asseoir à la place que la coordonnatrice du service de garde occupe habituellement au moment des réunions sans comprendre le malaise qu'elle ressent soudainement. La stagiaire aurait avantage à être attentive aux réactions non verbales de l'éducatrice et à vérifier ses impressions auprès de celle-ci afin de s'assurer qu'elle interprète correctement son comportement non verbal.

La façon dont les gens occupent l'espace est également une communication en soi. En réunion d'équipe, par exemple, l'éducatrice peut observer que certaines personnes ont tendance à s'asseoir ensemble, que la chaise se trouvant à côté de la coordonnatrice est toujours inoccupée, que telle personne prend beaucoup de place sur la table lorsqu'elle y étale ses documents personnels. Lorsqu'elle observe les enfants, l'éducatrice peut noter que l'un d'eux joue fréquemment à l'écart des autres au moment des jeux libres, qu'un autre interdit à ses pairs de traverser une ligne invisible délimitant son espace de jeu ou qu'un autre encore place son matelas près d'elle au moment de la sieste.

On trouve également ce genre de comportements dans le monde animal. D'ailleurs, en étudiant les animaux, on apprend beaucoup de choses sur nos propres comportements. Pensons, par exemple, à des oiseaux perchés sur un fil. Souvent, on croirait voir des Nord-Américains qui attendent l'autobus, chacun placé à la même distance des autres. Ou pensons à un groupe de fourmis qui se déplacent l'une derrière l'autre, chacune avec son butin ; on croirait voir un groupe d'écoliers qui se dirigent vers leur salle de classe.

« Chaque culture, chaque pays a son propre langage de l'espace, tout aussi singulier que le langage parlé, parfois même davantage » (Hall, 1979, p. 65). La culture a une grande influence sur la façon dont on se comporte dans l'espace. Ainsi, la distance acceptable entre deux personnes n'est pas la même pour un Nord-Américain que pour un Arabe. L'un cherche à mettre de la distance entre lui et l'autre personne, tandis que l'autre tente de se rapprocher, ne comprenant pas pourquoi son interlocuteur s'éloigne. Il est essentiel de comprendre que la notion de culture entre en jeu lorsqu'on considère les distances interpersonnelles. La zone de confort peut différer d'une personne à l'autre, mais ce sont souvent les phénomènes culturels qui seront les plus déterminants en cette matière.

Lorsqu'elle veut noter la distance observée entre deux individus, l'observatrice peut se référer aux distances interpersonnelles décrites par Hall (1971, p. 18). Ce dernier distingue les distances interpersonnelles intime, personnelle, sociale et publique.

La distance intime correspond à celle que nous prenons pour consoler un enfant en le serrant dans nos bras. Elle est de 0 à 40 centimètres environ. La distance personnelle, que nous prenons pour discuter avec un parent sans que les autres personnes puissent entendre, correspond à la longueur d'un bras environ (de 75 à 125 centimètres). La distance sociale permet de percevoir tout le corps de l'autre personne, mais non les détails intimes du visage (de 1,20 à 2,10 mètres). La distance publique se situe « hors du cercle où l'individu est directement concerné » (Hall, 1971, p. 155). Ainsi, cette distance pourrait être celle du conférencier qui s'adresse à un auditoire (7,50 mètres ou davantage). Notons que « la vue, le toucher, l'ouïe, l'olfaction contribuent à la mise au point des distances socialement adéquates » (Winkin, 1981, p. 89).

5.1.5   L'émission d'odeurs

« L'odeur est à la base d'un des modes les plus primitifs et les plus fondamentaux de la communication. [...] Parmi ses diverses fonctions, il permet non seulement de différencier les individus mais aussi de déchiffrer leur état affectif » (Hall, 1971, p. 67). La plupart d'entre nous n'ont pas suffisamment développé leur odorat pour aller dans ce sens. Par contre, dans certaines cultures, les odeurs corporelles occupent une place très importante. Ainsi, dans la culture arabe, il est normal de se tenir près des gens afin de sentir leur haleine. Ce faisant, on peut déterminer leur état émotionnel.

Quoique de façon différente, les odeurs occupent aussi une place importante dans notre culture occidentale. Accueillir un parent trop parfumé le matin ou qui sent l'alcool à plein nez le soir, remarquer qu'un enfant sent l'urine provoquera certainement des réactions chez l'éducatrice.

5.1.6   Les comportements vestimentaires, esthétiques et ornementaux

Ces comportements concernent les vêtements que porte un individu et ce qu'ils peuvent communiquer à son entourage (uniforme, style, état, propreté, marque, etc.). L'utilisation de maquillage ou de bijoux, ou la coiffure sont également des comportements de communication.

L'éducatrice qui, le premier jour de son travail, arrive en talons hauts, vêtue d'une minijupe et couverte de bijoux provoquera certainement des réactions chez ses pairs.

Ce sera la même chose si un parent se rend dans un service de garde avec des bigoudis ! Et que dire des stagiaires qui se présentent dans leur milieu de garde vêtues d'un *string* visible à travers leur pantalon. En général, les réactions du personnel et des parents ne tardent pas.

5.1.7 Les autres comportements

Tout comportement a une valeur de message (Bateson et collab., 1981). À ce titre, les silences font partie de la communication et n'ont pas toujours la même signification. Ils sont fréquemment la cause de certains malaises, car nous ne savons pas toujours comment les interpréter. Selon Myers et Myers (1990), les trois indices pouvant aider l'éducatrice à interpréter les silences sont : la posture, l'expression du visage et les mouvements. Cependant, «chacun doit être interprété chaque fois en fonction du contexte» (Myers et Myers, 1990, p. 136).

Le comportement temporel, qu'il soit conscient ou inconscient, est également une forme de communication en soi. L'enfant à qui on demande s'il a pris un objet interdit et qui hésite avant de répondre s'incrimine en quelque sorte. La stagiaire qui se présente en retard le premier matin de son stage communique quelque chose, tout comme celle qui arrive toujours 10 minutes avant l'heure prévue. Pensons au conjoint qui ne répond pas immédiatement à la demande : « Est-ce que tu m'aimes ? »

Exercice 5.1

Associez chacun des exemples à l'un des comportements ci-dessous :

Comportements

1. Vocal (paralinguistique)	5. Territorial ou proxémique	9. Temporel
2. Vocal (linguistique)	6. Vestimentaire	10. Silence
3. Kinésique	7. Esthétique	
4. Tactile	8. Ornemental	

Exemples

A. L'éducatrice reçoit un nouveau parent ce matin ; elle lui serre la main.

B. Z'Hor porte un foulard pour venir travailler au service de garde.

C. Lorsque Juliette demande aux enfants qui aimerait animer le spectacle amateur qui sera présenté aux parents à la fin de l'année, Julien se cache les yeux avec ses mains.

D. Diane dit : « Je préfère le thème des dinosaures parce que j'ai beaucoup de livres à la maison sur ce sujet. »

E. Les parents d'Ismaël n'entrent pas dans le local lorsqu'ils viennent chercher leur enfant.

F. Au moment de la causerie, l'éducatrice demande aux enfants, sur un ton doux, de raconter un événement heureux.

G. Anaïs porte du vernis à ongles bleu ce matin.

H. Les parents de Julien n'ont pas renvoyé à temps le billet-réponse pour la sortie au zoo qui devrait avoir lieu demain.

I. La stagiaire du groupe des Sauterelles a mis des pinces à linge dans ses cheveux pour son activité de peinture.

J. Lorsque je demande à Pierrot si c'est lui qui a rangé les crayons de couleur dans la boîte, il me regarde sans rien répondre.

Pour chacune des illustrations, décrivez les comportements kinésiques (posture, expression faciale), vestimentaires, ornementaux et esthétiques, et interprétez la situation le plus objectivement possible.

Exemple

Posture : Le personnage est debout, une jambe devant l'autre. Son bras droit dirigé vers le haut tient un plateau. Sous son bras gauche, il porte un journal.

Expression faciale : Tête levée et bouche ouverte.

Comportement vestimentaire : Il porte un veston, une cravate, des knickers et des souliers.

Interprétation : Individu en veston et cravate qui se déplace avec un journal et un plateau.

1

2

3

Parmi les énoncés ci-dessous, relevez ceux dans lesquels le comportement temporel influe sur les interactions.

1. J'arrive en retard de cinq minutes à un rendez-vous avec un futur employeur.

2. Lorsque je demande à Olivier si c'est lui qui a pris les billes de Chloé, il hésite pendant quelques instants avant de répondre. Il me dit ensuite que ce n'est pas lui.

3. Il fera beau demain selon moi.

4. J'appelle une amie à deux heures du matin pour lui dire que j'ai enfin trouvé l'homme de ma vie.

5. Lorsque je vais chez la neurologue de ma fille, j'attends toujours deux heures avant qu'elle nous reçoive.

6. « C'est le temps de faire vos devoirs les enfants ! »

7. Je demande à mon conjoint s'il veut sortir les poubelles. Il hésite et me dit que oui.

8. Une amie m'invite à souper. Elle sait que, d'habitude, je mange tôt. Il est sept heures et elle n'a encore rien servi.

9. Cela fait six fois que je demande à un parent de mon groupe d'apporter l'argent pour la sortie spéciale qui aura lieu bientôt. Il a encore oublié.

10. Je demande à Annie de se dépêcher de ranger ses jouets, car nous l'attendons pour aller jouer dehors. Elle ramasse les jouets un par un sans se presser.

Décrivez à vos coéquipières votre réaction aux comportements vestimentaires, esthétiques et ornementaux présentés ci-dessous. Puis, discutez ensemble de vos réactions.

1. La nouvelle stagiaire du groupe des poupons a les cheveux teints en bleu et elle porte une dizaine de boucles d'oreilles et un pendentif arborant une tête de mort.

2. Les vêtements de Justin sont beaucoup trop petits pour lui.

3. L'éducatrice du groupe des 4 ans porte la même salopette rouge et bleu au moins quatre jours par semaine.

Avec l'aide de vos coéquipières, mimez une situation vous permettant d'illustrer un des silences ci-dessous, que vous avez choisi au hasard. Le reste du groupe doit deviner de quel type de silence il s'agit et nommer les indices utilisés pour l'interprétation : la posture, l'expression du visage et les mouvements.

❖ Le silence d'une personne qui est fâchée, qui est prête à éclater de rage.

❖ Le silence de la personne qui est fascinée par ce qui se passe autour d'elle.

- ❖ Le silence provoqué par l'ennui.
- ❖ Le silence qui dénote une attitude de supériorité par rapport aux autres.
- ❖ Le silence de la personne qui ne sait plus quoi dire.
- ❖ Le silence de la personne qui réfléchit à ce que quelqu'un d'autre vient de dire.
- ❖ Le silence de la personne qui exprime qu'elle comprend ce que l'on vient de dire.
- ❖ Le silence de la personne qui médite.
- ❖ Le silence qui signifie « Je n'ai plus rien à dire sur le sujet ».
- ❖ Le silence de la douleur et du chagrin.
- ❖ Le silence des amoureux.
- ❖ Le silence du défi, de l'obstination.

5.2 LA DESCRIPTION DU CONTEXTE

Legendre (1993, p. 256) définit la notion de contexte comme « l'ensemble des circonstances entourant un fait et qui lui confère une valeur et une signification ». Par exemple, noter que Julie a laissé tomber son pot de peinture par terre donne très peu d'informations sur l'événement. Ajouter à cela qu'elle l'a fait au moment où Antoine est arrivé derrière elle en lui criant « coucou » est déjà plus précis. Indiquer que cette situation s'est produite à 3 reprises en l'espace de 10 minutes, cela malgré 2 interventions de son éducatrice visant à faire cesser le comportement d'Antoine, oriente différemment l'interprétation.

Pour les membres du Collège invisible (Bateson, cité dans Winkin, 1981, p. 24),

la communication est un processus social permanent intégrant de multiples modes de comportement : la parole, le geste, le regard, la mimique, l'espace interindividuel, etc. Il ne s'agit pas de faire une opposition entre la communication verbale et la "communication non verbale" : la communication est un tout intégré. […] Par ailleurs, […] ce n'est que dans le contexte de l'ensemble des modes de communication, lui-même rapporté au contexte de l'interaction que la signification peut prendre forme.

Ainsi, lorsque la description d'un comportement tient compte des différents modes de comportement et que le contexte de l'interaction est suffisamment explicite, il devient possible de bien comprendre ce qui se passe. L'exercice 5.6 permet de voir l'influence de l'environnement dans la compréhension d'une image. Plus la photographie révèle le contexte, plus il est facile de saisir le sens de la situation.

C'est en repérant les comportements de communication et la réaction qu'ils suscitent dans le contexte de l'interaction que l'éducatrice pourra véritablement arriver à

Décrivez le plus objectivement possible le contenu de chacune des photographies dans l'ordre où elles sont présentées.

1　　　　　　　**2**

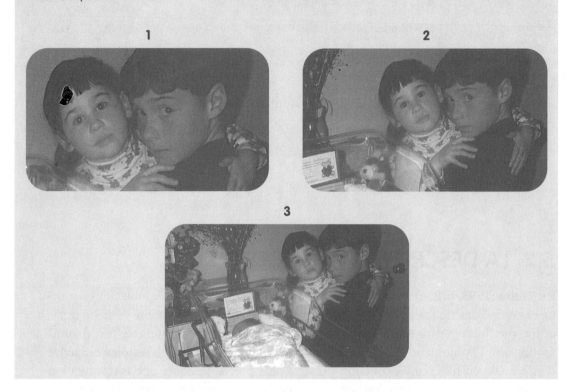

3

comprendre leur sens. Par exemple, observer qu'un enfant penche la tête est insuffisant, à moins que l'on désire uniquement voir s'il est capable de le faire. Ajouter à cette information qu'il verse des larmes et crie « maman » donne déjà une meilleure idée de la situation. Si, en plus, l'éducatrice observe que la mère est en train de quitter le service de garde, la description de la situation est encore plus précise.

De façon intuitive, l'éducatrice décode une multitude de signaux non verbaux dont elle ne prend pas toujours conscience. Ce sont eux qui l'aident à décoder les émotions d'une personne. Par exemple, la réaction non verbale d'un enfant peut permettre à l'éducatrice de percevoir sa déception, bien qu'il affirme que laisser sa place à un autre ou passer son tour ne le dérange pas.

Plus l'éducatrice tient compte des différents modes de communication au moment de son observation et situe le contexte de la situation, plus elle s'assure de faire des interprétations justes de la réalité. Par exemple, si elle observe la démarche inhabituelle d'une collègue, elle s'y attardera. Cela l'amènera à remarquer que sa collègue ne sourit pas, contrairement à son habitude, qu'elle a les yeux rougis et que le ton de sa voix est faible lorsqu'elle dit « bonjour ». Il pourrait être pertinent que l'éducatrice vérifie sa perception en lui disant : « J'ai l'impression que tu es triste. Est-ce que je me trompe ? »

Il n'est pas toujours possible de vérifier ses perceptions bien qu'il soit indiqué de le faire. Ainsi, après avoir noté les comportements observés, l'éducatrice doit tenter de comprendre la situation en se demandant « comment » les choses se passent plutôt que « pourquoi » elles se passent de cette façon. Quand elle décrit des faits, elle doit ajouter des éléments contextuels. Si elle note qu'un enfant pleure, ajouter que la mère vient de partir en voiture donne une idée beaucoup plus précise de ce qu'il vit.

Exemples d'information contextuelle en milieu éducatif

❖ Les comportements vocal (paralinguistique ou linguistique), kinésique, tactile, territorial ou proxémique, vestimentaire, esthétique, ornemental

❖ Les silences

❖ La description de l'environnement physique

❖ La nature du moment de vie (routines)

❖ L'âge des enfants

❖ Le lieu où se déroule l'activité

❖ Le type d'encadrement (activité semi-dirigée, libre, dirigée)

❖ La nature des consignes

❖ Le matériel (quantité, diversité, nouveauté, etc.)

❖ La description des personnes présentes ou absentes

❖ Ce qui s'est passé avant ou après le comportement observé

❖ La date ou l'heure

❖ Les règles explicites et implicites du milieu

❖ La durée du comportement ou de l'interaction

❖ La température

❖ Le nombre de personnes présentes

5.2.1 Les moments de vie en milieu éducatif

En milieu éducatif, chaque moment de vie présente des caractéristiques particulières selon l'endroit où il a lieu. Par exemple, la routine de l'habillage n'est pas vécue de la même façon dans un milieu de garde familial que dans un milieu scolaire, où l'autonomie des enfants est habituellement acquise. De même, la routine de l'hygiène ou les activités de repos se vivent très différemment dans un centre de la petite enfance et dans un service de garde en milieu scolaire. En outre, ces moments de vie présentent parfois des variantes importantes même dans des milieux similaires. Examiner l'information contextuelle relative aux moments de vie ainsi que les règles ayant trait à chacun d'eux peut aider l'éducatrice à interpréter certaines situations.

Quelques exemples de moments de vie

- ❖ Arrivée, départ
- ❖ Activité collective
- ❖ Activité en atelier
- ❖ Activité en équipe
- ❖ Activité-projet

- ❖ Jeux libres ou temps libre
- ❖ Sortie éducative
- ❖ Activité spéciale
- ❖ Activité avec personne invitée
- ❖ Repas, collation

- ❖ Sieste, repos, détente
- ❖ Hygiène, toilette
- ❖ Habillage, déshabillage
- ❖ Transitions, déplacements

5.2.2 Les règles explicites et implicites

L'enfant ne devrait pas être perçu comme un sujet isolé sans lien avec ce qui l'entoure et imperméable aux facteurs extérieurs. Il fait partie d'un système que De Rosnay (1975, p. 92) définit comme un « ensemble d'éléments en interaction ». Méconnaître les règles de ce système, c'est risquer de ne pas vraiment le comprendre. La famille, le milieu de garde, l'école sont tous des systèmes regroupant des individus qui interagissent entre eux. Ces systèmes s'organisent en fonction d'un ensemble de règles explicites et implicites qui déterminent la façon dont les choses devraient se passer.

Les règles explicites sont clairement établies verbalement ou par écrit et elles sont connues de tous. Dans les milieux éducatifs, on les trouve souvent sous forme de règlements. Par exemple, une affiche indique qu'il est interdit de circuler dans le service de garde avec des bottes.

Les règles implicites sont sous-entendues, mais elles sont respectées par la plupart des gens. Les enfants sont de très bons partenaires pour nous aider à découvrir les règles implicites que l'on trouve dans nos milieux, car ce qui est évident pour un adulte ne l'est pas nécessairement pour eux. En transgressant ces règles implicites, l'enfant donne l'occasion aux différents intervenants de les remettre en question, de les adapter ou de les modifier afin qu'elles correspondent réellement aux valeurs du milieu. Toute règle implicite mise au jour devrait être expliquée aux enfants.

Tableau
5.1   **Trois exemples de règles implicites**

Exemple de Jonathan

L'éducatrice observe que Jonathan, un enfant de 2 ans, a mis un jouet dans la poche de son manteau. Elle peut interpréter ce comportement de bien des façons, ce qui aura une implication directe sur l'intervention qui s'ensuivra.

L'observation des interactions

Interprétation	Réflexion	Intervention
Il veut voler un jouet de la garderie.	C'est un voleur.	Intervention punitive dévalorisante pour l'enfant.
Il veut voler un jouet de la garderie.	L'enfant a 2 ans; à cet âge, il n'a pas encore intégré les notions de bien et de mal. Peut-il vouloir voler quelque chose?	Je vais lui expliquer pourquoi on ne doit pas faire cela.
Il ne sait pas que ce n'est pas permis de faire cela.	Cette règle est implicite et n'a jamais été divulguée ni expliquée aux enfants, car, pour nous, cela allait de soi.	Je vais lui demander pourquoi il désire apporter un jouet à la maison. Je vais lui expliquer pourquoi ce n'est pas permis dans notre milieu.

Exemple d'Ariane

Au moment de la collation, Ariane, qui a 4 ans, met son doigt dans le bol de yogourt pour y goûter. L'éducatrice lui demande de cesser ce comportement et la fillette se met à pleurer.

Interprétation	Réflexion	Intervention
Elle est malpropre.	Ce comportement est incorrect.	Intervention punitive dévalorisante pour l'enfant.
Elle a peut-être ce comportement à la maison.	Cette règle peut ne pas exister dans sa famille et alors, elle ignore qu'elle ne peut pas agir ainsi dans le milieu de garde. C'est une règle implicite qui n'a pas été dite clairement aux enfants.	Je vais lui demander si elle a l'habitude d'agir ainsi chez elle. Je vais lui expliquer que parfois les façons de faire à la maison et à la garderie peuvent être différentes. Je vais lui expliquer pourquoi on ne doit pas agir ainsi quand on est en groupe.

Exemple de Vincent

Dans la cour de récréation d'un milieu scolaire, Vincent, un jeune garçon de 7 ans, refuse de coopérer lorsqu'une suppléante lui demande de lui remettre le ballon quand la cloche sonne.

Interprétation	Réflexion	Intervention
Il ne respecte pas les exigences de l'adulte. Il s'oppose à l'autorité.	Ce comportement est incorrect et répréhensible.	Intervention punitive et dévalorisante pour l'enfant.
Ce n'est peut-être pas la façon de faire du milieu normalement. Je modifie peut-être une règle sans le savoir.	Dans cette classe, les enfants ont peut-être un responsable pour rapporter le ballon dans l'école. Cela pourrait expliquer la réaction de l'enfant.	Je vais lui demander pourquoi il refuse de me le remettre. Je vais lui expliquer la raison pour laquelle je préfère qu'il me le donne dans la situation actuelle malgré la règle en vigueur.

Décrivez un exemple de règle implicite et un exemple de règle explicite que vous pourriez voir en milieu éducatif.

Décrivez les comportements de communication et l'information contextuelle illustrant une situation où une fillette refuse de manger (au moins 100 mots). N'oubliez pas que les comportements de communication ne se limitent pas aux éléments verbaux.

Relevez l'information contextuelle dans le texte 1. Après avoir vérifié vos réponses à l'aide du Corrigé, faites le même exercice avec le texte 2.

Texte 1 : Extrait du journal de bord d'une éducatrice

Jeudi 23 novembre

Groupe des 4 ans

Les huit enfants du groupe sont présents ce matin. Il neige dehors. La mère de Claudine a mentionné que sa fille s'était plainte d'avoir mal aux oreilles la nuit dernière. Elle m'a demandé de l'observer aujourd'hui. Claudine a participé à toutes les activités proposées ce matin (histoire, jeux libres, jeux moteurs). À la collation, elle a refusé de manger en disant qu'elle n'avait pas faim. Je lui ai demandé si elle avait mal aux oreilles à trois reprises ce matin, et elle m'a répondu « non » à chaque fois. Pendant la période de jeux à l'extérieur, elle s'est querellée à trois reprises avec son amie Viviane.

Au dîner, Claudine a mangé un bout de pain et a bu de l'eau. À la sieste, elle s'est endormie après cinq minutes. J'ai remarqué qu'elle a touché son oreille gauche à deux reprises pendant son sommeil. J'ai dû la réveiller à la fin de la sieste, car tous les autres enfants du groupe étaient levés, et nous devions changer de local.

Texte 2 : Extrait du journal de bord d'une stagiaire

Vendredi 22 novembre

Groupe des 5 ans

Je propose aux enfants de confectionner une maquette sur le thème du film que nous avons vu durant la journée pédagogique : L'ère de glace. Mon éducateur guide me suggère de prendre les 10 enfants de la maternelle avec moi pour l'activité. Il s'occupe du reste du groupe. Ma superviseure de stage est présente et elle m'observe. Je donne mes consignes aux enfants à l'aide de repères visuels qu'ils pourront consulter tout au long de l'activité. Je leur demande de répéter les consignes de sécurité à suivre pendant l'activité. Un enfant se propose de m'aider à distribuer le matériel (colle, ciseaux, papier recyclé, carton, plumes, etc.). J'informe les enfants qu'ils peuvent avoir accès à d'autres outils en m'en faisant la demande.

CONCLUSION

Dans le présent chapitre, nous nous sommes attardées aux différents modes de comportements observables. Il s'agit, entre autres, des comportements vocal (linguistique ou paralinguistique), kinésique, tactile, territorial et vestimentaire, esthétique et ornemental. De plus, nous nous sommes intéressées au silence dans la communication. Nous avons vu que les comportements de communication forment en quelque sorte un tout. Ainsi, un comportement peut en appuyer un autre ou le contredire. Par exemple, un ton de voix faible et hésitant peut appuyer les paroles de l'enfant qui dit avoir de la peine.

En distinguant bien tous ces indices comportementaux, l'éducatrice est davantage en mesure d'observer les enfants et de baser ses interprétations sur des faits. Si, par exemple, elle a le sentiment qu'un enfant répondant à une de ses questions est en train de lui mentir, elle sera davantage en mesure de décortiquer ses comportements afin de déceler les indices l'amenant à interpréter la situation dans ce sens.

Par ailleurs, nous avons reconnu deux niveaux à la communication : il s'agit des modèles numérique et analogique. Le premier transmettant l'information et l'autre la manière de la comprendre.

La prise en compte du contexte entourant un comportement est également essentielle à l'éducatrice qui veut interpréter avec justesse et réalisme les situations qu'elle observe. Par exemple, elle doit tenir compte des personnes en présence, de la nature du moment de vie ou de l'âge des enfants. Reconnaître la présence des règles implicites et explicites ayant cours dans le milieu de vie du groupe s'avère également d'une grande utilité dans bien des situations.

ACTIVITÉS D'ÉVALUATION FORMATIVE

Activité 1 — Anagrammes

Trouvez le terme correspondant à chacune des définitions suivantes à l'aide des anagrammes.

Définitions	Anagrammes
1. Un synonyme de communication.	t t e e m m o o c p n r
2. Une façon de qualifier une règle.	i i i l p e c t m
3. Un mode de communication proche de la réalité qu'il représente.	o g q e u a a i n l
4. Un indice pouvant nous aider à interpréter les silences.	u o s p t e r
5. Un élément essentiel dont on doit tenir compte pour comprendre des situations.	e e x o c t n t
6. Une des deux catégories de comportements vocaux.	s u i i i t u e n l q g
7. Un comportement qui s'exprime par le toucher.	e q k n s i i e u
8. Un exemple d'information contextuelle.	l a t m e e r i

Activité 2 — Les comportements

Dans le texte suivant, classez les mots ou les énoncés en caractères gras selon la catégorie de comportements à laquelle ils appartiennent.

Exemple

Question : Mon chéri, est-ce que tu m'aimes encore, après toutes ces années passées ensemble **(sourire)** ?
Réponse : 6. Comportement paralinguistique.

1. Comportement tactile

2. Comportement kinésique

3. Comportement territorial ou proxémique

4. Comportement vestimentaire, esthétique ou ornemental

5. Silence

6. Comportement vocal : linguistique ou paralinguistique

L'observation des interactions

Situation : Un matin, Julie, une éducatrice en garderie de 34 ans, demande à son conjoint Arthur s'il l'aime au moment où il est en train de se raser.

A. Julie (**vêtue d'un peignoir vert**) : Mon chéri, est-ce que tu m'aimes encore, après toutes ces années passées ensemble ?

B. Arthur (il soupire, **le visage tourné vers le miroir**) : Mais voyons, tu le sais !

C. Julie : Oui, mais j'aimerais ça que tu me le dises (**elle lui caresse le dos**).

D. Arthur (il a un **ton exaspéré**, il regarde toujours le miroir) : Ben oui, tu le sais ben que je t'aime.

E. Julie (elle a un ton fâché, ne sourit pas, se retourne et **fixe le mur sans rien dire**) : C'est pas vrai, tu ne m'aimes pas !

F. Arthur (il se tourne vers Julie, la regarde, sourit et **se place tout près d'elle**) : Tu le sais bien que je t'aime ma chouette ! Il prend un ton doux et l'embrasse.

ACTIVITÉS D'ENRICHISSEMENT

Les exercices les plus formateurs pour apprendre à décoder les comportements de communication, pour les situer dans leur contexte, pour observer les règles régissant un milieu en particulier sont sans aucun doute ceux qui touchent l'observation de situations liées à la vie quotidienne. Que ce soit lorsque l'éducatrice est en interaction avec un groupe d'enfants, lorsqu'elle discute avec des amis ou lorsqu'elle participe à une rencontre de famille, elle peut profiter de toutes ces occasions pour développer l'habitude de mieux observer les gens.

6

LES MÉTHODES D'OBSERVATION

Objectif d'apprentissage

❖ Déterminer les méthodes d'observation.

Objectifs spécifiques

❖ Décrire les deux principales méthodes d'observation.

❖ Utiliser la méthode d'observation libre pour observer des enfants.

❖ Utiliser des méthodes d'observation systématique pour observer des enfants.

❖ Sélectionner les méthodes d'observation les plus appropriées selon certaines situations.

INTRODUCTION

T out comme les bons instruments de musique ne font pas nécessairement les bons musiciens, les méthodes et les outils d'observation ne sont rien sans le savoir-faire des personnes qui les utilisent. Il est donc essentiel d'apprendre à sélectionner les méthodes et les outils d'observation les mieux adaptés à ses besoins, tout en s'exerçant à les utiliser dans des contextes variés.

Deux méthodes d'observation complémentaires sont très bien adaptées à l'observation en milieu éducatif : l'observation libre et l'observation systématique. « L'observation peut être plus ou moins libre ou plus ou moins systématique » (De Ketele, 1987, p. 29). En fait, comme ces deux méthodes sont interreliées, il est parfois difficile de les distinguer. Il est important de retenir que l'observation libre et l'observation systématique sont des méthodes aussi valables l'une que l'autre et qu'en raison de leur nature réciproque, chacune d'elles joue un rôle essentiel en milieu éducatif.

6.1 L'OBSERVATION LIBRE

L'observation libre, souvent appelée « observation générale » ou « observation non planifiée », est une méthode d'observation dont l'objet n'est pas ciblé spécifiquement. Elle requiert une vigilance constante de l'éducatrice qui doit repérer les situations nécessitant une intervention immédiate et prendre conscience des apprentissages des enfants. Cette méthode d'observation est la plus courante en milieu éducatif puisqu'elle ne nécessite aucune préparation et qu'elle permet à l'éducatrice de répondre sans délai aux besoins des enfants. Ainsi, l'observation libre vise d'abord à s'assurer du bien-être et de la sécurité des enfants, mais également de leur développement harmonieux.

Pour arriver à observer efficacement, l'éducatrice doit utiliser tous ses sens et être constamment en alerte, prête à intervenir rapidement si la situation l'exige. Pensons au silence soudain dans le brouhaha habituel, qui lui fait comprendre immédiatement qu'il se passe quelque chose. De plus, l'éducatrice doit profiter d'une bonne vue d'ensemble du groupe. Ainsi, elle se place de façon à voir tous les enfants, dans la mesure du possible. Elle modifie l'environnement au besoin afin de s'assurer d'une meilleure visibilité et elle se déplace fréquemment pour être en mesure d'observer les situations de différents points de vue.

La méthode d'observation libre exige de la part de la personne qui l'utilise des qualités, telles que l'ouverture et le respect, des habiletés, telles que la concentration de la rigueur, une bonne mémoire et de bonnes connaissances de base en ce qui a trait au développement de l'enfant. Cette méthode d'observation facilite le repérage d'indices comportementaux pouvant suggérer l'utilisation d'une méthode d'observation systématique. Par exemple, l'observation libre peut amener l'éducatrice à repérer des indices de maltraitance, de négligence ou un développement problématique[1]. Une fois ces indices repérés, l'observation systématique, souvent qualifiée d'observation « planifiée » ou d'observation « armée », peut permettre à l'éducatrice de réaliser des observations plus ciblées lui permettant de mieux répondre aux besoins de l'enfant ou du groupe.

Différents moyens sont mis à la disposition de l'éducatrice pour l'aider à recueillir des observations sur son groupe d'enfants. Ainsi, en se constituant en quelque sorte une banque de données, elle s'assure de garder en mémoire les observations et informations nécessaires pour répondre aux besoins des enfants et assurer la bonne marche des activités du groupe. Par exemple, l'éducatrice jette les bases d'un travail rigoureux et professionnel :

❖ en utilisant un journal de bord servant à consigner les données recueillies grâce à l'observation libre ;

❖ en associant le journal de bord à une prise de photos sporadique ou à des enregistrements audio ou vidéo ;

❖ en se servant du portfolio de l'enfant comme outil d'observation, d'évaluation et de communication.

Il faut noter qu'une prise de notes journalière enrichit énormément l'observation libre, quels que soient l'âge des enfants ou le type de milieu. Ainsi, toute observation jugée pertinente et que l'éducatrice désire conserver en mémoire devrait être notée. Cependant, la question de la pertinence se pose lorsqu'il s'agit de sélectionner ce qui devrait être noté ou non, d'autant plus que le temps pour le faire est plutôt restreint en général.

L'éducatrice doit développer un esprit de synthèse. En effet, une fois qu'elle sait reconnaître les observations pertinentes, elle doit apprendre à décrire les événements en allant à l'essentiel, sans toutefois omettre les données pouvant l'aider à interpréter les situations le plus objectivement possible. L'observation libre favorise les échanges avec les parents en permettant à l'éducatrice de décrire le déroulement de la journée et de transmettre des observations plus précises aux parents concernant leur enfant.

6.2 L'OBSERVATION SYSTÉMATIQUE

L'observation systématique se distingue de l'observation libre par la planification qu'elle suppose, par son caractère systématique plutôt qu'aléatoire et par la diversité des formes qu'elle peut prendre, étant donné qu'elle nécessite plus de préparation et de recherche. Alors que l'observation libre a pour but de s'assurer du bien-être, de la santé, de la sécurité et du développement harmonieux de l'enfant, sans déterminer les

---

1. Diorio et Fortin (1999) proposent à ce sujet un ouvrage très pertinent : *Croissance et développement, indices d'abus et de négligence chez l'enfant de la naissance à cinq ans,* publié par l'Hôpital Sainte-Justine.

comportements susceptibles d'apparaître, l'observation systématique vise essentiellement l'observation de comportements ciblés, c'est-à-dire de comportements dont l'éducatrice veut vérifier la présence.

L'observation systématique implique un certain nombre de décisions à prendre. Ainsi, l'éducatrice doit d'abord clarifier le but de l'observation. Elle doit se demander pourquoi faire une observation systématique. Est-ce pour répondre à la demande d'un parent ? Pour vérifier une hypothèse ? Pour observer une centration d'observation ? Pour l'aider à résoudre un problème dans son groupe ?

Par exemple, une éducatrice peut être confrontée à une situation où certains enfants plus âgés de son groupe semblent s'ennuyer au service de garde de l'école. Voulant répondre aux besoins de tous les enfants, elle décide de les observer attentivement et de les questionner sur le sujet. Elle doit faire un certain tri parmi les différents moyens mis à sa disposition pour faire ses observations. Les méthodes d'observation étant nombreuses, seule une bonne connaissance des particularités et des applications de chacune d'elles peut permettre à l'éducatrice de faire les bons choix. De plus, elle a la possibilité de choisir une ou plusieurs méthodes puisqu'elles peuvent se compléter avantageusement. C'est en clarifiant ses besoins ou le but visé par l'observation et en évaluant l'apport possible de chacune des méthodes que l'éducatrice sera la plus à même d'établir un plan d'observation valable.

6.3 LES AUTRES MÉTHODES D'OBSERVATION

Plusieurs méthodes d'observation peuvent aider l'éducatrice dans son travail, notamment l'observation participante et l'observation non participante ; l'observation continue ; l'observation par échantillonnage ; l'auto-observation ; l'observation par les pairs ; l'observation assistée ; l'observation directe ; l'observation indirecte ; l'observation provoquée ; l'observation ouverte et l'observation clandestine. Chacune de ces méthodes possède ses propres caractéristiques et peut être utilisée séparément ou parallèlement à d'autres.

6.3.1 L'observation participante et non participante

« L'observation participante est une technique de collecte de données dans laquelle le chercheur s'intègre au groupe qu'il étudie » (Legendre, 1993, p. 932). Compte tenu de la nature même du travail de l'éducatrice qui est constamment en présence de l'enfant, cette méthode d'observation est la plus courante. Le fait d'observer et d'intervenir simultanément n'est pas sans nécessiter une bonne capacité d'organisation et d'auto-évaluation, puisque l'éducatrice se trouve directement concernée dans la plupart des situations auxquelles elle doit faire face. Elle doit donc faire la part des choses en n'omettant pas de tenir compte de sa propre réaction par rapport au comportement de l'enfant. « Placé dans cette situation, l'observateur observe ce qu'il désire, qui il désire, quand il le désire et où il le désire » (Landry, 1994, p. 153).

L'observation non participante, c'est-à-dire qui ne nécessite pas la participation du chercheur ou, dans le cas présent, de l'éducatrice, est en général peu utilisée sauf dans des contextes particuliers. Par exemple, lorsqu'elle reçoit une stagiaire dans son groupe, l'éducatrice a l'occasion à la fois de l'observer afin de lui donner une rétroaction et d'observer son groupe en interaction avec une autre intervenante qu'elle. Elle peut demeurer dans le même local que les enfants dans la mesure où elle n'intervient pas, mais parfois, il est préférable que l'éducatrice observe son groupe à distance dans le cas où les enfants vont sans cesse vers elle.

6.3.2 L'observation continue

« L'observation continue consiste à déterminer une période d'observation et à enregistrer toutes les apparitions du comportement cible au cours de cette période » (Champoux, Couture et Royer, 1992, p. 11). Ainsi, la période pendant laquelle l'éducatrice observe l'enfant ou le groupe peut varier de quelques minutes à toute une année selon le but visé.

Par exemple, l'éducatrice fait l'hypothèse qu'un des enfants de son groupe éprouve des difficultés à se détendre au moment de la période de repos, ce qui a pour effet de perturber son sommeil. Elle décide donc d'utiliser l'observation systématique afin de vérifier si ce comportement est passager ou s'il nécessite une attention plus soutenue. L'éducatrice opte pour la méthode d'observation continue puisqu'elle lui permet de dresser un portrait global de la situation en l'amenant à documenter chaque période de sieste.

Selon Champoux et ses collaborateurs (1992), en plus d'aider l'éducatrice à observer le comportement de l'enfant, la méthode continue lui permet d'observer la fréquence d'apparition des comportements ainsi que leur durée. Elle retient trois outils d'observation lui permettant de travailler à partir de cette méthode :

❖ la grille d'observation par durée,

❖ le journal de bord,

❖ la grille d'observation par fréquence.

La grille d'observation par durée lui permet de vérifier la durée du sommeil de l'enfant, le journal de bord l'aide à dresser la liste des comportements de l'enfant avant qu'il s'endorme et la grille d'observation par fréquence lui permet de déterminer la fréquence d'apparition de chacun de ces comportements. Les exemples 6.1, 6.2 et 6.3 de la page suivante présentent respectivement une grille d'observation selon la durée, un extrait du journal de bord et une grille d'observation selon la fréquence pour la méthode d'observation continue.

Exemple 6.1 — Grille d'observation selon la durée

Contexte : La période de sieste se déroule quotidiennement de 12 h 30 à 13 h 15 dans la salle de psycho-motricité. Selon l'horaire établi, un autre groupe d'enfants utilise la salle à 13 h 15. La période de sieste est précédée par la routine du lavage des mains et par la préparation du local par l'éducatrice et les enfants (fermer les stores, placer les matelas, sortir les toutous, etc.) et suivie par des jeux libres à l'extérieur.

Comportement : Dormir durant la sieste

Jour	Semaine 1 (du 7 au 11 juillet)	Semaine 2 (du 14 au 18 juillet)
Lundi	9 minutes	8 minutes
Mardi	9 minutes	8 minutes
Mercredi	7 minutes	9 minutes
Jeudi	10 minutes	8 minutes
Vendredi	10 minutes	10 minutes
Moyenne	**9 minutes**	**8,6 minutes**

Source : Adapté de Champoux, Couture et Royer (1992).

Exemple 6.2 — Journal de bord

Date : 22 août

Lorsque les enfants sont tous installés sur leur matelas, je leur raconte l'histoire qu'ils m'ont proposée. Je leur rappelle qu'ils ne sont pas obligés de dormir, mais que j'aimerais que chacun d'eux se détende. Trois enfants s'endorment avant que j'aie terminé l'histoire. J'observe plus particulièrement Jonathan. Il se lève de son matelas à trois reprises. Il bouge la tête, les bras ou les jambes. Il fait des sons avec sa bouche, puis il parle à un ami près de lui. Celui-ci ne lui répond pas, car il dort.

Exemple 6.3 — Grille d'observation selon la fréquence

Contexte : Pendant une période de deux semaines, je note la fréquence d'apparition des comportements de Jonathan au moment de la sieste. Je laisse un espace dans ma grille pour ajouter les comportements que je n'ai pas inscrits au départ et que je pourrais ajouter.

Comportement	Fréquence						
Se lever de son matelas	✔✔✔✔	✔✔	✔				
Bouger la tête, les bras ou les jambes	✔✔✔	✔✔✔	✔✔✔✔ ✔	✔✔			
Faire des sons avec sa bouche ou parler	✔✔✔✔ ✔	✔✔	✔	✔	✔		
Autre							
Durée totale : 35 minutes	1 à 5 minutes	5 à 10 minutes	10 à 15 minutes	15 à 20 minutes	20 à 25 minutes	25 à 30 minutes	30 à 35 minutes

Source : Adapté de Champoux, Couture et Royer (1992).

6.3.3 L'observation par échantillonnage

« Cette méthode a comme principe de base d'observer brièvement un comportement à des moments précis et d'assumer que ces moments sont représentatifs du temps total » (Champoux, Couture et Royer, 1992). Elle peut s'avérer utile, par exemple, pour observer la présence ou non d'un comportement à intervalles réguliers. Les grilles d'échantillonnage peuvent s'adresser à un individu ou à un groupe. Contrairement à la méthode d'observation continue où tous les comportements ciblés sont notés pendant une période donnée, l'observation par échantillonnage implique que l'on observe l'apparition des comportements uniquement à des moments précis, selon des intervalles déterminés à l'avance. On peut le faire à l'aide de grilles d'échantillonnage selon la fréquence, l'intervalle ou la durée.

Exemple 6.4

Buts des grilles d'échantillonnage

Grille d'échantillonnage selon la fréquence

L'éducatrice décide d'observer les enfants au cours d'une causerie afin de vérifier si ce sont toujours les mêmes qui prennent la parole. Elle fait un crochet, toutes les deux minutes, à côté du nom de l'enfant qui parle.

Grille d'échantillonnage selon l'intervalle

Au début de chaque mois, l'éducatrice observe un dessin choisi par l'enfant afin de voir où il se situe sur le plan graphique. Cette façon de faire suppose qu'il n'est pas nécessaire de voir tous les dessins de l'enfant pour observer ses progrès.

Grille d'échantillonnage selon la durée

L'éducatrice note la durée pendant laquelle un enfant fait une crise d'épilepsie et décrit chacun de ses gestes, de manière à transmettre ces observations aux parents qui pourront les communiquer au neurologue par la suite.

6.3.4 L'auto-observation

L'auto-observation implique que l'individu, en l'occurrence l'éducatrice ou l'enfant, s'observe lui-même. L'auto-observation est « un type subjectif d'observation. L'éducateur qui décide de pratiquer ce type d'observation gagne à objectiver sa démarche en la comparant avec celle d'une autre personne, ou au moins en en discutant avec un autre éducateur » (Landry, 1994, p. 151).

L'auto-observation est utile à l'éducatrice qui désire percevoir davantage ses propres forces et difficultés sur le plan professionnel dans une perspective d'amélioration continue. Par exemple, elle s'observe afin de pouvoir noter le nombre de fois où elle s'est adressée au groupe en parlant à la troisième personne du singulier plutôt qu'en utilisant la première (je) ; lorsqu'elle dit en parlant d'elle : « Denise va vous aider à ranger vos jouets » plutôt que « je vais vous aider ». Ces observations peuvent lui permettre de mesurer l'ampleur du travail à faire et de se fixer ainsi des défis réalistes. Même chose pour l'éducatrice qui constate qu'elle fait des fautes d'orthographe dans ses messages aux parents et qui désire préciser la nature de sa difficulté afin de se procurer les outils pouvant la soutenir dans sa démarche. Une grille d'auto-observation selon la fréquence est présentée dans l'exemple 6.5.

Exemple 6.5 — **Grille d'auto-observation selon la fréquence**

Personne observée : Colette, une éducatrice	Durée de l'observation : 10 minutes
Comportement	**Fréquence**
Parler à la troisième personne. Exemple : Colette va te donner du lait.	✓ ✓ ✓ ✓ ✓ ✓ ✓ ✓ ✓ ✓

Si elle désire transformer sa grille d'observation en grille d'autoévaluation, l'éducatrice n'a qu'à ajouter des barèmes lui permettant de qualifier ou de quantifier le comportement observé. Elle peut utiliser les termes suivants : jamais, rarement, souvent, toujours.

L'auto-observation est non seulement utile à l'éducatrice dans la vie quotidienne, mais elle est essentielle pour l'amener à questionner le déroulement de chacune des étapes de la démarche d'observation. L'exemple 6.6 propose un modèle de grille d'auto-observation pour l'observatrice.

Grille d'auto-observation pour l'observatrice

Comportement	Mes forces	Mes difficultés
Je planifie mon observation		
J'organise mon observation		
J'observe des comportements		
J'analyse les données		
J'interprète les résultats		
J'évalue la démarche d'observation		

L'auto-observation peut être utilisée également pour aider l'enfant à prendre conscience de ses forces et de ses difficultés. Elle peut, par exemple, l'amener à s'intégrer plus facilement au groupe en prenant conscience des conséquences de son attitude sur les autres. Elle peut aussi l'amener à constater ses habiletés et à développer une meilleure estime de soi. Par exemple, l'éducatrice demande à un enfant de venir coller un bonhomme sourire sur le tableau des défis chaque fois qu'il est content de lui ou qu'il relève avec succès un défi qu'il s'est lancé. L'exemple 6.7 propose un modèle de grille d'auto-observation pour l'enfant.

Grille d'auto-observation pour l'enfant

Nom de l'enfant : Caroline   Date : 25 février

Comportement à observer : Je range mes jouets.

	Avant-midi	Après-midi
Lundi	☺☺☺	☺☺
Mardi	☺	☺☺☺
Mercredi	☺☺	☺☺
Jeudi	☺☺☺☺☺☺	☺☺☺☺☺
Vendredi	☺☺☺☺☺☺	☺☺☺☺☺☺
Total		

Une fois la grille remplie par l'enfant, l'éducatrice peut profiter d'une causerie pour demander aux enfants de parler d'un défi qu'ils ont relevé, de quelque chose dont ils sont fiers, etc. Chacun a alors l'occasion d'apprendre à reconnaître ses forces et de prendre conscience de celles des autres.

6.3.5 L'observation par les pairs

L'observation par les pairs nécessite que les enfants s'observent entre eux à la suite d'une demande spécifique de l'éducatrice visant à favoriser l'entraide et la responsabilisation dans le groupe. Cette méthode d'observation est souvent utilisée dans un contexte d'intervention de groupe lorsque des comportements freinant l'harmonie du groupe s'installent. Cependant, elle peut également être très utile pour permettre aux enfants d'être à l'écoute des autres membres du groupe et d'apprendre à donner et à recevoir une rétroaction.

Par exemple, l'éducatrice demande aux enfants d'aller coller un pictogramme sur un tableau lorsqu'ils observent un comportement de coopération dans le groupe. Cette méthode peut renforcer les comportements d'entraide tout en rendant les enfants plus aptes à observer les autres et à donner une rétroaction positive.

Les enfants peuvent aller noter un comportement chaque fois qu'ils l'observent ou dans un délai particulier, ou en fin de journée lors d'une causerie. Cette dernière façon de faire fait davantage appel à la mémoire de l'enfant. Évidemment, l'éducatrice observe également les enfants et s'assure que chacun se voit attribuer au moins un comportement de coopération ou d'entraide.

Exemple 6.8 — **Défis de groupe**

	Z'or	Urlic	Juliane	Aurélie	Justin	Ghislain	Mireille
Prêter un jouet							
Aider un ami							

Exemple 6.9 — **Défi individuel**

Nom : Caroline

Mon défi de la semaine : Je participe au rangement.

Lundi	Mardi	Mercredi	Jeudi	Vendredi
☺☺☺	☺☺☺☺	☺☺	☺☺☺☺☺	☺☺☺☺☺

Après chaque journée ou à la fin de la semaine, au moment d'une causerie, l'éducatrice peut regarder les tableaux de défis avec le groupe en demandant aux personnes concernées de faire le point sur leurs efforts personnels et de discuter avec les autres de la pertinence de continuer à relever le défi.

Le moindre effort est encouragé et perçu comme un pas vers le mieux-être de l'enfant et des personnes faisant partie du groupe. Par la même occasion, cette attitude de l'éducatrice par rapport aux situations conflictuelles fait prendre conscience aux membres du groupe que l'enfant n'a pas seulement des comportements inappropriés (pousser, frapper, crier), ce qui ne peut que l'aider à développer une image positive de lui-même.

6.3.6 L'observation assistée

L'observation assistée suppose l'utilisation d'un outil permettant à l'éducatrice d'enregistrer directement ses observations. L'outil utilisé peut être « un appareil : caméra vidéo, appareil photographique, magnétocassette, ciné-caméra. Cet appareil permet de recueillir fidèlement les détails de la situation et permet à l'observateur, après la période d'observation, de revoir la situation aussi souvent qu'il le désire et d'en extraire les renseignements utiles » (Landry, 1994, p. 152). Par ailleurs, comme le mentionne cet auteur, la grille d'observation sur papier et la grille informatisée que l'éducatrice utilise directement à l'ordinateur entrent également dans cette catégorie.

6.3.7 L'observation directe

L'observation directe est une forme d'observation qui se fait par « l'éducatrice elle-même, sans intermédiaire, et au cours des activités régulières » (MEQ, 1982, p. 30). Ainsi, cette méthode implique que l'éducatrice observe elle-même les comportements de l'enfant ou du groupe. Elle observe, par exemple, que tel ou tel enfant a mangé une pomme à la collation, ou que tel autre n'a pas participé à la sortie de la semaine précédente. Dire qu'un enfant s'est endormi à 21 heures la veille n'est pas une observation directe, à moins que l'éducatrice soit également la mère de l'enfant et qu'elle ait constaté elle-même cet état de fait.

6.3.8 L'observation indirecte

L'observation indirecte repose sur l'étude de documents concernant l'enfant comme les résultats de tests, sur les informations recueillies auprès des parents et sur l'observation des productions de l'enfant. L'observation est indirecte dans le sens où ce n'est pas l'enfant lui-même qui est observé. Pour Vayer et Roncin (1990, p. 37), l'observation indirecte présente deux aspects : « l'examen ou l'analyse des productions spontanées » et « les entretiens (questionnaires) avec les personnes qui connaissent l'enfant ».

En milieu éducatif, l'éducatrice peut recueillir le collage fabriqué par un enfant (production spontanée) et faire des observations indirectes à partir de cette réalisation.

En outre, elle peut consigner dans son journal de bord les résultats de ses entretiens avec les parents. Par exemple, elle note l'observation indirecte suivante : La mère de Bénédicte m'informe que sa fille n'a pas de camarades à l'extérieur du milieu de garde.

Pour être utiles, les observations indirectes doivent être notées avec la plus grande précision et objectivité possible. En effet, il peut être dangereux de tenir pour acquis les perceptions des personnes qui nous entourent, d'autant plus lorsque nous avons conscience de la multitude de facteurs qui peuvent influer sur la nature des perceptions humaines. L'éducatrice a tout intérêt à reconnaître le type de jugement qui se cache derrière les propos de la personne qui s'adresse à elle.

Lorsqu'elle note des observations indirectes, l'éducatrice en précise la source (discussion avec le parent, questionnaire, test, production de l'enfant), le contexte (durant un entretien quotidien qui a eu lieu le 3 février) et tente de reproduire le plus fidèlement possible les propos entendus (le père de Nicolas me demande de « rassurer son fils qui a de la difficulté à s'intégrer au milieu de garde »).

6.3.9 L'observation provoquée

Selon Vayer et Roncin (1990, p. 37), l'observation provoquée implique que « le sujet est placé devant une tâche ou une épreuve déterminée par l'observateur ». Par exemple, l'utilisation de tests normatifs fait partie de cette catégorie. L'observation provoquée, telle que nous l'entendons en général, repose sur la passation de tests. Plusieurs spécialistes utilisent des tests standardisés afin de diagnostiquer certains troubles ou retards de développement chez l'enfant. Cela ne les empêche pas, évidemment, de tenir compte des observations directes qu'ils ont l'occasion de faire lorsqu'ils rencontrent les enfants, tout comme des observations indirectes provenant de l'éducatrice ou des parents.

L'éducatrice n'utilise pas directement les tests standardisés puisque ceux-ci ne relèvent pas de ses compétences. Cependant, lorsqu'elle a accès aux résultats de tels tests, elle doit en tenir compte pour soutenir l'enfant dans son apprentissage. L'information peut provenir des parents ou faire suite à sa participation à un plan d'intervention. Ainsi, l'éducatrice ne peut ignorer qu'un enfant de son groupe a été diagnostiqué comme ayant peu de tonus musculaire ou une déficience intellectuelle.

La méthode d'observation provoquée implique que l'on cherche à susciter l'apparition de certains comportements chez l'enfant. Il serait erroné de croire que l'éducatrice, par son attitude et les situations éducatives qu'elle crée, ne travaille pas dans ce sens. Cela équivaudrait à croire qu'elle ne favorise pas l'apprentissage chez l'enfant. Bien sûr, celui-ci apprend par le jeu et il est le premier agent de son développement[2]. Cependant, le rôle de l'éducatrice n'en demeure pas moins essentiel pour favoriser l'apprentissage.

---

2. *Programme éducatif des centres de la petite enfance* (1997).

En fait, l'éducatrice crée des situations stimulantes grâce à des activités collectives et individuelles, des activités-projets, des ateliers, etc., qu'elle propose aux enfants, en étant consciente des apprentissages que ces activités peuvent favoriser chez eux, sans toutefois les leur imposer.

Par exemple, lorsque l'éducatrice montre une nouvelle chanson aux enfants, elle peut souhaiter observer leur capacité à s'exprimer devant un groupe, à reproduire des gestes ou à jouer avec les mots. Malgré son désir d'observer ces comportements, elle n'intervient pas de manière à les imposer à l'enfant. Même chose lorsqu'elle planifie l'organisation d'un atelier. Elle sait que certains comportements particuliers pourront survenir lorsque les enfants participeront à cet atelier, sans toutefois les rendre obligatoires. En fait, l'éducatrice observe à la fois les comportements susceptibles de se manifester, donc qui peuvent être perçus comme relevant de l'observation provoquée (par exemple, elle met à la disposition des enfants différentes paires de ciseaux dans le coin bricolage en s'attendant à ce que certains d'entre eux les utilisent) et les comportements qu'elle n'a pas prévus (par exemple, Virginie imite un oiseau qui vole comme dans la chanson, puis elle décide de le dessiner et de lui donner un nom).

6.3.10   L'observation ouverte et l'observation clandestine

D'autres méthodes d'observation sont utilisées en éducation. Il s'agit, par exemple, de méthodes que l'on qualifie d'ouvertes, parce que les gens observés sont informés qu'ils sont observés, et de méthodes clandestines qui, à l'inverse, sont employées à l'insu des personnes.

Exercice 6.1

Associez chacune des définitions suivantes à la méthode d'observation correspondante :

Méthodes	Définitions
1. Observation non participante	A. Forme d'observation qui permet à l'observatrice de décrire ses propres réactions devant une situation, afin de prendre du recul ou d'évaluer son influence sur la situation elle-même.
2. Observation systématique	B. Forme d'observation où l'observatrice n'avise pas les personnes qu'elle les observe.
3. Observation libre ou générale	C. Forme d'observation qui se fait au moyen d'informations recueillies auprès de personnes extérieures à la situation ou d'outils présentant un résultat et ne nécessitant pas la présence directe de l'observatrice.

Méthodes	Définitions
4. Observation par les pairs	D. Forme d'observation ponctuelle d'un comportement à des moments déterminés, représentatifs d'une situation dans son ensemble.
5. Observation participante	E. Forme d'observation où l'observatrice prévient les personnes observées du fait qu'elle les observe et de la nature de cette observation.
6. Observation indirecte	F. Forme d'observation où la situation d'apprentissage est imposée afin qu'apparaissent certains comportements.
7. Observation continue	G. Forme d'observation qui permet de noter la fréquence, l'intervalle ou la durée des comportements ciblés lorsqu'ils se manifestent.
8. Observation directe	H. Forme d'observation qui permet d'apporter des précisions par rapport à la perception des enfants devant une situation qu'ils sont en mesure d'observer.
9. Auto-observation	I. Forme d'observation sans intermédiaire entre l'observatrice, et la personne ou le groupe observé.
10. Observation provoquée	J. Technique d'observation où l'observatrice ne participe pas directement à la vie quotidienne du groupe observé.
11. Observation clandestine	K. Méthode d'observation planifiée, orientée vers un but à atteindre.
12. Observation ouverte	L. Technique d'observation où l'observatrice participe directement à la vie quotidienne du groupe observé.
13. Observation par échantillonnage	M. Méthode d'observation non planifiée, qui vise d'abord à s'assurer du bien-être et de la sécurité d'un groupe d'enfants, tout en permettant des indices concernant leur développement global.
14. Observation assistée	N. Méthode qui repose sur l'utilisation d'outils permettant d'enregistrer directement les observations.

Les méthodes d'observation

Pour chacune des méthodes d'observation suivantes, donnez un exemple d'utilisation possible dans un contexte éducatif, puis comparez vos réponses avec celles de vos pairs :

Exemple d'observation libre : le déroulement d'une sortie avec les enfants.

1. Observation libre
2. Observation systématique
3. Observation participante
4. Observation non participante
5. Observation directe
6. Observation indirecte

7. Observation provoquée
8. Observation par les pairs
9. Auto-observation
10. Observation par échantillonnage
11. Observation continue

Choisissez les méthodes d'observation les plus appropriées selon les situations suivantes. Plusieurs réponses sont possibles. Il s'agit ici de vous exercer à argumenter en justifiant vos choix.

Situation 1

En contexte de jeux libres, les enfants d'un groupe de tous âges (18 mois à 4 ans) d'un milieu familial ont l'occasion d'explorer le matériel suivant : accessoires de bricolage, déguisements, marionnettes, bac à sable, blocs, ordinateur, jeux de règles, etc.

Centration d'observation : Est-ce que les enfants de mon groupe sont capables de faire des choix au moment d'une activité de jeux libres ?

Situation 2

Nous sommes en milieu de garde dans une école de niveau primaire. Les enfants sont en période de jeux libres à l'extérieur du service de garde. Je circule dans la cour de l'école afin de m'assurer que tout se passe bien.

CONCLUSION

Dans le chapitre 6, nous avons vu que l'utilisation d'une méthode ne garantit pas l'objectivité d'une démarche d'observation, même si elle soutient les efforts de l'éducatrice dans ce sens. En effet, l'éducatrice demeure toujours le principal acteur de l'observation. Cependant, en choisissant les méthodes appropriées pour chacune des situations auxquelles elle doit faire face, elle peut organiser son observation beaucoup plus efficacement.

Les méthodes d'observation orientent la façon de travailler de l'éducatrice, mais elles doivent être actualisées par des outils concrets lui permettant de cumuler des données. Plusieurs outils d'observation sont disponibles pour chacune des méthodes, de sorte que l'éducatrice doit connaître l'utilité de chacun d'eux et retenir les plus appropriés. Le choix des méthodes et des outils d'observation aide l'éducatrice à observer les enfants avec plus de rigueur et d'objectivité. Ces outils vous seront présentés dans le chapitre suivant.

ACTIVITÉS D'ÉVALUATION FORMATIVE

Activité 1 | **Devinettes**

Pour chacune des définitions suivantes, indiquez la méthode d'observation appropriée :

A. Technique d'observation où l'observatrice est impliquée directement dans la vie quotidienne du groupe observé.

B. Forme d'observation qui permet à l'observatrice de décrire ses propres réactions face à une situation afin de prendre du recul ou d'évaluer son influence sur la situation elle-même.

C. Forme d'observation qui permet d'apporter des précisions par rapport à la perception des enfants face à une situation qu'ils sont en mesure d'observer.

D. Forme d'observation qui permet de noter la fréquence ou la durée des comportements ciblés lorsqu'ils apparaissent.

E. Méthode d'observation non planifiée qui vise d'abord à s'assurer du bien-être et de la sécurité d'un groupe d'enfants tout en permettant le repérage d'indices concernant leur développement global.

F. Méthode d'observation planifiée orientée vers un but à atteindre.

G. Technique d'observation où l'observatrice n'est pas impliquée directement dans la vie quotidienne du groupe observé.

H. Forme d'observation ponctuelle d'un comportement à des moments préétablis représentatifs d'une situation dans son ensemble.

I. Forme d'observation où l'observatrice informe les personnes observées du fait qu'elle les observe et de la nature de cette observation.

J. Forme d'observation où une situation d'apprentissage est imposée afin qu'apparaissent certains comportements.

K. Forme d'observation sans intermédiaire entre l'observatrice et la personne ou le groupe observé.

L. Forme d'observation où l'observatrice n'informe pas les personnes observées qu'elle les observe.

M. Forme d'observation effectuée à partir d'informations recueillies auprès de personnes extérieures à la situation ou d'un outil présentant un résultat et ne nécessitant pas la présence directe de l'observatrice.

Résolution de problèmes

Activité
2

Pour chacune des situations décrites ci-après, identifiez les méthodes d'observation qui vous semblent les plus appropriées en justifiant votre réponse :

Situation 1

Louise s'aperçoit qu'elle a développé certains préjugés à l'égard d'un enfant de son groupe à la suite d'une altercation qu'elle a eue avec son père.

Situation 2

Luc travaille comme éducateur dans un service de garde en milieu scolaire depuis bientôt six mois. Il remarque que la période des repas est très bruyante, ce qui, d'après lui, incommode les enfants.

ACTIVITÉS D'ENRICHISSEMENT

Encore une fois, le transfert de nos acquis dans notre vie quotidienne favorise une meilleure intégration de ceux-ci. En effet, notre quotidien regorge de situations savoureuses que nous pouvons étudier. L'éducatrice a l'impression que le camelot apporte toujours le journal en retard et elle veut vérifier sa perception. La serveuse du restaurant semble connaître tous les clients. Comment s'en assurer ? Le garagiste ne semble pas avoir la même attitude avec les clientes qu'avec les clients. Comment le savoir ? Quelles méthodes faut-il utiliser pour vérifier ces perceptions ? Apprendre à associer les méthodes les mieux adaptées aux situations de la vie courante peut s'avérer très utile pour se les approprier.

7

LES OUTILS D'OBSERVATION, D'ÉVALUATION ET DE COMMUNICATION

Élément de compétence

Préparer son observation

Objectif d'apprentissage

❖ Connaître les principaux outils d'observation.

Objectifs spécifiques

❖ Distinguer les outils d'observation des outils d'évaluation et des outils de communication.

❖ Associer des outils d'observation aux méthodes d'observation directe et indirecte.

❖ Reconnaître des outils d'observation standardisés adaptés aux besoins des enfants de 0 à 12 ans.

❖ Utiliser des outils d'observation.

❖ Sélectionner des outils d'observation en fonction d'une problématique.

❖ Créer et adapter des outils d'observation en fonction des besoins.

INTRODUCTION

Compte tenu de la nature de son travail, l'éducatrice interviendra auprès d'enfants âgés de 0 à 12 ans. Cette situation exige d'elle une bonne capacité d'adaptation à différents points de vue. L'observation des enfants ne contrevient pas à cette règle. Ainsi, comme on le sait déjà, l'éducatrice doit choisir les méthodes d'observation les mieux adaptées à ses besoins. Ces méthodes peuvent prendre des formes variées, et les outils servant à les concrétiser sont tout aussi diversifiés.

Par exemple, si le but de l'observation est de connaître les facteurs qui peuvent favoriser la participation active des enfants aux activités proposées en milieu scolaire, l'éducatrice peut décider de s'autoévaluer de manière à mieux déceler ce qui, dans ses attitudes, stimule la participation des enfants ou, au contraire, la restreint.

Une fois qu'elle a choisi l'autoévaluation comme méthode d'observation, l'éducatrice doit sélectionner les outils les mieux adaptés à cette méthode en tenant compte du contexte de l'observation. Elle peut aussi être amenée à créer de nouveaux outils ou à adapter des outils qui ne conviennent pas à ses besoins. En outre, elle doit différencier les outils d'observation des outils d'évaluation et de communication afin d'utiliser chacun d'entre eux à bon escient.

7.1 LES OUTILS D'OBSERVATION, D'ÉVALUATION ET DE COMMUNICATION

« Les outils d'observation servent de guide, d'aide-mémoire et permettent à l'enseignante de consigner les observations et de rendre ainsi plus efficace son travail auprès de l'enfant » (Cormier[1], dans Royer, 2004, p. 207). Il existe de nombreux outils ou instruments d'observation dont les formes et les possibilités d'utilisation sont variées. Le terme « outil d'observation » désigne tout instrument qui permet de consigner des faits d'observation et certaines informations selon une procédure propre à chacun de ces outils. Les outils d'évaluation sont des outils d'observation dont la particularité est de présenter des critères servant à qualifier les comportements observés. « Ils [...] servent à tracer un profil de l'enfant à un moment donné de son développement » (Cormier, dans Royer, 2004, p. 207). Les outils de communication sont un complément aux échanges verbaux entre l'éducatrice et les parents. En général, ces échanges à l'initiative de l'éducatrice prennent la forme d'une entrevue d'accueil, d'un entretien quotidien ou d'une rencontre de parents.

---

1. Elle se réfère à des documents publiés par le ministère de l'Éducation (1997, 2001).

L'ENTREVUE D'ACCUEIL

L'entrevue d'accueil est l'occasion d'établir un premier contact avec les parents et de discuter avec eux des besoins de leur enfant ainsi que du fonctionnement du milieu de garde. C'est un moyen efficace de faciliter l'intégration de l'enfant et la communication avec les parents. Après le premier entretien téléphonique entre le parent et la personne responsable du service de garde, l'entrevue demeure un moment privilégié pour créer un climat de confiance et de coopération. Une entrevue bien préparée peut rassurer les parents inquiets en leur permettant d'obtenir des réponses à leurs questions, de visiter les lieux et de passer un moment dans le milieu de garde ; on pourra aussi leur remettre de la documentation sur le milieu.

L'ENTRETIEN QUOTIDIEN

L'entretien quotidien est essentiel pour maintenir des rapports cordiaux et développer une relation de confiance avec les parents. Cet entretien permet à l'éducatrice de recueillir certaines informations qui pourront favoriser des interventions plus efficaces auprès de l'enfant. L'éducatrice peut profiter de ce contact privilégié avec les parents pour :

❖ les questionner afin de mieux connaître leur enfant ;

❖ comprendre un comportement inhabituel ;

❖ s'informer du comportement de l'enfant à la maison ;

❖ signaler toute observation sur sa santé ou son bien-être ;

❖ faire un compte rendu succinct de la journée.

Le compte rendu sur le déroulement de la journée de l'enfant se limite parfois à une phrase du genre « La journée s'est bien déroulée », à laquelle un parent pourrait répondre : « Que s'est-il passé ? » Certaines personnes croient que les parents sont plus ou moins intéressés à entendre parler de leur enfant. Pourtant, il y a tout lieu de penser que, si le moment est bien choisi (on évite de se lancer dans de grandes discussions avec le parent lorsqu'il est pressé ou en retard) et que l'éducatrice fait un compte rendu de manière professionnelle, les parents se montreront très intéressés. Par ailleurs, ils se sentiront plus confiants de laisser leur enfant en sachant ce qu'il fait pendant leur absence. Il suffit bien souvent d'une anecdote, d'une courte description de ce qu'a fait l'enfant dans la journée, de quelques observations ou informations relatives à son comportement pour rassurer les parents. Généralement de courte durée, cet entretien avec les parents peut être amorcé par l'éducatrice ou faire suite à une demande des parents.

Lorsque l'entretien avec les parents doit être confidentiel ou qu'il nécessite plus de temps, l'éducatrice peut s'entendre avec eux pour fixer un moment plus propice. L'entretien peut alors se dérouler au téléphone ou dans le milieu de garde.

En outre, les attitudes verbales et non verbales de l'éducatrice sont d'une grande importance lorsqu'elle communique avec les parents. Par exemple, elle doit éviter de parler uniquement des comportements qui posent problème. L'enfant a des forces et il est essentiel que l'éducatrice les perçoive également. En effet, quel parent aimerait que l'éducatrice lui dise, ou lui fasse sentir par son attitude non verbale, que son enfant est exaspérant et qu'elle n'a plus envie de travailler avec lui ?

Pourquoi l'éducatrice ne reconnaîtrait-elle pas sa difficulté à aider l'enfant, si tel est le cas ? Elle pourrait ainsi éviter de le discréditer en se limitant à décrire des comportements observables qui illustrent les difficultés de l'enfant. De plus, pourquoi ne pourrait-elle pas profiter de la connaissance qu'ont les parents de leur enfant et de leur expérience auprès de lui pour mieux le soutenir dans ses difficultés ?

L'éducatrice doit également ajuster son niveau de langage en fonction des parents afin d'être bien comprise et de créer un climat de confiance. Par exemple, un parent peu scolarisé peut éprouver certaines difficultés à comprendre certains termes spécialisés ; l'éducatrice doit donc s'adapter au niveau de langage des parents.

De façon générale, plus l'éducatrice adopte une attitude courtoise, ouverte et empreinte de sincérité, plus ses relations avec les parents seront harmonieuses. C'est à elle que revient la responsabilité de faire les premiers pas, car le parent se trouve sur son territoire, et non l'inverse. L'éducatrice doit donc accueillir les parents le plus chaleureusement possible comme elle le ferait pour un ami qui frappe à sa porte.

LA RENCONTRE DE PARENTS

Étant donné l'importance primordiale accordée à la coopération entre l'éducatrice et les parents (*Programme éducatif des centres de la petite enfance,* 1997), de plus en plus d'éducatrices organisent des rencontres de parents en début d'année ou à d'autres moments. « Les rencontres représentent un moyen privilégié pour établir une relation harmonieuse famille-école, cultiver une confiance mutuelle et développer un esprit de coopération » (Vazan, 1998, p. 5).

La rencontre en début d'année joue un rôle crucial. D'une part, elle permet à l'éducatrice d'établir le contact avec les parents et, d'autre part, elle lui donne la possibilité d'expliquer le fonctionnement du groupe, les activités, les projets, les procédures pour la transmission de l'information ainsi que toutes les modalités particulières du milieu de garde. Cette rencontre offre aussi aux parents l'occasion de discuter des questions qui les préoccupent entre eux et avec l'éducatrice.

Adaptées de Vazan (1998), les stratégies suivantes peuvent aider l'éducatrice à planifier des rencontres de parents efficaces. Certaines de ces stratégies s'appliquent aussi bien aux rencontres individuelles (ou entretiens) avec les parents qu'aux rencontres de groupe :

Les outils d'observation, d'évaluation et de communication

❖ déterminer le but de la rencontre ;

❖ recueillir les informations nécessaires (portfolio, photos des activités réalisées avec le groupe, si la rencontre a lieu en cours d'année) ;

❖ établir l'ordre du jour ;

❖ planifier la durée de la rencontre ;

❖ informer les enfants de la rencontre ;

❖ transmettre l'invitation aux parents ;

❖ aménager le lieu de la rencontre ;

❖ veiller à son propre bien-être (se préparer psychologiquement et physiquement).

L'autoévaluation est de mise après ce type de rencontre. L'éducatrice doit s'interroger sur chacune des stratégies qu'elle a utilisées afin de faire le point. Elle doit déterminer ce qui a bien fonctionné et ce qui laisse à désirer. Elle pourra ainsi trouver des solutions qu'elle testera lors des prochaines rencontres.

Comme nous l'avons mentionné précédemment, les outils de communication complètent les échanges directs que l'éducatrice entretient avec les parents par l'entremise de l'entrevue d'accueil, de l'entretien quotidien et de la rencontre de parents. La rédaction que nécessite l'utilisation de ces outils de communication permet à l'éducatrice de prendre un certain recul par rapport aux événements et de conserver les observations et informations importantes. Tout en étant un bon moyen pour l'éducatrice de s'assurer qu'elle observe tous les enfants du groupe, les outils de communication favorisent la communication avec tous les parents. En effet, même si l'éducatrice peut être dans l'impossibilité de parler avec un parent au moment où ce dernier vient chercher son enfant au service de garde, elle s'assure que l'information essentielle lui sera transmise dans des délais raisonnables.

Tableau 7.1
Principaux outils d'observation, d'évaluation et de communication

Nom de l'outil	Description	Remarques
Carnet de notes	Outil d'observation Souvent utilisé comme aide-mémoire, il permet de noter en vrac toute observation, toute information ou tout commentaire important. Méthode d'observation directe	L'éducatrice l'apporte partout où elle va. Facile à utiliser, il exige le classement des informations, lorsque l'éducatrice n'est plus en présence de l'enfant.

Nom de l'outil	Description	Remarques
Journal de bord	**Outil d'observation** Rédigé quotidiennement, il permet de décrire le contexte dans lequel se déroulent les activités du groupe, de noter les observations à retenir, de même que toute question ou commentaire jugés pertinents par l'éducatrice. «Il est à la fois objectif et subjectif» (Cormier, dans Royer, 2004, p. 208). Méthode d'observation directe	Il assure un suivi général des interventions et donne une vue d'ensemble du déroulement des activités. Il s'adapte aux besoins de l'éducatrice. «Il peut assurer la continuité s'il y a d'autres intervenants qui s'occupent du groupe» (Cormier, dans Royer, 2004, p. 208). Un rapport de synthèse des résultats peut être présenté aux parents.
Fiche anecdotique comportementale	**Outil d'observation** Utile pour l'observation d'un enfant ou d'un groupe, elle permet à la fois de noter des observations relatives aux comportements et d'en faire une analyse préliminaire. Méthode d'observation directe	Très utile lorsque survient un comportement particulier, elle doit être conservée dans le dossier de l'enfant afin de permettre un suivi et de donner une meilleure vue d'ensemble.
Fiche anecdotique d'apprentissage	**Outil d'observation** Utile pour rendre compte des apprentissages réalisés par l'enfant, «la fiche anecdotique peut prendre différentes formes selon l'utilisation qui en est faite; celle-ci peut être adaptée aux besoins de chacun» (Gariépy, 1994, p. 8). Méthode d'observation directe	Elle peut être utilisée à tout moment, ce qui facilite le travail de repérage des apprentissages réalisés par l'enfant. Selon Gariépy (1994), l'accumulation des fiches anecdotiques peut rendre possible la réalisation d'un cahier d'observation du développement de l'enfant (CODE).
Rapport anecdotique	**Outil d'observation** Il peut prendre deux formes distinctes: le rapport anecdotique régulier, utilisé pour décrire un événement particulier dans un texte suivi qui relate uniquement des faits mis en contexte, et le rapport anecdotique synthèse qui sert à faire la synthèse des observations recueillies dans les fiches anecdotiques ou tout autre outil d'observation. «Ce rapport doit décrire la démarche effectuée, résumer les observations et présenter les hypothèses destinées à expliquer les faits. Il peut aussi rendre compte des interventions qui ont été menées et de celles ▶	Il convient bien à l'éducatrice qui préfère rédiger un rapport de ses observations plutôt que d'utiliser des fiches d'observation plus structurées. Le rapport anecdotique synthèse peut s'avérer très utile pour faire le point sur une situation et transmettre des informations à d'autres intervenants.

Nom de l'outil	Description	Remarques
Rapport anecdotique (suite)	auxquelles donnera lieu l'hypothèse qui a été formulée » (Cormier, dans Royer, 2004, p. 210). Méthode d'observation directe	
Rapport quotidien	Outil de communication Il sert à faire le suivi entre le vécu de l'enfant au service de garde et à la maison. L'éducatrice l'utilise pour communiquer certaines informations, pour faire des demandes, pour noter ses observations quotidiennes et pour faire part de ses impressions et commentaires aux parents. Ces derniers sont invités à s'en servir pour faire des demandes ou communiquer des informations à l'éducatrice. Méthode d'observation directe	Il permet d'assurer un suivi quotidien avec les parents et favorise les échanges.
Rapport d'incident ou constat d'urgence	Outil d'observation « Utile pour rapporter des faits concernant un incident particulier qui doit être documenté » (Cormier, dans Royer, 2004, p. 209). Méthode d'observation directe	Souvent standardisé, il sert à tous les membres de l'équipe de travail et il est compilé dans les dossiers du service de garde. « Il permet de garder des traces d'un accident ou d'un incident. Il peut être envoyé à un parent pour le prévenir d'une chute de l'enfant. Il sert en outre à se protéger contre d'éventuelles plaintes ou réclamations et à assurer un suivi en cas d'aggravation de la situation » (Cormier, dans Royer, 2004, p. 209).
Description à thème	Outil d'observation Utile pour compiler des observations en fonction d'un thème précis. Méthode d'observation directe	Elle permet de décortiquer un apprentissage en comportements précis, ce qui facilite l'observation de l'enfant et aide l'éducatrice à constater ses progrès en mettant l'accent sur ses acquis et ses difficultés.
Liste à cocher	Outil d'observation Elle permet de noter rapidement l'apparition ou la fréquence d'apparition de certains comportements particuliers. Méthode d'observation directe	Très simple à utiliser, elle n'empêche pas l'éducatrice de vaquer à ses autres occupations. Elle complète avantageusement les outils plus descriptifs.

Nom de l'outil	Description	Remarques
Grille d'observation	Outil d'observation Elle présente une liste de comportements à observer. Méthode d'observation directe	De formes très variées, elle s'adapte facilement aux besoins de l'éducatrice.
Feuille de rythme	Outil d'observation et de communication Utilisée auprès des poupons, elle sert à compiler pas à pas les observations qui rendent compte du déroulement de la journée de l'enfant. Méthode d'observation directe	Très utile pour favoriser la continuité entre le milieu familial et le milieu de garde.
Grille d'échantillonnage	Outil d'observation Elle est utilisée pour recueillir des données concernant, par exemple, la fréquence d'apparition d'un comportement, sa présence ou son absence, sa durée, s'il y a lieu. « La fréquence représente le nombre de fois que le comportement se produit dans une période donnée. L'intervalle indique la présence ou non du comportement dans une observation de l'enfant faite à intervalles réguliers. La durée représente l'espace de temps qui s'écoule entre le début et la fin du comportement observé » (Cormier, dans Royer, 2004, p. 209). Méthode d'observation directe	« Efficaces et d'utilisation rapide, ces grilles sont utilisées comme complément à d'autres outils, pour des situations particulières où l'on désire obtenir une connaissance objective de la réalité » (Cormier, dans Royer, 2004, p. 209).
Portfolio	Outil d'observation, d'évaluation et de communication Il se caractérise par la participation de l'enfant dans le processus d'observation, d'évaluation et de communication. Méthode d'observation directe et indirecte	Avec l'aide de l'éducatrice, l'enfant peut sélectionner ses réalisations sur une longue période, constater ses progrès et présenter son cheminement à ses parents.
Grille d'évaluation	Outil d'observation, d'évaluation et de communication Cet outil standardisé est utilisé pour évaluer le développement global d'un enfant. Méthode d'observation directe	Elle sert à cerner certaines difficultés que peut éprouver l'enfant et à faire ressortir ses forces sur le plan des apprentissages pour chacune des dimensions de son développement.

Nom de l'outil	Description	Remarques
Questionnaire	Outil d'observation Souvent uniformisé pour l'ensemble des groupes d'un milieu, il sert à recueillir des informations générales sur l'enfant nouvellement inscrit dans le milieu. Méthode d'observation indirecte	Il favorise une meilleure connaissance de l'enfant et de sa famille.

Source : Adapté de Cormier dans Royer (2004) et de Ministère de l'Éducation (1982).

7.1.1 Le carnet de notes

Principalement utilisé pour faire de l'observation libre, le carnet de notes est un outil très malléable. En fait, l'éducatrice peut choisir l'une ou l'autre des stratégies de prise de notes pour le remplir, s'en servir quand bon lui semble et l'adapter aux besoins du moment. Souvent de petite taille, le carnet de notes est un outil d'observation de première ligne, c'est-à-dire un outil qui peut suivre l'éducatrice partout, mais dont le contenu doit être retravaillé ou structuré après l'observation. Le dictaphone peut être considéré comme un outil équivalant au carnet de notes, car il permet à l'éducatrice d'enregistrer les données qu'elle ne veut pas oublier et de les retranscrire à la fin de la journée.

L'éducatrice peut se servir du carnet de notes pour consigner toutes les observations qui lui semblent pertinentes et pour noter les informations qu'elle juge utiles. À la fin de la journée, elle trie les données recueillies en sélectionnant celles qu'elle veut conserver dans le dossier de l'enfant, par exemple un nouvel apprentissage, et celles qu'elle désire utiliser pour faire son rapport quotidien aux parents.

Cependant, il arrive fréquemment que les observations inscrites dans le carnet de notes servent d'éléments déclencheurs et incitent l'éducatrice à observer attentivement un comportement. D'autres outils pourront l'aider dans cette tâche et lui permettre de compléter le travail effectué grâce au carnet de notes.

Exercice 7.1

Pendant 15 minutes, observez les enfants d'un groupe en indiquant dans un carnet de notes les faits d'observation qui vous permettent de décrire leurs comportements. N'oubliez pas de préciser les règles d'éthique que vous entendez suivre pendant l'exercice. À votre retour, comparez vos résultats avec ceux de vos coéquipières et faites le point sur les stratégies de prise de notes que vous avez utilisées.

7.1.2 Le journal de bord

Le journal de bord est un outil multifonctionnel. La plupart du temps, l'éducatrice l'adapte à ses besoins. Selon Landry (1994, p. 158),

> Dans sa version non structurée, le journal de bord ne donne aucune consigne précise à l'observateur qui est libre d'y indiquer ce qu'il juge adéquat d'y inscrire. Dans sa forme structurée, le journal de bord peut indiquer à l'observateur des consignes qui comprennent des éléments de temps (quand s'est déroulée l'action), de durée (pendant combien de temps), d'espace (à quel endroit) et d'autres consignes que l'éducateur respecte lors de la rédaction (personnes impliquées, début de la situation, son déroulement, sa fin).

En fait, l'éducatrice note quotidiennement, dans le journal de bord, le contexte dans lequel se déroulent les activités, les comportements particuliers, de même que certaines observations et informations qu'elle désire retenir. Le journal de bord donne une vue d'ensemble de la vie de l'éducatrice et de son groupe.

Le journal de bord est également utilisé comme outil de réflexion et d'auto-évaluation. En effet, l'éducatrice a la possibilité d'y noter ses questions, ses impressions et ses commentaires. Bien qu'il soit considéré comme un outil personnel de l'éducatrice, il arrive qu'il soit employé simultanément par deux éducatrices qui travaillent avec le même groupe.

L'éducatrice a la possibilité de fabriquer son propre journal de bord ou d'en acheter un. Il existe sur le marché, depuis quelques années, des agendas et des cahiers qui présentent les principales caractéristiques du journal de bord, et certains s'adressent même spécifiquement à l'éducatrice[2].

Chacune de ces options, qu'il s'agisse de créer son propre journal de bord ou d'utiliser un agenda ou un cahier spécialisé, présente à la fois des avantages et des inconvénients. L'important est d'utiliser un journal de bord, quelle que soit sa forme, car les besoins de l'éducatrice et le contexte dans lequel elle travaille sont très variables.

Quelques suggestions pour le contenu du journal de bord

* Des informations générales : date, heure, saison, température, nombre d'enfants dans le groupe, âge des enfants, prise de médicaments, etc.

* Des informations spécifiques : faits d'observation, anecdotes, mots d'enfants, découvertes, choses à retenir, notes aux parents, choses à faire, sentiments, impressions, récit de la journée, etc.

* Des éléments visuels : croquis, photos, dessins, pictogrammes, etc.

---

2. Voici deux exemples : *Le garg'notes*, Association des services de garde en milieu scolaire du Québec, Longueuil, 2003 ; *L'agenda 2003-2004, Un outil organisationnel pour le personnel éducateur en service de garde préscolaire*, de Isabelle Rioux et Lucie Gosselin, Outils spécialisés C.P.E., Sainte-Foy.

Discutez avec vos collègues des avantages et des inconvénients de l'utilisation d'un journal de bord pour l'éducatrice et précisez vos choix personnels à ce sujet.

7.1.3 La fiche anecdotique comportementale

La fiche anecdotique, comme son nom l'indique, est généralement utilisée pour relater des anecdotes, c'est-à-dire des situations où apparaissent des comportements particuliers. L'éducatrice peut utiliser cette fiche pour décrire une situation concernant un enfant ou un groupe. La fiche anecdotique comportementale permet de faire une analyse préliminaire de la situation peu de temps après l'observation d'un comportement. Les fiches compilées par l'éducatrice sont conservées dans le dossier de l'enfant.

Ainsi, lorsqu'un comportement identique ou similaire se produit à nouveau, il est très utile de pouvoir comparer les nouvelles observations et leur analyse avec des observations et des analyses antérieures. De plus, comme la mémoire n'est pas toujours fiable ni précise, les observations et les analyses antérieures sont encore plus précieuses puisqu'elles permettent un suivi plus rigoureux.

Par exemple, lorsque Christine, pour la première fois, tire les cheveux de Pierrot à quatre reprises, il peut être pertinent de remplir une fiche anecdotique individuelle. La consignation des observations relatives à cet événement permet de noter des détails qui pourraient s'avérer importants, de procéder à une analyse préliminaire de la situation et de faire ainsi ressortir des pistes d'intervention possibles dans un délai très court après l'incident. S'il s'agit d'un incident isolé, personne ne s'en plaindra. Par contre, si l'enfant récidive, les observations qui ont été notées après le premier incident aideront l'éducatrice à mieux comprendre la situation et à réagir de façon appropriée. Quant à la fiche anecdotique de groupe, comme son nom l'indique, elle permet d'analyser des situations dans lesquelles l'ensemble du groupe est impliqué. Cette fiche est tout indiquée pour noter le rejet d'un enfant par le groupe ou des querelles fréquentes au sein du groupe.

Il ne fait aucun doute qu'une seule fiche ne permet pas de comprendre une situation complexe. L'éducatrice a donc tout avantage à remplir des fiches anecdotiques aux moments opportuns et à comparer les observations qu'elle note. En conservant les fiches anecdotiques dans le dossier de chaque enfant, elle s'assure de faire un suivi adéquat de ses interventions. Sur la fiche anecdotique, l'éducatrice peut compiler ses observations et faire des hypothèses afin de comprendre certaines situations et de préparer des interventions qui favoriseront le développement harmonieux de l'enfant.

Nom de l'enfant : Justine

Date : 9 janvier 200X

Comportement de l'enfant

Situation : Les huit enfants de mon groupe (3 ans) et moi sommes dans la salle de psychomotricité. Avant la collation, je leur raconte une histoire qui s'intitule « Je t'aimerai toujours » de Robert Munsch. Les enfants sont assis en cercle autour de moi. Justine se lève à trois reprises pour aller dans le coin poupées. Je lui demande de revenir avec nous pour écouter l'histoire. Lorsqu'elle revient, elle bouscule Pierrot en lui donnant un coup de pied et en le poussant.

Intervention	**Réaction**
Je demande à Justine de s'excuser auprès de Pierrot pour son geste. Je lui pose la question : « Est-ce que tu aimerais ça, Justine, qu'un ami te bouscule comme ça ? » Je lui demande de se retirer du groupe et de s'asseoir sur le banc près de nous. Je lui dis que je discuterai avec elle, une fois l'histoire terminée.	Elle répond : « Non, je ne veux pas ! » « C'est lui qui est pas gentil, il prend toute la place ! » Elle se retire et se met à pleurer.

Hypothèses

1. Justine n'avait pas envie d'écouter l'histoire et elle voulait jouer seule dans le coin poupées.
2. Justine exprime sa frustration par des coups parce qu'elle ne sait pas comment me faire comprendre son besoin.

Analyse des hypothèses

Besoin de s'isoler	Elle m'a démontré son manque d'intérêt pour l'histoire à trois reprises. D'habitude, elle adore qu'on lui raconte des histoires.
Difficulté à se faire comprendre	Chaque fois qu'elle a essayé de s'éloigner du groupe, elle n'a rien verbalisé.

Intervention directe	**Intervention indirecte**
Discuter avec elle et insister pour qu'elle présente ses excuses à Pierrot en lui montrant comment s'y prendre. Lui expliquer que, si elle le désire, elle pourra aller dans le coin poupées après la collation.	Lorsqu'un enfant du groupe me fera une demande, je vais la reformuler afin de m'assurer que Justine comprend bien comment faire et qu'elle observe le comportement des autres enfants.

Autres situations à observer

Justine cherche à s'isoler dans d'autres circonstances. Elle fait des demandes verbales. Elle a un comportement inadéquat (pousse, frappe, etc.) à d'autres occasions.

Source : Adapté de Ministère de l'Éducation (1982).

Remplissez une fiche anecdotique individuelle à partir du jeu de rôles ci-dessous, d'une séquence vidéo[3] ou d'une observation de votre choix faite auprès d'un groupe d'enfants.

Le jeu de rôles

Mise en situation : Ce matin, les enfants regardent tomber la première neige de l'hiver. L'éducatrice du groupe des 4 ans en profite pour leur proposer de découper des flocons de neige. Elle remet à chacun une paire de ciseaux. Le groupe est très agité. Les enfants bougent, se lèvent, vont regarder dehors, l'interrompent lorsqu'elle leur parle. Puis soudain, Émilie coupe une mèche des cheveux de Sandra qui se met à pleurer.

Fiche anecdotique du groupe

Date : 22 novembre 200X

Groupe : 4 ans

Situation : L'éducatrice accompagne son groupe au parc municipal. Les enfants respectent les consignes de sécurité et expriment leur joie par des sourires et des éclats de rire. Une fois au parc, chacun choisit un jeu. Les enfants se dirigent ensuite vers un vieil homme qui retire des objets d'une poubelle. L'homme parle à un des enfants, mais celui-ci ne lui répond pas et revient en courant vers l'éducatrice, accompagné des autres enfants du groupe.

Satisfactions

Les enfants ont respecté les consignes de sécurité en allant au parc et en revenant vers l'éducatrice lorsqu'ils se sont crus en danger.

Insatisfactions

Je n'aimerais pas que les enfants considèrent les clochards comme nécessairement dangereux et que, à l'inverse, les personnes bien habillées ne le sont pas.

Hypothèse et analyse

Hypothèse	Les enfants se sont déjà forgés un stéréotype d'une personne dangereuse.
Analyse	Dans les émissions de télévision que les enfants regardent à la maison, les méchants sont souvent associés à des personnes laides avec des traits sévères, une voix forte et de vieux vêtements ; c'est pourquoi ils peuvent penser que c'est la même chose dans la vie quotidienne.

3. *Images d'enfants… en service de garde*, vidéo 1, Magic Lantern Communications Ltd., Ontario (1994).

Solutions possibles

Revenir sur l'incident avec les enfants en leur demandant d'expliquer ce qui a provoqué leur peur. Les aider à réfléchir à ce qu'est la pauvreté et aux préjugés qu'elle peut susciter. Leur expliquer qu'une personne bien vêtue et souriante qui leur parle gentiment peut être dangereuse.

Évaluation des solutions

L'intervention peut aider les enfants à mieux comprendre les situations qui risquent d'être dangereuses pour leur sécurité. Aborder ce genre de questions peut susciter des réactions de peur chez les enfants.

Source : Adapté de Ministère de l'Éducation (1982).

Exercice 7.4

Remplissez une fiche anecdotique de groupe à partir du jeu de rôles ci-dessous, d'une séquence vidéo[4] ou d'une observation faite auprès d'un groupe d'enfants.

Le jeu de rôles

Mise en situation : Les enfants sont en période de jeux libres dans le local habituel du groupe. Plusieurs enfants du groupe sont absents ce matin, car ils ont la varicelle. Anne-Sophie et Gabrielle jouent dans le coin déguisements ; Julie s'amuse dans le bac à sable ; Audrey fait une tour avec des blocs et Nathan lui demande de jouer avec elle. L'éducatrice fait jouer de la musique.

7.1.4 La fiche anecdotique d'apprentissage

Comme nous l'avons déjà mentionné, la fiche anecdotique peut prendre diverses formes. Gariépy (1994) mentionne que l'éducatrice peut l'utiliser pour décrire les apprentissages réalisés par les enfants de 2 ans et demi à 6 ans en se basant sur les catégories du MODE (Mode d'observation du développement de l'enfant[5]) ou les catégories des expériences clés de High/Scope. Toujours selon Gariépy (1994), les catégories du MODE sont l'initiative, les relations sociales, la représentation créative, la musique et la motricité, le langage et la lecture, la logique et les mathématiques. Par contre, les catégories d'expériences clés de High/Scope sont le développement social, la représentation créative, la musique et la motricité, le langage et la lecture, la classification, la sériation, le concept du nombre, le concept d'espace et le concept de temps.

---

4. *Images d'enfants… en service de garde*, vidéo 1, Magic Lantern Communications Ltd., Ontario (1994).

5. Il s'agit d'une traduction du COR (Child Observation Record) qui a été élaboré par High/Scope.

Les outils d'observation, d'évaluation et de communication

Fiche anecdotique selon les catégories du MODE

Observateur : _____ Enfant : _____

Catégories du MODE

Initiative

Relations sociales
Représentation créative

Musique et mouvement
Langage, lecture, écriture
Logique et mathématiques

Apprentissage

(16/9)* Aide Sarah à ranger les blocs sans demande
de l'adulte ni de Sarah.
(16/9) Permet à deux amis de jouer avec son train.
(16/9) Fait de la soupe avec des morceaux de carton.

(20/9) Coupe du papier avec des ciseaux sans aide.
(20/9) Raconte la fête qui a eu lieu chez grand-maman.
(20/9) Range les blocs en fonction de leur forme.

*Les chiffres entre parenthèses font référence à la date de l'observation.

Remplissez une fiche anecdotique selon les catégories du MODE après avoir observé un enfant.

7.1.5 Le rapport anecdotique

«Le rapport anecdotique consiste à rédiger la description d'un fait précis observé, d'une anecdote jugée significative, de la manière la plus concrète et objective possible, en évitant d'y inclure ses propres interprétations» (MEQ, 1982, p. 30). Il peut être compilé au même titre que la fiche anecdotique, bien qu'il n'en ait pas la forme. Le rapport anecdotique est un texte suivi décrivant une situation à partir d'énoncés de faits mis en contexte. On y retrouve par exemple, en plus de la description du comportement et de la réaction suscitée s'il y a lieu, la date de l'événement, le nom des personnes présentes, le lieu, la durée, l'intervention effectuée, etc. Le rapport anecdotique synthèse est utilisé pour faire une synthèse des résultats de plusieurs fiches anecdotiques ou d'autres outils d'observation.

Observez le jeu de rôles et inscrivez vos observations dans un carnet de notes. En équipe de travail, rédigez un rapport anecdotique pour relater les faits observés mis en contexte en vous inspirant des notes que vous avez prises. Finalement, comparez votre rapport avec celui d'une autre équipe en faisant ressortir les différences et les ressemblances.

Mise en situation : À son arrivée au centre de la petite enfance le matin, Emma refuse de laisser partir sa mère. Ce comportement est étrange chez elle, car elle a l'habitude de se précipiter vers ses amies pour jouer, sans même se soucier de ses parents.

7.1.6 Le rapport quotidien

Le rapport quotidien, aussi appelé « carnet de communication » ou « cahier des observations », est généralement utilisé pour transmettre des renseignements confidentiels concernant différents aspects de la vie de l'enfant dans le milieu de garde et pour assurer une continuité entre ce que vit l'enfant dans ce milieu et dans sa famille. Il se distingue du tableau d'affichage s'adressant à tous les parents qui inclut l'horaire de la journée, de même que certaines informations plus générales. « Chaque jour l'éducatrice y résume ses observations. Elle y note également certaines de ses interventions les plus significatives. Les parents peuvent aussi être appelés à participer à ce journal en y écrivant ce qui se passe le soir ou durant la fin de semaine ainsi que tout autre commentaire destiné à l'éducatrice » (Martin, Poulin et Falardeau, 1998, p. 60).

En fait, le rapport quotidien peut prendre différentes formes. Par exemple, l'éducatrice peut choisir de travailler à partir d'un rapport personnalisé ou d'un rapport qu'elle pourra se procurer sur le marché. Le principal avantage du rapport « maison », c'est-à-dire conçu par l'éducatrice, c'est la possibilité de l'adapter en fonction du groupe et de le modifier en cours de route selon les besoins. Il peut s'agir notamment d'une reliure à attaches (*duo tang*) pour chaque enfant, d'une feuille plastifiée effaçable dans une chemise au nom de l'enfant, d'un cahier de route, etc. D'un milieu à l'autre, les façons de faire varient et font souvent appel à la créativité de l'éducatrice. Par exemple, pourquoi ne pas diversifier la forme, la dimension et la présentation selon le thème du moment ?

Le rapport écrit est complémentaire à l'entretien quotidien. L'un des avantages de ce rapport est que le parent peut le consulter lorsque l'éducatrice n'est pas disponible ou s'en servir soit pour lui transmettre des informations, soit pour répondre à une de ses questions. Les rapports quotidiens disponibles sur le marché[6] (agenda ou journal) facilitent l'uniformisation des informations et leur regroupement afin que le parent puisse les conserver. Cependant, ils peuvent devenir monotones si l'on y retrouve toujours les mêmes renseignements. L'éducatrice doit donc veiller à y ajouter une touche personnelle.

---

6. Voici trois exemples : *Mon petit journal*, Mont-Saint-Hilaire, Publication Excel Inc. ; *Le dire c'est magique… Agenda de communication entre parents et éducateurs pour les services de garde*, La Maison Le Dire ; *Mini Carnet, Carnet de communication entre parents et éducateurs pour le poupon*, La Maison Le Dire.

Imaginez que vous êtes un parent et que vous devez poser des questions par écrit sur votre enfant en fonction de son âge. Puis, imaginez que vous êtes l'éducatrice et que vous devez répondre aux questions du parent. N'oubliez pas que l'éducatrice doit appuyer ses commentaires sur des faits d'observation.

Faites un rapport quotidien comme celui ci-dessous pour les parents d'un enfant de 3 ans. Attention ! Vous devez distinguer les observations des commentaires. Vos observations doivent tenir compte de chacune des dimensions du développement que l'on trouve dans le Programme éducatif des centres de la petite enfance (1997).

Rapport quotidien

Nom de l'enfant : _____

Semaine du _____ au _____   Thème : _____

	Observations	Commentaires ou remarques
Lundi		
Mardi		
Mercredi		
Jeudi		
Vendredi		

7.1.7 Le rapport d'incident

Le rapport d'incident est un outil administratif surtout utilisé pour consigner les informations relatives à des accidents, des maladies, des blessures et pour assurer un suivi, au besoin. Il peut prendre différentes formes, chaque milieu adoptant celle qui lui convient le mieux. Il est important de noter que le contenu de ce rapport doit s'appuyer sur des faits d'observation mis en contexte. On y retrouve en général les renseignements suivants :

❖ la date, l'heure et le lieu de l'événement,

❖ les personnes présentes,

❖ la description de la situation,

❖ les suites de l'incident (interventions, conséquences, etc.),

❖ toute autre information jugée pertinente,

❖ la signature de la personne concernée et d'un témoin, si possible.

Exercice 7.9

Remplissez le rapport d'incident suivant concernant Geneviève Théberge qui a fait une crise d'épilepsie au service de garde de son école.

Rapport d'incident

Nom : Geneviève Théberge   Âge : 11 ans

Date : 11 mai 200X   Heure : vers 11 h 15

Lieu : Dans la cour de récréation à l'heure du dîner

Noms des personnes présentes au moment de l'incident :

   Nathalie Paquette (éducatrice)
   Louise Lévesque (éducatrice)
   La plupart des enfants qui dînent à l'école le mardi

Description de l'incident : _____

Description de l'intervention effectuée : _____

Parents prévenus :   ☐ Oui   ☐ Non

Note : _____

Utilisation d'une ambulance : ☐ Oui   ☐ Non

Intervention médicale :   ☐ Oui   ☐ Non

Autres remarques : _____

Signature de l'éducateur : Vincent Laliberté   Date : 11 mai 200X

Signature de la coordonnatrice : Dorothée Dumoulin   Date : 11 mai 200X

7.1.8 La description à thème

La description à thème est un instrument d'observation qui permet à l'éducatrice de décrire de façon détaillée un thème particulier en fonction des besoins qu'elle constate chez les enfants. L'éducatrice décrit dans un texte suivi tous les comportements de l'enfant au moment d'une activité donnée. La description à thème offre la possibilité d'observer tous les aspects du développement global de l'enfant, qu'il s'agisse d'observer l'autonomie de l'enfant quant à son hygiène personnelle, à sa façon d'exprimer ses émotions ou à sa capacité de faire des choix. Cet outil vise à donner une description détaillée des comportements par rapport au thème retenu. Reprenons, par exemple, le thème de l'hygiène personnelle.

L'éducatrice observe que certains enfants de son groupe éprouvent des difficultés à accomplir toutes les tâches liées au lavage des mains. Pour favoriser leur autonomie, elle décide de décrire leurs gestes au cours de cette activité. Elle observe les comportements suivants : l'enfant grimpe sur le banc pour atteindre le lavabo, il utilise les robinets d'eau chaude et d'eau froide, il prend du savon avec la pompe, il frotte ses mains l'une contre l'autre, il les rince sous le robinet, il ferme le robinet, il descend du banc, il s'essuie les mains avec un essuie-tout qu'il prend sur le comptoir.

Tout en faisant ressortir la complexité de la tâche, cette observation minutieuse permet à l'éducatrice de mieux cerner le contenu de ses futures interventions. Elle pourra ainsi intervenir de manière à favoriser l'autonomie de l'enfant qui éprouve des difficultés à faire cet apprentissage.

Exercice 7.10

Énumérez cinq comportements observables pouvant faire partie d'une description dont le thème est la relation affective de l'enfant avec l'adulte. Exemple : L'enfant demande de l'aide à l'adulte.

7.1.9 La liste à cocher

La principale caractéristique de la liste à cocher est de permettre à l'éducatrice de noter l'apparition ou la fréquence d'apparition d'un ou de plusieurs comportements. L'éducatrice peut travailler à partir d'un ou de plusieurs comportements pendant une durée plus ou moins longue selon ses besoins.

En raison de sa précision, la liste à cocher est souvent utilisée comme complément à d'autres instruments d'observation. Ainsi, dans le cas d'un enfant qui cherche à s'isoler du groupe et qui refuse de participer aux activités, l'éducatrice a tout avantage à noter la fréquence de ces comportements durant une journée ou une semaine. Par exemple, si elle constate qu'un enfant mouille sa culotte de 10 à 12 fois par jour depuis une semaine, l'éducatrice doit en informer ses parents et leur expliquer qu'il n'est pas encore prêt à porter une culotte.

L'éducatrice peut utiliser la liste à cocher, aussi appelée « grille de vérification » (MEQ, 1982), au cours des différentes étapes d'une intervention élaborée pour soutenir l'enfant dans un apprentissage. L'éducatrice peut alors constater les progrès de l'enfant et lui en faire part, ce qui ne peut que l'encourager à persévérer dans son apprentissage. L'exemple 7.4 présente quatre types de listes à cocher.

Exemple 7.4 **Listes à cocher**

Modèle 1

Date : 11 mars   Groupe : 5 ans

1. Dimension physique et motrice
2. Dimension intellectuelle

3. Dimension socioaffective et morale
4. Dimension langagière

Activité : Bricolage avec du matériel ramassé dans la nature

Comportements/ Dimensions du développement	Julie	Audrée	Jean	Luc	Justin	Thérèsa	Anaïs	Francis
Créer une œuvre artistique avec différents matériaux (1, 2, 3)								
Donner le nom des matériaux utilisés (4)								
Partager les matériaux ou les outils avec un autre enfant (3)								
Présenter son œuvre au groupe (3, 4)								
Décrire au reste du groupe la méthode utilisée pour réaliser son œuvre (2, 3, 4)								

Remarques : _____

_____

Modèle 2

Nom de l'enfant : Pierrick   Âge : 4 ans

Période : octobre 200X

1. Pose des questions aux autres enfants. ☐	7. Réalise des productions originales. ☐
2. Invente des jeux. ☐	8. Participe à une discussion. ☐
3. Demande de l'aide à l'adulte. ☐	9. Demande de l'aide à ses pairs. ☐
4. Choisit un coin d'atelier. ☐	10. Propose une activité. ☐
5. Partage un jouet. ☐	11. Encourage ses pairs. ☐
6. Range ses jouets sans demande de l'adulte. ☐	12. Offre une de ses réalisations. ☐

Source : Adapté de MEQ (1982).

Modèle 3

Nom de l'enfant : Aurélie   Date : 20 mai 200X

Activité : Causerie du matin   Groupe : 4 ans

Comportement	Fréquence
Participe à la discussion en donnant son idée.	✓ ✓ ✓
Pose une question.	✓
Raconte un événement.	✓
Interrompt un ami qui parle.	✓ ✓
Exprime ses émotions.	
Autre	

Modèle 4

Nom de l'enfant : Claudine

Comportement observé : refuse de manger sa collation

Semaine du 23 avril 200X	Lundi	Mardi	Mercredi	Jeudi	Vendredi
Matin	✓	✓	✓		✓
Après-midi		✓		✓	

Créez un modèle de liste à cocher pour une éducatrice en milieu scolaire qui doit s'assurer qu'elle communique verbalement avec chacun des 20 enfants de son groupe.

7.1.10 La grille d'observation

La grille d'observation consiste généralement en une liste de comportements observables. Elle permet d'observer le comportement d'un enfant, d'un groupe ou de l'éducatrice, ou l'utilisation du matériel, l'environnement, etc. Sa grande malléabilité en fait un outil de premier choix en raison des nombreuses possibilités qu'elle offre : par exemple, pour déceler les besoins de l'enfant, pour mieux le connaître, pour rendre compte de son développement, pour vérifier où il se situe par rapport aux différents types de jeux, pour faire de la prévention et du dépistage.

La grille d'observation peut devenir une grille d'évaluation si l'on y ajoute des échelles d'appréciation pour préciser le degré d'acquisition d'un comportement donné. Les grilles d'évaluation sont généralement utilisées pour rendre compte des progrès de l'enfant dans son apprentissage. L'exemple 7.5 présente quatre types de grilles d'observation.

Exemple
7.5   **Grilles d'observation**

Modèle 1

Nom de l'enfant :   Date :

Âge :   Activité :

Dimension physique et motrice du développement global

Comportement	Remarques
Lance un ballon dans une boîte.	
Construit une tour de trois à quatre blocs.	
Grimpe sur un banc.	
S'accroupit en jouant.	

Modèle 2

Dimension intellectuelle ou cognitive du développement global

Date : 15 août

Atelier : Bric-à-brac

Comportements/ Dimension du développement	Olivier	Claude	Geneviève	Gaëtan	William	Valérie	Li-Ann	Norélis
Distingue les objets qui flottent de ceux qui ne flottent pas.	✔			✔	✔			
Associe un objet à la saison correspondante.		✔						
Regroupe des objets en fonction de leur utilité.								

Modèle 3

Nom de l'enfant :

Âge :

Type de jeux (jeux d'exercice)	Contexte (activité, date)	Comportements observés
Jeu sensoriel sonore	Activité musicale 21 novembre	Agite un maracas en riant. Appuie sur les touches d'un piano.
Jeu sensoriel visuel		
Jeu sensoriel tactile	Jeu libre à l'extérieur, 23 novembre	Manipule du sable avec une pelle. Verse du sable dans une chaudière. Prend du sable avec sa main droite et le laisse glisser le long de son bras.
Jeu sensoriel olfactif		
Jeu sensoriel gustatif	Collation 2 octobre	Les yeux bandés, nomme cinq aliments différents après les avoir goûtés.
Jeu moteur		
Jeu de manipulation	Dîner 16 novembre	Joue avec ses doigts. Imite un autre enfant en frappant avec sa cuillère sur la tablette de sa chaise haute.
Jeu d'action-réaction virtuel		

Source : Système ESAR (2002).

Modèle 4

Aspects du développement de l'enfant selon Grand et Garand (1994)

1. Activités motrices
2. Activités manuelles
3. Conscience du corps
4. Activités de relaxation
5. Relations avec les enfants
6. Relations avec l'adulte
7. Communication verbale
8. Expression des émotions
9. Expression créatrice
10. Habitudes de travail
11. Organisation perspective
12. Orientation dans l'espace
13. Orientation dans le temps
14. Développement de la pensée logique
15. Adaptation aux moments de la journée

Nom de l'enfant : Patrick   Âge : 3 ans et demi

Aspects	Situation	Comportements	Remarques
Activités motrices	Jeux au parc municipal	Courir	A de la difficulté à arrêter ou à changer de direction
Activités motrices	Jeux au parc municipal	Monter dans la cage à grimper	Monte sans hésiter
Activités motrices	Jeux au parc municipal	Se tenir sur un pied	A besoin d'un appui, vacille

---

Exercice 7.12

En vous référant aux aspects du développement, tels qu'ils sont présentés ci-dessus par Grand et Garand (1994), choisissez les aspects présents dans chacune des situations suivantes. Inscrivez les numéros correspondants et expliquez vos réponses à vos pairs.

a) Les enfant font une recette de pâte à modeler.

b) L'éducatrice raconte une histoire aux enfants.

Exercice 7.13

Après avoir observé un enfant, associez chacun de ses comportements à une dimension du développement de l'enfant. N'oubliez pas qu'un comportement peut relever de plus d'une dimension ou d'un aspect du développement. Vous pouvez vous inspirer des grilles présentées dans l'exemple 7.5 (p. 166 à 168) pour faire cet exercice.

À l'aide de l'exemple ci-dessous, indiquez le résultat de votre observation d'une situation où une enfant de 3 ans joue dans le coin arts et dans le coin menuiserie.

Grille d'observation

Nom de l'enfant : Sarah   Date : 22 octobre 200X

Contenu de l'atelier	Comportement observable
Coin imitation Ameublement et matériel de restauration	Elle met des gants, une casquette et un tablier. Elle prépare un sandwich et superpose une tranche de pain, une feuille de laitue, une tranche de fromage, une tomate et une autre tranche de pain. Elle demande à un autre enfant s'il veut goûter à son sandwich. Il accepte et elle lui demande si c'est bon. Elle prend un couteau et fait semblant de se couper. Puis, elle demande à Véronica de la soigner.
Coin arts	
Coin menuiserie	

En vous inspirant de l'exemple ci-dessous, imaginez des comportements qui peuvent survenir au cours de la réalisation de l'activité-projet qui est présentée ci-dessous.

Activité-projet : En faisant le ménage de ma cuisine, j'ai trouvé différents presse-fruits. J'ai alors pensé acheter des fruits pour que vous m'aidiez à faire du jus. Le vendeur m'a affirmé que tous ces fruits font de très bons jus.

Grille d'observation d'une activité-projet

Nom de l'enfant :   Âge :   Date :

Aspects du développement	Comportement observable
Développement cognitif	Créer un mélange original. Reconnaître les ingrédients du mélange préparé par une autre personne.

Aspects du développement	Comportement observable
Développement cognitif (suite)	Langage : Décrire les différentes saveurs de jus en utilisant les adjectifs : amer, suret, sucré, épicé.
Développement psychomoteur	
Développement social	
Développement affectif	
Développement moral	

Source : Pelletier (1998).

7.1.11 La feuille de rythme

La feuille de rythme est un outil d'observation adapté aux besoins particuliers des poupons. Compilées quotidiennement et transmises aux parents, les feuilles de rythme permettent à l'éducatrice de suivre pas à pas le déroulement de la journée pour chaque poupon et de s'assurer de son bien-être. Les données recueillies à la fois par l'éducatrice et les parents assurent la continuité entre le vécu de l'enfant à la maison et au service de garde. Les feuilles de rythme peuvent prendre différentes formes. Il s'agit de les adapter à nos besoins et de les rendre les plus fonctionnelles possible. L'exemple 7.6 présente une feuille de rythme sur 24 heures, adaptée de Martin, Poulin et Falardeau (1998).

Exemple 7.6 — Feuille de rythme

Date/heure	1	2	3	4	5	6	7	8	9	10	11	12	13	14	15	16	17	18	19	20	21	22	23	24	Commentaires

Les outils d'observation, d'évaluation et de communication

7.1.12 La grille d'échantillonnage

La grille d'échantillonnage permet à l'éducatrice d'observer un comportement à des moments précis en supposant que ceux-ci seront représentatifs de l'ensemble de la situation. Il est certain que ces moments doivent être bien ciblés. Par exemple, noter qu'un enfant bouge sans arrêt est imprécis. L'éducatrice doit plutôt indiquer que l'enfant s'est levé, au cours de la sieste, à 10 reprises pendant les 5 minutes qu'a duré l'observation et à 14 reprises pendant la collation pour la même durée d'observation.

L'éducatrice peut noter un comportement selon sa fréquence, c'est-à-dire selon le nombre de fois où il apparaît. Elle peut le faire dans un intervalle de temps prédéterminé, ce qui implique, par exemple, qu'elle observe, toutes les cinq minutes, si le comportement ciblé apparaît. De plus, elle peut noter la durée du comportement observé en le situant dans le temps.

Grille d'échantillonnage par fréquence *très précis.* **Exemple 7.7**

Contexte : Cinq enfants ont choisi le coin menuiserie.

Activité : Les enfants peuvent faire un plan sur papier et le réaliser ; ils peuvent clouer, scier, sabler et peinturer leur œuvre.

Date : 23 février

Nombre d'enfants observés : 5

Âge : 5 ans

Comportement observé : utilise le coin menuiserie

	2	4	6	8	10	12	14	16	18	20	22	24	26	28	30
Émilie	✓	✓													
Naomie															
Frédéric		✓	✓	✓								✓			
Lucas		✓	✓	✓								✓			
Pédro	✓														
Minutes	2	4	6	8	10	12	14	16	18	20	22	24	26	28	30

Source : Adapté de Champoux, Couture et Royer (1992).

Dans l'exemple 7.7, l'éducatrice peut observer qu'un enfant sur cinq ne s'intéresse pas du tout au coin menuiserie. Elle remarque aussi que deux enfants choisissent ce coin en premier choix, mais qu'ils le délaissent après quelques minutes (deux et quatre minutes). En outre, 2 enfants utilisent le coin menuiserie en même temps et durant la même période, ce qui peut laisser supposer qu'ils jouent ensemble à 2 reprises pour une durée totale de 8 minutes sur une possibilité de 30 minutes.

Les résultats obtenus risquent certainement d'amener l'éducatrice à se questionner quant à la pertinence de cet atelier. Ainsi, quelle est la raison du faible taux de participation à cet atelier malgré l'intérêt qu'il suscite normalement? Pourquoi les enfants ne persévèrent-ils pas lorsqu'ils choisissent cette activité? Le matériel est-il adéquat? Est-il fonctionnel? En quantité suffisante? Les matériaux proposés sont-ils adaptés aux capacités des enfants?

Exemple 7.8 — **Grille d'échantillonnage par intervalle** ~~Tprécis~~

Contexte : Trois enfants sont réunis dans le coin cuisine. Ils sont assis à la table.

Activité en cours : causerie

Comportement observé : s'exprime verbalement

Date : 15 mai

Heure : 9 h

Légende
+ : adopte le comportement
- : n'adopte pas le comportement[7]

Intervalle d'échantillonnage

	2	4	6	8	10	12	14	16	18	20	
Julie	+	-	+	+	-	-	-	+	+	+	6/10
Anthony	-	+	+	-	-	-	+	-	-	+	4/10
Sarah	-	-	-	-	+	+	-	-	-	-	2/10
Total	1/3	1/3	2/3	1/3	1/3	1/3	1/3	1/3	1/3	2/3	

Source : Adapté de Champoux, Couture et Royer (1992).

7. Pour faciliter la lecture, l'éducatrice peut choisir d'indiquer uniquement les moments où le comportement apparaît.

Les outils d'observation, d'évaluation et de communication

Grille d'échantillonnage par durée   *très précis*

Comportement	Durée				
	Lundi	**Mardi**	**Mercredi**	**Jeudi**	**Vendredi**
S'habiller pour aller dehors	12 minutes	10 minutes	7 minutes	10 minutes	5 minutes

Nom de l'enfant :   Âge :

Contexte : Chaque enfant doit prendre ses vêtements dans son casier, s'habiller et attendre le groupe pour aller jouer dehors.

Source : Adapté de Champoux, Couture et Royer (1992).

Pour chacune des grilles d'échantillonnage suivantes, décrivez une situation fictive qui peut nécessiter son utilisation.

❖ Grille d'échantillonnage par fréquence

❖ Grille d'échantillonnage par intervalle

❖ Grille d'échantillonnage par durée

7.1.13 Le portfolio

S'inspirant de Weiss (2000), Cormier (dans Royer, 2004, p. 211) donne la définition suivante du portfolio : « Emprunté du monde des arts, le portfolio sert à mettre en valeur les réalisations d'un individu et à suivre son évolution. Non seulement l'individu peut montrer ses capacités, mais aussi et surtout il peut décrire sa démarche et commenter les résultats. Le portfolio témoigne donc des compétences de l'individu. » Elle mentionne trois types de portfolio : le portfolio de présentation, le portfolio d'apprentissage et le portfolio d'évaluation. « Au préscolaire, le portfolio remplit ces trois rôles » (Cormier, dans Royer, 2004, p. 212). Cette auteure suggère de diviser le portfolio en trois sections : la présentation de l'enfant, ses apprentissages et ses réalisations.

Différentes formules sont possibles pour aider l'enfant à parler de lui. Il peut utiliser des photographies, un montage vidéo, des enregistrements sonores, etc. Par ailleurs, le portfolio lui-même peut être considéré comme un outil d'apprentissage puisqu'il permet à l'enfant de développer certaines habiletés et attitudes, telles que la capacité de réfléchir, de faire des choix, d'argumenter ou de décrire ses apprentissages. C'est également un outil d'évaluation formative de premier plan, car il permet de décrire les apprentissages de l'enfant de manière progressive.

Outil d'observation, le portfolio rassemble différentes productions ou réalisations de l'enfant à différents moments de son apprentissage. Ces réalisations sont enrichies par les observations, commentaires et réflexions de l'enfant, de ses pairs, de ses parents et de l'éducatrice. Cormier (dans Royer, 2004) fait ressortir l'importance du rôle actif de l'enfant dans la réalisation du portfolio. Elle souligne la nécessité pour l'éducatrice de respecter les choix de l'enfant et de recueillir ses réalisations périodiquement.

Le portfolio peut être présenté aux parents à différentes étapes de l'année, ce qui permet d'entreprendre l'étape suivante de manière positive en se fixant des objectifs adaptés aux besoins spécifiques de chaque enfant du groupe. Le portfolio permet à l'éducatrice de prendre du recul par rapport au cheminement de l'enfant, car il lui donne l'occasion d'aborder avec lui chacune des dimensions de son développement. Par exemple, elle peut proposer à l'enfant de sélectionner des photographies parmi celles qu'elle a prises afin d'illustrer les moments les plus significatifs pour lui sur le plan affectif ou social.

Les parents apprécient énormément qu'on leur remette le portfolio de leur enfant à la fin de l'année. C'est pourquoi ils acceptent généralement de rembourser le coût d'un cahier, d'un film avec développement inclus, d'une audiocassette ou d'une vidéocassette. Il arrive également que l'éducatrice choisisse de travailler avec un portfolio qu'elle peut se procurer sur le marché[8].

En équipe, discutez des avantages de l'utilisation du portfolio dans votre groupe et de la manière dont vous souhaiteriez vous en servir.

7.1.14 La grille d'évaluation

«L'observation et l'évaluation de l'autre sont toujours présentes dans toutes les communications humaines sous quelque forme qu'elles s'expriment» (Vayer et Roncin, 1990, p. 13). Lorsqu'elle observe l'enfant, l'éducatrice le fait de manière à demeurer la plus objective possible. Selon Vayer et Roncin (1990, p. 15), l'évaluation est «la comparaison de ce que l'on observe, l'enfant et ses façons d'être, avec autre chose». C'est ce que fait l'éducatrice, au moment de l'interprétation des résultats, lorsqu'elle met en relation les comportements de l'enfant avec les théories du développement de l'enfant de Piaget, d'Éricson ou d'un autre spécialiste du comportement. Cela lui donne la possibilité d'offrir des activités mieux adaptées aux capacités et aux besoins des enfants, tout en lui permettant de s'assurer que chacun progresse de manière harmonieuse.

Comme on le sait, chaque enfant a un rythme d'apprentissage qui lui est propre. Cependant, il est essentiel que l'éducatrice reconnaisse les indices qui pourraient signifier que l'écart entre ce que l'enfant est supposé être capable de faire à un âge donné et ce qu'il fait n'est pas démesuré. Par exemple, le fait qu'un enfant de 4 ans ne prononce que deux ou trois mots devrait alerter l'éducatrice. Il est toutefois important de se rappeler que poser un diagnostic ne fait pas partie des tâches de l'éducatrice. Elle a cependant la responsabilité d'informer les parents de la situation si elle se rend compte que

---

8. Le *Mini Portfolio*, publié par La Maison Le Dire, 2002.

Les outils d'observation, d'évaluation et de communication

leur enfant éprouve une difficulté particulière. Le but de l'évaluation n'est pas de critiquer qui que ce soit, mais de soutenir l'enfant dans son développement.

Les grilles d'évaluation sont peu utilisées en milieu de garde par rapport au milieu scolaire. En général, lorsqu'elle utilise ce genre de grille, l'éducatrice travaille à partir de matériel standardisé, comme la grille de développement de Brigance (1997). Cependant, si elle crée sa propre grille d'évaluation, elle doit toujours demeurer consciente qu'elle porte des jugements évaluatifs et que, pour être valables, ceux-ci doivent reposer sur des faits d'observation. Ainsi, si elle met la cote « Souvent » à côté du comportement « Demander de l'aide à un adulte », l'éducatrice doit préciser la signification de ce terme. Elle pourrait, par exemple, définir les mots qu'elle utilise.

❖ Jamais : je n'ai pas observé ce comportement pendant quatre périodes de jeux libres.

❖ Souvent : j'ai observé ce comportement à plus de cinq reprises pendant quatre périodes de jeux libres.

Exemple 7.10

Exemples de critères d'évaluation

1. Oui ☐   Non ☐

2. Oui ☐   Non ☐   Parfois ☐   Remarques

3. Oui ☐   En éveil ☐   Commentaires

4. Faits   Commentaires

5. Faits   Remarques

6. Comportements   Remarques

7. Acquis (A) ☐   En voie d'acquisition (VA) ☐   Non acquis (NA) ☐

8. Jamais ☐   Occasionnel ☐   Souvent ☐   Toujours ☐   Ne peut être évalué ☐

9. Jamais ☐   Rarement ☐   Souvent ☐   Toujours ☐

10. Adéquat ☐   Inadéquat ☐   Ne sait pas ☐

11. Parfait ☐   Excellent ☐   Très bien ☐   Bien ☐   Moyen ☐   Passable ☐   Faible ☐

12. Très bien (TB) ☐   Bien (B) ☐   Faible (F) ☐   Insatisfaisant (I) ☐   Ne s'applique pas (NSP) ☐

13. Irréprochable ☐   Acceptable ☐   Inapproprié ☐

14. Très bien ☐   Bien ☐   Moyen ☐   Faible ☐

15. Inutile ☐   Peu utile ☐   Utile ☐   Très utile ☐

16. Situation   Comportement   Aspects du développement   Remarques

17. Comportement   Antécédents   Conséquences

18. Comportement   Fréquence

19. Comportement   Durée

7.1.15 Le questionnaire

On appelle questionnaire «tout document servant à la collecte de données et sur lequel une personne inscrit ses réponses à un ensemble de questions» (Legendre, 1993, p. 1059). En fait, il «ressemble à l'entrevue, sauf que les questions sont exprimées par écrit plutôt que verbalement. La personne questionnée note elle-même ses réponses aux questions posées. Celles-ci sont claires, précises et formulées de manière à obtenir soit des réponses fermées (oui ou non), soit des réponses ouvertes (à développement de la part de la personne)» (Landry, 1994, p. 156).

Souvent rédigé par l'équipe de travail, le questionnaire permet à l'éducatrice d'obtenir des renseignements généraux concernant un enfant qui est en train de s'intégrer à son groupe. Il permet, par exemple, d'aborder divers sujets, tels que l'état de santé de l'enfant ou sa situation familiale. Un nombre grandissant d'éducatrices s'attardent également à d'autres dimensions de la vie de l'enfant. Ainsi, il existe de plus en plus de questionnaires qui visent à mieux connaître l'enfant et à faciliter son intégration dans le milieu. Les questions peuvent porter sur ses champs d'intérêt et ses loisirs, la place qu'il occupe dans sa famille, ses mets préférés; elles peuvent également permettre de tracer le profil du développement de l'enfant.

Le questionnaire peut avoir une forme plus standardisée, c'est-à-dire ressembler aux questionnaires administratifs courants. Cependant, rien n'empêche de faire preuve d'un peu d'originalité! Pourquoi ne pas accorder une attention particulière à sa présentation? Par exemple, l'éducatrice peut utiliser un cahier et ajouter des illustrations, des photos ou des dessins: son questionnaire sera ainsi plus attrayant. N'oubliez pas que le questionnaire d'introduction constitue un peu une carte de visite du milieu de garde qui permet de transmettre ses valeurs et son approche éducative, et que le parent qui le remplit pourra les aborder par ce biais. Évidemment, le choix des questions et leur formulation sont très importants. La rigueur, la clarté, la pertinence et bien entendu, la qualité du français sont de mise.

Exercice 7.18

Formulez trois questions qui pourraient faire partie d'un questionnaire s'adressant aux parents et qui vous permettront de mieux connaître l'enfant.

7.2 LES DONNÉES RECUEILLIES PAR LES OUTILS D'OBSERVATION

Certains outils d'observation permettent non seulement à l'éducatrice de noter des faits d'observation, mais également d'autres types de données. Par exemple, il arrive, comme dans le cas de la fiche anecdotique, que l'éducatrice utilise cet outil pour faire une analyse préliminaire des données recueillies. En outre, certains outils d'observation incluent une section «Remarques» ou «Commentaires». L'éducatrice peut l'utiliser pour noter des informations, sous forme de jugements de valeur ou d'évaluateur, de jugements déterminants (ou inférences), de jugements de recommandation, ou de jugements de fait non observé.

Cependant, il est essentiel que l'éducatrice distingue les faits d'observation des autres formes de jugements étant donné que l'analyse des données doit reposer sur des faits. Pourquoi alors utiliser les autres formes de jugements? Parce qu'ils sont utiles à d'autres niveaux. Par exemple, dans un rapport quotidien s'adressant aux parents, ceux-ci seront heureux de savoir, non seulement que leur enfant a joué avec de la pâte à modeler, mais qu'il a eu beaucoup de plaisir à le faire (jugement de valeur ou d'évaluateur). Le tableau 7.2 présente des exemples de jugements que l'on peut trouver dans les sections «Commentaires» ou «Remarques» d'un questionnaire.

Tableau 7.2

Exemples de jugements

Type de jugement	Exemple	Outil d'observation
Jugement de valeur ou d'évaluateur	Rita a fait un «magnifique» dessin aujourd'hui. Elle y a mis tout son cœur!	Rapport quotidien
Jugement déterminant ou inférence	Les retards répétés d'Alexis au service de garde pourraient être l'expression de son désir de rentrer chez lui après l'école.	Fiche anecdotique
Jugement de recommandation ou de prescripteur	Il serait intéressant qu'Élodie apporte un objet personnel de la maison pour l'aider à dormir au moment de la sieste.	Rapport quotidien
Jugement de fait non observé	Julien a été hospitalisé pendant les trois premiers mois de sa vie.	Journal de bord

Lorsqu'elle interprète les résultats de ses observations, l'éducatrice se base sur son analyse des faits et utilise son intuition en établissant des liens avec les données contextuelles et autres informations qu'elle juge pertinentes. Elle peut alors formuler une hypothèse qu'elle aura à vérifier par la suite.

7.3 LES OUTILS STANDARDISÉS

L'éducatrice dispose de deux types d'outils qui lui permettent d'observer, d'évaluer et de communiquer. Le premier type, le plus utilisé d'ailleurs, regroupe les outils «maison», c'est-à-dire les outils conçus par l'éducatrice ou par l'équipe de travail et répondant aux besoins spécifiques du milieu.

Le second type est constitué d'outils standardisés, c'est-à-dire d'outils offerts sur le marché et conçus à partir de théories ou d'approches du développement de l'enfant, ou résultant de projets de recherche. Ces outils déterminent précisément le contenu de l'observation en présentant une liste de comportements à observer. L'exemple 7.11 propose divers outils d'évaluation standardisés.

Exemple 7.11 — Outils d'observation et d'évaluation standardisés

L'inventaire du développement de l'enfant entre 0 et 7 ans (Brigance, 1997)

Développement socioaffectif

- ❖ Regarde attentivement les visages.
- ❖ Suit du regard une personne en mouvement.
- ❖ Sourit lorsqu'on lui prête attention.
- ❖ Ne demande aucune attention particulière lorsque les gens qui l'entourent jouent ou travaillent.
- ❖ Sourit à son reflet dans le miroir.
- ❖ Est sensible aux chatouillements.
- ❖ Touche à son reflet dans le miroir.

La qualité en 10 dimensions (Baillargeon et Binette, 1994)

Relation entre le personnel et les parents

- ❖ Communications régulières.
- ❖ Le membre du personnel établit avec les parents une communication continue et développe une relation ouverte et franche qui témoigne d'un climat de confiance et de collaboration.
- ❖ Le membre du personnel utilise différents moyens pour communiquer régulièrement avec les parents comme, par exemple, en déposant des notes écrites dans le casier ou la boîte à lunch de l'enfant.
- ❖ Le plus souvent possible, ces notes écrites sont commentées verbalement, soit en présence des parents, soit par téléphone.

Grille d'observation (Grand et Garand, 1994)

Organisation perceptive (auditive)

Identifier les bruits ou les sons de l'environnement

- ❖ Identifie les bruits ou les sons et les reproduit en jouant.
- ❖ Identifie avec des indices.
- ❖ N'identifie pas.

Identifier les variations des bruits et des sons

❖ Fait la différence entre les sons identiques ou non : fort/faible, aigu/grave.

Cahier d'observation du développement de l'enfant ou CODE (Gariépy, 1994)

1. Initiative

A. Exprimer des choix	Période d'observation		
	1	2	3
a) N'exprime pas ses choix aux autres.			
b) Indique l'activité ou le coin choisi en disant un mot, en pointant du doigt ou avec tout autre geste.			
c) Indique l'activité, le coin, le matériel ou les compagnons de jeu par une courte phrase.			
d) Indique par une courte phrase l'activité qu'il réalisera (« Je vais construire une tour avec des blocs »).			
e) Indique de façon détaillée l'activité qu'il réalisera.			

Remarques : _____

7.4 L'ADAPTATION ET LA CRÉATION DES OUTILS D'OBSERVATION

Plusieurs outils d'observation sont tout à fait adaptés aux besoins spécifiques des intervenants du domaine de l'éducation. Cependant, comme il est impossible de prévoir toutes les situations auxquelles ces derniers peuvent être confrontés, il devient essentiel de pouvoir adapter les outils qui existent déjà et, parfois même, d'en créer de toutes pièces.

La première chose que l'éducatrice doit faire est, bien entendu, de vérifier si les outils dont elle dispose peuvent répondre adéquatement à ses besoins. Si ce n'est pas le cas, elle doit les adapter ou en créer. En général, plus le but visé par l'observation est clair et précis, plus les modifications à apporter se font aisément. Les ajustements à apporter à certains instruments d'observation peuvent s'avérer mineurs ou majeurs, selon le cas. Parfois, il suffit de quelques petites modifications pour rendre un outil conforme à nos besoins. Adapter un outil d'observation implique que l'on change sa forme ou son contenu. La forme peut varier quant à la présentation visuelle, au nombre d'énoncés ou de rubriques, aux dimensions de l'outil, etc. De son côté, le contenu peut être modifié en fonction de l'âge des enfants, de la durée ou de la fréquence de l'observation, du thème retenu, de la centration d'observation, etc.

En fait, les seules limites par rapport à l'adaptation ou à la création des outils d'observation sont celles que l'éducatrice se fixe elle-même. La règle essentielle à respecter concernant l'adaptation et la création d'outils d'observation est de s'assurer que la distinction entre les comportements observables et les autres données est clairement établie.

À partir du moment où nous avons déterminé les méthodes d'observation les plus appropriées en fonction de notre démarche, nous pouvons commencer notre réflexion par rapport au genre d'outils dont nous avons besoin. Par exemple, une éducatrice travaillant en milieu scolaire émet l'hypothèse suivante : « Les enfants gaspillent beaucoup de nourriture parce qu'ils ne disposent pas de suffisamment de temps pour manger le midi. »

En cherchant à vérifier son hypothèse, l'éducatrice décide de travailler avec la méthode d'observation directe afin de préciser ses observations. Elle retient deux outils d'observation qui lui permettent d'utiliser cette méthode : la grille d'observation et la grille d'échantillonnage par intervalle de temps. La grille d'observation lui permet de noter tous les aliments jetés à la poubelle pendant une période de temps donnée et de déterminer le nombre d'enfants qui jettent de la nourriture. L'éducatrice peut inscrire rapidement sur la grille d'échantillonnage le moment où les enfants jettent leur nourriture pendant la période du dîner.

Exercice 7.19

Préparez une liste à cocher en suivant le modèle ci-dessous. Puis, indiquez quatre comportements adaptés à la situation pour des enfants de 3 ans qui s'en vont jouer au parc.

Liste à cocher

Date de l'observation : 8 octobre — Âge : 3 ans

Contexte : Le matin, les enfants s'en vont jouer au parc municipal.

	Comportements	Juan	Viviane	Aurélie	Mathieu	Valérie	Tatiana	LiAnn	Marjorie
1									

Les outils d'observation, d'évaluation et de communication

	Comportements	Juan	Viviane	Aurélie	Mathieu	Valérie	Tatiana	LiAnn	Marjorie
2									
3									
4									

Faites une grille d'observation en vous inspirant de celle présentée ci-dessous. Puis, indiquez quatre comportements observables liés au développement du langage chez l'enfant de 4 à 5 ans. Consultez des documents de référence au besoin, par exemple L'inventaire du développement de l'enfant de 0 à 7 ans de Brigance (1997).

Grille d'observation

Centration d'observation : développement du langage   Âges visés : 4-5 ans

Contexte : Le matin pendant que les enfants s'habillent.

Comportements	Oui	Non
L'enfant fait des demandes à l'adulte.		

Faites une grille d'observation en suivant l'exemple ci-dessous. Puis, mentionnez cinq comportements liés à la créativité que vous pourriez avoir observés chez des enfants. Consultez des documents de référence au besoin.

Grille d'observation

Centration d'observation : expression créatrice   Âge visé : 5 ans

Contexte : Les enfants ont décidé de se costumer pour faire une parade.

Comportements	Oui	Non
Rosanne se confectionne une jupe avec des bandelettes de papier.		

Après avoir observé les enfants de votre groupe, vous émettez l'hypothèse suivante : Les enfants n'ont pas suffisamment l'occasion de faire des choix lorsqu'ils sont en période de jeux libres à l'extérieur du service de garde ou de l'école. Adaptez ou créez un outil vous permettant de vérifier cette hypothèse.

7.5 LE DOSSIER DE L'ENFANT

Afin de s'assurer qu'elle observe tous les enfants de son groupe, l'éducatrice prépare un dossier pour chacun d'entre eux. Dans un premier temps, elle détermine quels outils d'observation lui permettront de répondre aux besoins de tous les enfants. Par la suite, elle s'ajuste aux situations en ajoutant des outils répondant aux besoins particuliers des enfants.

En ce qui concerne le dossier de l'enfant, De Ketele (1991, p. 11) en parle comme d'un recueil d'informations en précisant que « sa principale fonction […] est de recueillir des données permettant, entre autres, de détecter des besoins, de faire un choix ou de prendre une décision, d'améliorer un fonctionnement ou des performances, de former ou d'éduquer, de résoudre un problème, ou bien de cerner un phénomène ou de tester une hypothèse ». Selon De Ketele (1991, p. 16), les stratégies pour recueillir de l'information sont au nombre de quatre : l'interview (entrevue), les questionnaires, l'étude des documents (dossier de l'enfant, documentation, résultats de tests, etc.) et l'observation.

7.5.1 L'étude de documents

Comme nous l'avons déjà mentionné, l'étude de documents comprend toutes les informations recueillies dans le dossier de l'enfant, la documentation liée à sa problématique, s'il y a lieu, et les résultats de tests. Nous nous intéressons plus particulièrement à l'étude des productions de l'enfant.

LA DOCUMENTATION

L'éducatrice a parfois accès à des renseignements provenant d'autres intervenants qui s'occupent d'un enfant dont elle a la charge. Il est important qu'elle sélectionne les données pertinentes dans toute la masse d'informations dont elle peut disposer. Il en est de même lorsqu'elle fait des recherches dans un manuel ou sur Internet.

LES PRODUCTIONS DE L'ENFANT

Le processus menant à la réalisation d'un projet, quel qu'il soit, est souvent plus intéressant à observer que la réalisation elle-même. Cependant, ce constat ne doit pas empêcher l'observation des productions de l'enfant qui « recèlent » également des indices permettant de mieux le connaître et d'évaluer ses besoins. De plus, les productions de l'enfant constituent un moyen très efficace d'établir une relation avec lui en l'amenant à s'exprimer à partir de son œuvre. Encore faut-il être en mesure d'observer ce qu'elle contient pour poser des questions pertinentes à l'enfant.

Les réalisations de l'enfant sont parfois une source d'informations qui vient confirmer à l'éducatrice que quelque chose ne va pas pour lui. Sans avoir à poser de diagnostic puisque ce n'est pas son rôle, l'éducatrice doit cependant informer les parents des difficultés de leur enfant. Les observations qu'elle aura recueillies, de même que les productions qui présentent certaines de ses difficultés viendront appuyer ses intuitions et elles seront fort appréciées par les spécialistes (orthophoniste, ergothérapeute, physiothérapeute) qui pourraient avoir à intervenir auprès de l'enfant.

En milieu de garde, les principales productions de l'enfant sont ses dessins, ses bricolages, ses constructions et ses écrits. En milieu scolaire s'ajoutent les travaux à caractère formatif. Il est évident qu'une production peut être observée sous différents angles. Par exemple, l'observation des dessins d'un enfant peut prendre différentes formes. La dimension psychologique liée à l'interprétation des dessins d'enfant est laissée entièrement aux spécialistes. L'éducatrice, elle, s'attarde aux dessins de l'enfant parce qu'ils lui permettent de constater sa progression sur le plan graphique. Elle s'intéresse à ses écrits parce qu'ils donnent à l'enfant la possibilité d'exprimer ses émotions, qu'ils lui fournissent des informations sur sa capacité à s'organiser, à structurer sa pensée, etc. Elle observe également les constructions de l'enfant parce qu'elles révèlent des indices sur ses capacités à s'organiser, à créer, à manipuler différents outils, etc. Tous ces indices mis en relation avec les observations recueillies par l'éducatrice viendront confirmer que l'enfant se développe de façon harmonieuse ou non.

Dans tous les cas, se basant sur le cinquième principe du *Programme éducatif des centres de la petite enfance*, l'éducatrice communiquera ses observations aux parents. Dans l'éventualité où l'enfant semble éprouver des difficultés, elle explorera avec eux la possibilité de consulter un spécialiste qui pourrait aider l'enfant ; bien souvent, celui-ci pourra la conseiller sur les façons d'intervenir auprès de l'enfant. La collaboration entre le personnel du milieu de garde et les parents contribue au développement harmonieux de l'enfant.

LES DESSINS

«Des dizaines, voire des centaines d'auteurs et de chercheurs se sont penchés sur les dessins d'enfants. Certains l'ont fait dans un but diagnostique, y cherchant les problèmes et difficultés de l'enfant, interprétant le dessin comme un symptôme ; d'autres ont cherché (et trouvé) des corrélations entre le graphisme et la croissance intellectuelle, physiologique, émotive» (Joyal, 2003, p. 3). Ainsi, l'éducatrice soucieuse d'assurer le développement harmonieux de l'enfant peut utiliser sa connaissance des stades graphiques pour observer les progrès de l'enfant. Le but n'est pas de modifier le cheminement de l'enfant, mais plutôt de chercher à mieux comprendre comment il se développe. Les stades graphiques sont le gribouillis, le préschématisme, le schématisme, le postschématisme et le pseudo-réalisme. Chacun des stades graphiques repose sur de nombreuses caractéristiques observables.

Évidemment, il est préférable de ne pas se fier à l'observation d'un seul dessin pour situer un enfant par rapport à son stade graphique. De plus, il est toujours pertinent de noter les commentaires que fait l'enfant sur son dessin et d'indiquer son âge et la date. Les dessins pourront être conservés dans le dossier de l'enfant ou inclus dans un journal ou portfolio, et remis aux parents à la fin de l'année.

Exercice 7.23

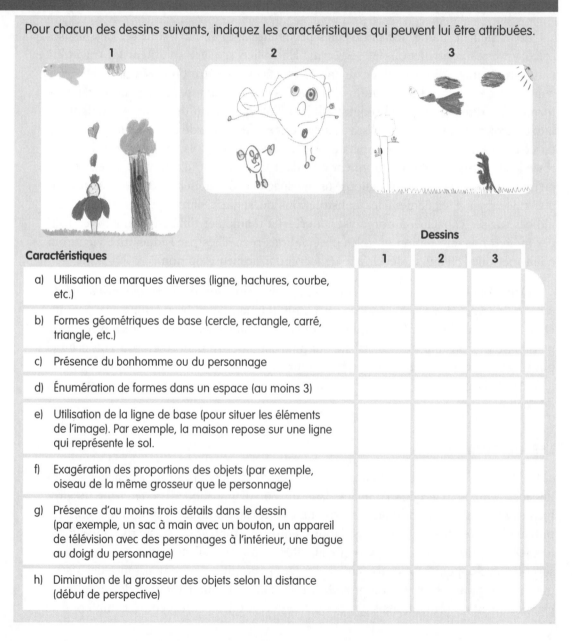

Pour chacun des dessins suivants, indiquez les caractéristiques qui peuvent lui être attribuées.

Caractéristiques	Dessins		
	1	2	3
a) Utilisation de marques diverses (ligne, hachures, courbe, etc.)			
b) Formes géométriques de base (cercle, rectangle, carré, triangle, etc.)			
c) Présence du bonhomme ou du personnage			
d) Énumération de formes dans un espace (au moins 3)			
e) Utilisation de la ligne de base (pour situer les éléments de l'image). Par exemple, la maison repose sur une ligne qui représente le sol.			
f) Exagération des proportions des objets (par exemple, oiseau de la même grosseur que le personnage)			
g) Présence d'au moins trois détails dans le dessin (par exemple, un sac à main avec un bouton, un appareil de télévision avec des personnages à l'intérieur, une bague au doigt du personnage)			
h) Diminution de la grosseur des objets selon la distance (début de perspective)			

LES CONSTRUCTIONS

L'enfant peut réaliser des constructions ou des montages avec différents matériaux (bois, neige, sable, carton, etc.) ou des blocs de différentes grosseurs ou formes. Encore une fois, vos observations peuvent porter sur le processus ou sur le résultat. Elles peuvent également relever de chacune des dimensions du développement global de l'enfant. L'exemple 7.12 présente des situations que l'éducatrice peut observer.

Exemple 7.12

Critères d'évaluation

Pendant la réalisation (processus)

❖ Demande à un enfant de jouer avec elle. (dimension sociale)

❖ Empile 10 blocs. (dimension motrice)

❖ Décrit sa réalisation en disant qu'elle la trouve belle. (dimension affective)

❖ Classe les blocs en fonction de leur couleur. (dimension cognitive)

Après la réalisation (produit fini)

❖ Utilise sa construction pour créer un jeu symbolique. (cognitif)

❖ Exprime sa satisfaction à la suite de la réalisation de sa construction en disant : « J'aime ça jouer aux blocs, c'est beau ! » (affectif)

❖ Demande aux autres enfants de venir voir sa construction. (social)

❖ Empile les 60 blocs mis à sa disposition. (motricité)

Exercice 7.24

Faites deux observations à partir de la construction figurant sur la photographie de gauche.

Mes observations

_____

_____

_____

LES TEXTES

L'étude d'un texte rédigé par un enfant peut également prendre différentes formes. En milieu de garde, l'éducatrice s'intéresse davantage aux connaissances générales, aux habiletés développées par l'enfant, au contenu du message ou à l'expression des émotions qu'il véhicule.

Contexte : Au service de garde, pendant que certains enfants font leurs devoirs, Claude, une fillette de 6 ans, décide d'écrire une histoire pour l'offrir à sa mère.

Pendant la réalisation, l'éducatrice observe que l'enfant :

❖ décide seule de son projet ;

❖ se concentre sur son projet pendant toute la durée de sa réalisation (30 minutes) ;

❖ utilise une agrafeuse pour attacher ses feuilles.

Décrivez trois exemples d'observations que vous pourriez faire concernant le livre de Claude qui est représenté ci-dessous.

Blanche-Neige

Page 1

Page 2

Page 3

Page 4

Page 5

CONCLUSION

Dans le chapitre 7, les principaux outils d'observation ont été mis en parallèle avec les outils d'évaluation et les outils de communication. Les outils d'observation ont été présentés, et leurs principales caractéristiques ont été soulignées. Un lien a également été établi entre les méthodes et les outils d'observation afin de clarifier l'apport des unes et des autres. Des exercices vous ont permis d'explorer votre capacité à sélectionner, à adapter, voire à créer, des outils d'observation en fonction de besoins particuliers.

ACTIVITÉS D'ÉVALUATION FORMATIVE

Associez l'outil (numéro) à l'énoncé le plus représentatif (lettre).

Outils d'observation	Énoncés
1. Carnet de notes	A. L'éducatrice m'utilise quotidiennement afin de transmettre des observations, des commentaires et des renseignements sous forme écrite aux parents.
2. Journal de bord	B. L'éducatrice m'utilise pour noter, selon certains intervalles, l'apparition d'un comportement particulier.
3. Fiche anecdotique comportementale	C. L'éducatrice m'utilise pour consigner des données en lien avec un incident particulier.
4. Rapport anecdotique	D. L'éducatrice m'utilise pour consigner des observations concernant un thème précis.
5. Rapport quotidien	E. L'éducatrice m'utilise comme aide-mémoire et elle me traîne avec elle partout où elle va.
6. Description à thème	F. L'éducatrice m'utilise pour noter rapidement au moyen d'un simple crochet l'apparition d'un comportement précis.
7. Rapport d'incident	G. L'éducatrice m'utilise pour observer une liste de comportements prédéterminés.
8. Fiche anecdotique d'apprentissage	H. L'éducatrice m'utilise pour relater jour après jour des faits, des impressions ou des questions concernant des situations, des interventions, etc.
9. Liste à cocher	I. L'éducatrice m'utilise pour noter des comportements en lien avec les expériences clés du programme High/Scope.
10. Grille d'observation	J. L'éducatrice m'utilise pour accumuler des réalisations de l'enfant tout en lui permettant d'en discuter avec lui.
11. Grille d'échantillonnage	K. L'éducatrice m'utilise pour évaluer l'enfant par rapport à son développement.
12. Portfolio	L. L'éducatrice m'utilise pour noter des comportements particuliers individuels ou de groupe dont elle fait une analyse préliminaire.
13. Feuille de rythme	M. L'éducatrice m'utilise pour recueillir des renseignements écrits sur un nouvel enfant de son groupe.
14. Grille d'évaluation	N. L'éducatrice m'utilise pour recueillir oralement des renseignements concernant l'enfant auprès de ses parents.

Outils d'observation	Énoncés
15. Questionnaire	O. L'éducatrice m'utilise pour s'assurer d'un suivi oral journalier avec les parents.
16. Entrevue	P. L'éducatrice m'utilise pour communiquer de l'information à l'ensemble des parents et leur permettre d'en discuter entre eux.
17. Entretien journalier	Q. L'éducatrice m'utilise pour rédiger un texte suivi concernant une situation ou un comportement particulier ou pour faire une synthèse des situations ou des comportements antérieurs.
18. Rencontre de parents	R. L'éducatrice m'utilise pour compiler pas à pas des informations concernant le déroulement de la journée du poupon.

Activité 2 — Des outils, encore des outils

Pour chacun des outils suivants, indiquez s'il s'agit :

1) d'un outil d'observation,

2) d'un outil d'évaluation,

3) d'un outil de communication.

Plus d'une réponse est possible pour un même outil.

A. Carnet de notes
B. Journal de bord
C. Fiche anecdotique comportementale
D. Rapport anecdotique

E. Rapport quotidien
F. Description à thème
G. Rapport d'incident
H. Fiche anecdotique d'apprentissage

I. Liste à cocher
J. Grille d'observation
K. Grille d'échantillonnage
L. Portfolio

M. Feuille de rythme
N. Grille d'évaluation
O. Questionnaire

8

L'ANALYSE, L'INTERPRÉTATION ET L'ÉVALUATION

Éléments de compétence

Analyser les données recueillies
Évaluer sa démarche d'observation

Objectif d'apprentissage

❖ Appliquer une démarche de traitement des données.

Objectifs spécifiques

❖ Définir les principales étapes d'une démarche d'observation.

❖ Établir un plan d'observation.

❖ Décrire les étapes de l'analyse des données, de l'interprétation des résultats et de l'évaluation de la démarche.

❖ Reconnaître les habiletés nécessaires à l'étape du traitement des données.

❖ Analyser des données en utilisant différentes stratégies.

❖ Formuler des hypothèses.

❖ Interpréter des résultats.

❖ Rédiger un rapport d'observation.

❖ Évaluer une démarche d'observation à partir de différents critères.

❖ Expliquer les modifications à apporter à une démarche d'observation.

INTRODUCTION

Le chapitre 8 présente les étapes de la démarche d'observation en insistant sur l'analyse, l'interprétation et l'évaluation. En outre, il met l'accent sur l'importance que l'éducatrice doit accorder à la planification de cette démarche. Le plan d'observation de l'éducatrice comprend trois éléments principaux : la clarification du but de l'observation, le choix de méthodes et d'outils, et la description de la démarche.

L'analyse des données permet à l'éducatrice d'établir des liens entre elles. Lorsqu'elle travaille en équipe à cette étape, l'éducatrice a la possibilité de profiter du point de vue d'autres personnes, ce qui peut améliorer énormément son analyse. De plus, de ce questionnement peuvent émerger des manières différentes de traiter les données. Quels moyens l'éducatrice utilise-t-elle pour établir des liens entre les données ? Doit-elle regrouper ces données par thèmes ou par catégories ? Doit-elle faire ressortir les constantes ou les contrastes ? Doit-elle décrire les ressemblances ou les différences ? Doit-elle travailler à partir des faits qui précèdent et suivent le comportement ? Tous ces moyens d'analyse ont des caractéristiques propres et influent sur les résultats.

L'interprétation des résultats nécessite *a priori* une ouverture d'esprit, de la rigueur et de la créativité. En effet, il ne suffit pas d'établir des liens entre les données, encore faut-il les expliquer. C'est également au cours de cette étape que peuvent naître des hypothèses, des pistes d'intervention, des objectifs ou des recommandations. Il ne faut pas oublier que le travail en équipe peut s'avérer très avantageux.

En dernier lieu, l'éducatrice doit procéder à l'évaluation de la démarche d'observation. Cette étape a toute son importance puisqu'elle l'amène à se questionner sur ses choix et ses attitudes, à évaluer les facteurs favorables et défavorables, et à trouver des moyens concrets lui permettant d'améliorer ses démarches ultérieures.

8.1 LA DÉMARCHE D'OBSERVATION

L'étape préliminaire à la démarche d'observation constitue pour l'éducatrice le moment de déterminer les objectifs qu'elle entend poursuivre à moyen et à long terme. En effet, les besoins de l'éducatrice en matière d'observation sont tellement variables qu'elle ne doit pas hésiter à les clarifier et à remettre en question les méthodes et les outils qu'elle utilise de même que ses façons de faire. Ainsi, à partir du moment où elle se voit attribuer un nouveau groupe d'enfants dont elle aura la responsabilité, l'éducatrice doit faire certains choix. Premièrement, elle doit planifier une démarche plus générale visant à répondre à l'ensemble des besoins du groupe sur une base annuelle. Par exemple, la responsabilité d'un groupe de poupons ou d'un groupe d'enfants en milieu scolaire entraîne forcément des besoins différents que l'éducatrice est en mesure d'évaluer avant même de rencontrer les enfants.

L'éducatrice doit d'abord prendre connaissance des principales caractéristiques de son groupe et du contexte dans lequel elle aura à travailler : par exemple, l'âge des enfants, leur milieu socioéconomique, leur nationalité, leur langue, le nombre de garçons et de filles, etc. Elle s'interroge ensuite sur ses propres besoins en évaluant ses préférences en ce qui a trait aux outils; elle détermine les défis professionnels qu'elle désire relever, etc. Enfin, elle se fixe des objectifs à long terme en y associant les méthodes et outils d'observation avec lesquels elle entend travailler.

Exemple 8.1

Mon objectif[1] : Je choisis d'utiliser différents outils d'observation afin de mieux connaître l'enfant et de répondre à ses besoins, de transmettre des informations pertinentes aux parents et d'assurer le suivi de mes interventions durant l'année.

À l'étape préliminaire de la démarche d'observation, l'éducatrice doit être soucieuse d'éviter la surcharge de travail. Ainsi, il vaut mieux être réaliste quant aux moyens qu'elle se donne et quant à la quantité de travail qu'ils nécessitent pour ne pas avoir à les abandonner en cours de route. L'expérience est évidemment un atout précieux pour l'aider à faire les bons choix, d'autant plus que ce qui convient à une personne ne convient pas nécessairement à une autre.

Exercice 8.1

En vous inspirant de l'exemple suivant, formulez un objectif que l'éducatrice peut se donner en début d'année par rapport à sa démarche d'observation.

Exemple

Pendant toute l'année, je vais entreprendre une démarche d'observation me permettant d'améliorer la qualité de mes interventions auprès des enfants de mon groupe et de leurs parents.

---

1. Le terme « objectif » est pris ici au sens général : « résultat précis, circonscrit et vérifiable dont l'atteinte exige une focalisation d'actions cohérentes et d'efforts concertés pendant une certaine période de temps » (Legendre, 1993, p. 907).

Une fois l'étape préliminaire terminée, l'éducatrice établit le but de chacune de ses démarches d'observation. Par exemple, si elle travaille auprès d'un enfant réservé et timide, l'éducatrice peut décider que sa démarche d'observation visera à soutenir l'enfant pendant son intégration au groupe. Pour atteindre ce but, elle utilisera, à son choix, une centration d'observation, une hypothèse ou une problématique.

Exercice 8.2

Replacez dans un ordre logique les étapes d'une démarche d'observation élaborée par Anthony, un éducateur travaillant en milieu de garde scolaire.

Étapes : 1) 2) 3) 4) 5) 6)

A. Rédiger un rapport d'observation.

B. Interpréter les résultats.

C. Formuler des règles d'éthique.

D. Évaluer l'ensemble de la démarche.

E. Déterminer le but poursuivi.

F. Recueillir des observations à l'aide des méthodes directe et indirecte.

Tableau 8.1 — Étapes d'une démarche d'observation

Étapes	Description
Préparation	❖ Se fixer un but à atteindre. ❖ Planifier et organiser la démarche d'observation. ❖ Sélectionner, adapter, créer des outils d'observation en fonction des méthodes retenues. ❖ Établir des règles d'éthique.
Expérimentation	❖ Adopter une attitude éthique. ❖ Recueillir des données à partir de l'observation directe et indirecte. ❖ Analyser les données recueillies. ❖ Interpréter les résultats obtenus. ❖ Évaluer la démarche d'observation.
Intervention	❖ Communiquer les résultats obtenus aux parents. ❖ Intervenir auprès du groupe ou de l'enfant. ❖ Évaluer l'intervention.

L'analyse, l'interprétation et l'évaluation

8.2 LE PLAN D'OBSERVATION

Pour planifier sa démarche d'observation, l'éducatrice se sert d'un plan d'observation ou d'un guide de planification. Celui-ci lui permet de clarifier le but qu'elle souhaite atteindre, d'évaluer ses besoins quant aux méthodes et aux outils d'observation, et de tracer les grandes lignes de la procédure qu'elle adoptera. Bien qu'il soit conçu en majeure partie avant la période d'observation, le plan d'observation ou guide de planification peut être réaménagé en cours de route selon les résultats obtenus ou les nouveaux besoins qui peuvent se présenter.

8.2.1 La description du but visé par l'observation

Comme nous l'avons déjà mentionné, pour atteindre le but poursuivi par la démarche d'observation, l'éducatrice peut faire appel à une centration d'observation, une hypothèse ou une problématique. L'éducatrice s'y réfère lorsqu'elle entreprend une démarche visant à répondre à un besoin précis ou relevant d'une situation particulière ou ponctuelle. L'utilisation d'objectifs généraux est envisagée seulement à l'étape préliminaire de la démarche d'observation globale que l'éducatrice révise annuellement.

8.2.2 La centration d'observation

Comme l'éducatrice ne peut pas tout observer, la centration d'observation est très utile pour cerner un champ d'investigation. Par exemple, l'éducatrice peut s'attarder aux comportements relationnels des enfants dans un contexte de jeux libres. Pour Lafrenière[2], « la centration d'observation est un comportement particulier à observer dans des moments et des contextes précis ». Par exemple, l'éducatrice peut observer les comportements d'isolement d'un enfant. Elle peut être attentive aux apprentissages des enfants lorsqu'ils participent à une activité-projet, lorsqu'ils jouent dans un coin d'activités donné ou lorsqu'ils s'engagent dans une activité structurée en groupe. Toutes ces situations peuvent favoriser le développement global de l'enfant. Par exemple, une simple course de relais peut devenir l'occasion de stimuler non seulement la motricité des enfants, mais également tous les autres aspects de leur développement.

Mais comment s'assurer que l'activité proposée s'insère réellement dans une perspective de développement global, si ce n'est par l'observation ? C'est en s'attardant aux comportements des enfants en situation de jeu ou lors de leurs activités que l'éducatrice peut le mieux percevoir la nature de leurs apprentissages. Dans ces cas, la centration d'observation est très utile puisqu'elle permet à l'éducatrice de centrer son attention sur un point en particulier, rendant ainsi son observation plus efficace et plus précise.

---

2. Tiré de la vidéo *L'observation et l'évaluation à la garderie*.

La centration d'observation peut servir dans les cas suivants :

❖ Décrire les comportements langagiers de Virginie.

❖ Où se situent les enfants de mon groupe par rapport aux catégories ludiques de la classification ESAR[3] ?

❖ De quelle manière les activités proposées aux enfants favorisent-elles la dimension affective de leur développement ?

❖ Vérifier si l'enfant est capable de s'habiller sans aide.

8.2.3 L'hypothèse

Lorsqu'elle entreprend une démarche d'observation afin de vérifier une hypothèse, l'éducatrice a déjà fait des observations et elle s'est questionnée par rapport à la situation observée. C'est ce questionnement, enrichi par l'expérience de l'éducatrice, par son ouverture et sa créativité, qui l'amène à faire une hypothèse. Selon Bardin (1977), l'hypothèse a un caractère passager et implique une vérification.

Ainsi, tant qu'elle n'a pas été confirmée, l'hypothèse n'est rien d'autre qu'une supposition. L'éducatrice a donc tout intérêt à entreprendre une démarche d'observation afin de confirmer ou d'infirmer son hypothèse avant d'intervenir auprès des enfants. Cependant, il n'est pas essentiel pour l'éducatrice de travailler à partir d'une hypothèse.

Une éducatrice peut faire appel à l'hypothèse dans les situations suivantes :

❖ Les enfants de mon groupe ont de la difficulté à écouter un camarade qui parle au moment des causeries parce qu'ils ont trop besoin d'attention.

❖ Christian éprouve des difficultés sur le plan moteur parce qu'il manque de confiance en lui.

❖ Les enfants choisissent toujours les mêmes jeux lorsqu'ils jouent à l'extérieur, car on ne leur propose rien de nouveau.

---

3. Denise Garon (2002).

L'analyse, l'interprétation et l'évaluation

8.2.4 La problématique

La problématique peut convenir comme point de départ d'une démarche d'observation. Par problématique, on entend la description précise et objective d'une situation particulière en vue d'entreprendre une démarche d'observation visant à la résoudre.

En général, l'éducatrice observe l'enfant en fonction des besoins qu'elle décèle. Cependant, il peut arriver qu'elle le fasse pour répondre à la demande d'un parent ou après avoir adopté un plan d'intervention. Afin de faciliter sa tâche, l'éducatrice a tout intérêt à amener ses interlocuteurs à formuler leur demande le plus clairement possible.

Par exemple, le père de Francis demande à l'éducatrice de s'occuper davantage de son fils, parce que lui et sa conjointe vivent une séparation qui risque de le perturber. Par ses questions, l'éducatrice incite le père à préciser sa demande afin de s'assurer qu'elle comprend bien ses attentes. Ainsi, elle peut l'amener à le faire en lui disant : «Si je comprends bien, vous désirez que j'observe Francis de plus près afin d'adapter mes interventions en fonction de cette situation particulière et que je vous fasse part de mes observations par la suite?» De la même façon, au moment d'une rencontre visant à établir un plan d'intervention pour un enfant handicapé qui se trouve dans son groupe, l'éducatrice questionne les autres intervenants afin de clarifier leurs attentes par rapport à son travail auprès de l'enfant.

Exemple 8.4

La problématique peut être utilisée pour les situations suivantes :

❖ Depuis deux semaines, une éducatrice en milieu familial a opté pour un fonctionnement par ateliers. Elle remarque que certains enfants éprouvent des difficultés à faire des choix. Ils tournent en rond, hésitent et vont dans un atelier où un de leurs camarades se trouve, sans toutefois sembler manifester de plaisir. L'éducatrice aimerait découvrir comment favoriser l'adaptation des enfants par rapport à ce mode de fonctionnement qu'elle explore en observant les conséquences de ses interventions.

❖ Une éducatrice en milieu scolaire remarque que la période du dîner n'est agréable ni pour les enfants, ni pour les éducatrices qui les accompagnent. Tout le monde ressent du stress ; les querelles entre les enfants sont fréquentes, de même que les réprimandes des adultes. Elle décide de chercher des façons de rendre ce moment plus agréable.

Exercice 8.3

Tout comme Anthony, éducateur en milieu de garde scolaire, prenez connaissance de la demande de la mère d'un des enfants de son groupe. Établissez ensuite le but de l'observation en formulant une centration d'observation claire et précise en fonction de cette demande.

Bonjour Anthony,

Je viens d'inscrire ma fille de 11 ans à votre service de garde, car elle vient tout juste de changer d'école. J'aimerais savoir comment elle se comporte dans ses relations avec les adultes et les autres enfants. Comme vous le savez déjà, Geneviève présente un trouble du langage (dysphasie) qui pourrait compliquer son intégration. Cela m'inquiète beaucoup. J'ai peur qu'elle soit mise à l'écart ou rejetée par ses compagnons de jeu.

Je vous remercie de l'attention que vous porterez à ma demande.

La maman de Geneviève

8.2.5 Le choix des méthodes et des outils d'observation

Lorsqu'elle élabore son plan d'observation, l'éducatrice doit opter pour la ou les méthodes qui conviennent le mieux à sa démarche et y associer des outils d'observation pertinents. Ainsi, elle tient compte de la complémentarité des méthodes et des outils afin de recueillir le plus de données possible. Avant d'arrêter son choix, elle évalue les avantages et les inconvénients de chaque méthode et outil retenus. Toutefois, il est toujours possible de faire des ajustements en cours de route.

Exemple
8.5

L'éducatrice évalue la pertinence de différentes méthodes d'observation pour la centration d'observation suivante : Qu'est-ce qui se passe lorsque Jérémie frappe un camarade, qu'il le pousse ou qu'il crie ? Elle décide de comparer les méthodes à l'aide d'un tableau. Elle fera une démarche similaire afin de choisir les outils d'observation nécessaires pour chacune des méthodes.

Méthode d'observation	Avantage	Inconvénient
Observation continue	Je peux noter l'apparition de tous les comportements ciblés, ce qui me permet de savoir à quels moments de la journée ils sont les plus fréquents.	Comme mon attention est aussi sollicitée par les autres enfants et que je dois animer des activités, je ne suis par certaine de pouvoir noter tous les comportements ciblés.

Méthode d'observation	Avantage	Inconvénient
Observation par échantillonnage	Je peux être plus attentive quand les comportements ciblés risquent d'apparaître. Je pourrais l'utiliser après avoir fait une première démarche avec une méthode d'observation continue.	Les comportements ciblés peuvent apparaître quand je n'observe pas l'enfant. Par contre, je peux toujours les décrire dans mon journal de bord.
Observation indirecte	Je peux vérifier auprès des parents de l'enfant si les comportements ciblés apparaissent également à la maison ou en d'autres endroits. Je peux demander un entretien pour obtenir ces renseignements.	Je dois rencontrer les parents à un moment et dans un lieu où la confidentialité sera respectée.
Auto-observation	Je peux m'en servir pour décrire ma réaction (verbale et non verbale) par rapport aux comportements de l'enfant et ainsi vérifier dans quelle mesure j'influe sur eux.	
Observation par les pairs	Je peux intervenir indirectement en demandant aux enfants de noter les comportements positifs de leur camarade afin de l'encourager.	

Exercice 8.4

À la suite de la demande de la mère de Geneviève (exercice 8.3), Anthony a choisi d'utiliser les méthodes d'observation directe et indirecte. Selon vous, qu'est-ce qui pourrait motiver son choix ? (Donnez deux arguments.)

Exercice 8.5

Après avoir sélectionné les méthodes d'observation directe et indirecte, Anthony a retenu les outils d'observation suivants. Classez-les en fonction de la méthode d'observation appropriée.

1. Un plan d'intervention de l'ancienne école de l'enfant

2. Un questionnaire s'adressant aux parents

3. Un rapport quotidien

4. Une grille d'observation

5. Un rapport d'orthophoniste

6. Une fiche anecdotique comportementale

7. Une liste à cocher

8. Un rapport de psychologue

9. Quelques productions de l'enfant (deux dessins, deux textes)

10. Une liste d'adresses électroniques traitant de la dysphasie

11. Un extrait du journal de bord de l'éducateur

8.2.6 La procédure envisagée pour la réalisation de la démarche d'observation

Avant d'entreprendre une démarche d'observation, l'éducatrice doit prendre certaines décisions pour avoir une vue d'ensemble, notamment au sujet de la phase préparatoire, de la phase d'expérimentation et de la phase d'intervention. L'éducatrice se questionne, par exemple, sur les règles d'éthique qu'elle entend appliquer dans la situation présente, quant au nombre d'observations qu'elle va effectuer, à la durée de chacune, à leur contexte, à la fréquence à laquelle elle utilisera chacun des outils qu'elle a sélectionnés, à la façon dont elle procédera pour analyser les données, présenter les résultats obtenus et évaluer sa démarche d'observation, etc.

Exercice 8.6

Mise en situation : Anthony prévoit maintenant préparer les outils d'observation dont il aura besoin pour répondre à la demande de la mère de Geneviève. Il a choisi d'utiliser le rapport quotidien, la grille d'observation, la liste à cocher, la fiche anecdotique comportementale, les productions de l'enfant et le questionnaire aux parents. Une fois les données recueillies, il doit en extraire les observations et les informations pertinentes pour la centration d'observation qu'il s'est fixée.

Pour chacun des outils d'observation utilisés par Anthony, relevez les données pertinentes relativement à la centration d'observation que vous avez formulée à l'exercice 8.3.

L'analyse, l'interprétation et l'évaluation

Rapport quotidien[4]

Date : 10 au 14 octobre 2002   Nom de l'enfant : Geneviève Favreau

	Entre en relation avec ses pairs	Entre en relation avec l'adulte	Participe aux activités de groupe	Exprime ses émotions	Commentaires
Lundi					Absente
Mardi		●	●	●	Geneviève est souriante. Elle demande à l'éducatrice du matériel supplémentaire pour son bricolage. Elle réalise le bricolage suggéré par l'éducatrice.
Mercredi	●	●	●●●		Au moment de faire une activité d'équipe, Geneviève reste en retrait jusqu'à ce qu'un enfant lui demande de se joindre au groupe. Elle répond à mes questions lorsque je lui parle.
Jeudi			●		Lors de l'activité peinture dans les fenêtres, Geneviève tient son pot de peinture et son pinceau dans ses mains et reste derrière les autres enfants sans bouger, jusqu'au moment où l'éducatrice demande aux autres enfants de lui faire une place.
Vendredi		●	●●	●●●	À la collation, Geneviève est seule à une table. Elle s'est assise dos au groupe. Elle se tourne et demande à l'éducatrice de l'aider à ouvrir son berlingot de jus.

4. Ce rapport est une adaptation du travail de session réalisé par les étudiantes suivantes : Marie-Ève Plouffe, Ève Simoneau, Céline Roy, Marie-Claude Giroux, Vicky Bruneau, Émilie Morin et Julie Fortier.

Réponse : Durant une période de quatre jours, Geneviève n'entre pas d'elle-même en relation avec ses pairs, mais elle le fait à trois reprises avec l'éducatrice. Elle lui demande de l'aide ou du matériel ou répond à ses questions. Elle participe à toutes les activités suggérées par l'éducatrice. Toutefois, elle a besoin d'aide pour prendre sa place ou s'intégrer au groupe.

Grille d'observation

Thème : Le comportement des enfants du groupe par rapport à Geneviève
Période observée : Période de jeux libres
Durée : Du lundi au vendredi (30 minutes d'observation)

Comportement :	Amorcer une conversation avec Geneviève.
Lundi :	Valérie lui demande si le sac d'école qui est sur la table lui appartient.
Jeudi :	Justin lui demande si elle veut lui donner le papier collant.

Comportement :	Observer Geneviève en la fixant.
Lundi :	David l'observe lorsqu'elle répond à une question de l'éducatrice (durée : 1 minute).
Mardi :	Au moment où elle dessine à la table, Julie fixe Geneviève mais elle détourne les yeux lorsqu'elle lève la tête et la regarde.

Comportement :	Parler de Geneviève à une autre personne qu'elle.
Jeudi :	Valérie dit à l'éducatrice que Geneviève a perdu sa boîte à lunch et qu'elle pleure dans le corridor.

Comportement :	Dire à Geneviève ce qu'elle doit faire.
Lundi :	Valérie dit à Geneviève qu'elle doit suivre le groupe à la salle d'ordinateurs.
Mercredi :	Valérie demande à Geneviève de ranger son cartable car la période de devoirs est terminée.
Jeudi :	Valérie demande à Geneviève pourquoi elle pleure.

Comportement :	Rire des agissements de Geneviève.

Comportement :	S'éloigner de Geneviève lorsqu'elle s'approche.

L'analyse, l'interprétation et l'évaluation

Comportement :	Choisir Geneviève dans son équipe.
Jeudi :	Au jeu du drapeau, Geneviève est choisie la dernière.
Vendredi :	Au jeu du drapeau, Geneviève est choisie la dernière et un garçon réagit en disant : «On ne la veut pas elle, elle n'est pas bonne!» lorsqu'elle est choisie pour jouer dans son équipe.

Liste à cocher

Comportement	Lundi	Mardi	Mercredi	Jeudi	Vendredi
Parle à un autre enfant.	✔			✔	
Pose une question à l'éducatrice.	✔✔✔	✔✔		✔	✔✔
Observe un autre enfant.	✔✔✔✔	✔✔	✔✔	✔	✔✔✔✔
Joue avec un autre enfant.					
Répond à une demande de l'adulte en s'exprimant verbalement.	✔		✔✔	✔	
Répond à une demande de l'adulte en exécutant la consigne demandée.	✔✔✔	✔✔	✔✔	✔✔✔✔	✔✔

Colonne « Jours de la semaine » pour les cases à cocher.

Fiche anecdotique comportementale[5]

Nom de l'enfant : Geneviève Favreau   Âge : 11 ans   Date : 11 octobre 2002

Situation : Lors d'une journée pédagogique, Geneviève est au service de garde avec les autres enfants de son groupe. L'éducatrice leur demande de se placer en cercle pour participer aux ateliers de science qu'elle a préparés pour eux.

Comportements de l'enfant : Geneviève a de la difficulté à coller le macaron remis par l'éducatrice en début d'activité. Elle s'assoit par terre dès que l'éducatrice le demande en essayant toujours de coller son macaron. Tous les autres enfants se placent dans le cercle, mais Geneviève reste à l'écart.

---

5. Cette fiche est une adaptation du travail de session réalisé par les étudiantes suivantes : Marie-Ève Plouffe, Ève Simoneau, Céline Roy, Marie-Claude Giroux, Vicky Bruneau, Émilie Morin et Julie Fortier.

Interventions de l'éducatrice	Réactions de l'enfant
Je demande aux enfants de se placer en équipe de quatre.	Geneviève regarde les autres enfants sans bouger.
Je demande aux enfants s'ils vont laisser Geneviève toute seule.	Personne ne réagit.
J'incite Geneviève à venir se placer dans une équipe qui compte seulement trois enfants.	Elle ne répond pas et finit de coller son macaron.
Je l'invite à s'asseoir avec les camarades qui sont ici.	Elle se lève et va s'asseoir près d'eux.
J'explique le déroulement des ateliers en indiquant aux enfants qu'ils doivent toujours demeurer avec leurs coéquipiers.	Elle ne bouge pas pendant que les trois autres membres de son équipe se prennent par le cou.

Hypothèses

❖ Geneviève n'aime pas travailler en équipe.

❖ Geneviève ne va pas vers les autres parce qu'elle ne sait pas comment s'y prendre.

Analyse de l'hypothèse la plus plausible

L'hypothèse qui m'apparaît la plus plausible pour le moment est que Geneviève ne sait pas comment s'y prendre pour aller vers les autres enfants. Je me rends compte qu'elle va vers eux uniquement lorsque je lui dis concrètement ce qu'elle doit faire, par exemple si je lui demande de venir s'asseoir avec les camarades que je lui montre.

Pistes d'intervention

Intervention directe	Intervention indirecte
Nommer les comportements concrets qu'elle doit adopter pour l'aider à comprendre ce qu'elle doit faire pour entrer en relation avec les autres enfants.	Sensibiliser les autres enfants aux difficultés de Geneviève et explorer avec eux des moyens de l'aider. Par exemple, si les enfants lui montrent ce qu'elle doit faire, elle aura peut-être plus de facilité à suivre les consignes.

Autres situations à observer (centration d'observation)

❖ Est-ce que les enfants du groupe vont vers elle spontanément?

❖ Comment se comporte-t-elle avec les adultes?

❖ Entre-t-elle en relation avec les enfants de sa classe? Si oui, comment s'y prend-elle?

L'analyse, l'interprétation et l'évaluation

Quelques productions de Geneviève

Dessin : Mon ami Gaétan
Geneviève, 11 ans
(octobre 2003)

Texte 1
Geneviève, 11 ans
(octobre 2003)

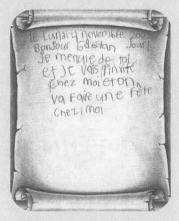

Texte 2
Geneviève, 11 ans
(novembre 2003)

Questionnaire aux parents

1. Comment décririez-vous votre enfant dans ses relations avec les autres?

Geneviève aime beaucoup que des adultes prennent soin d'elle. Elle va facilement vers eux même lorsqu'elle les connaît très peu. Il va sans dire qu'elle est très proche de ses parents. De plus, elle joue énormément avec sa petite sœur, et son grand frère s'occupe beaucoup d'elle. Peut-être même la protège-t-il un peu trop.

Du côté de ses relations amicales, Geneviève a de très bons amis: William, Thomas et Gaétan. Les deux premiers sont dysphasiques comme elle et le troisième, qu'elle adore aussi, est trisomique. Elle les invite souvent à jouer à la maison. Jusqu'à présent, Geneviève n'a pas vraiment eu d'amis qui n'étaient pas handicapés, sauf quelques petits contacts lorsqu'elle était en garderie. Cependant, elle exprime beaucoup par ses dessins, ses écrits et ses demandes verbales, son désir d'avoir des amis à l'école et à la maison.

2. Comment se comporte-t-elle lorsque des enfants qui ne sont pas handicapés lui rendent visite?

En fait, les seuls enfants qui viennent à la maison accompagnent leurs parents au moment de soupers que nous organisons. Geneviève est toujours contente à l'idée que des enfants viennent; elle s'en fait une grande joie. Cependant, après leur avoir dit bonjour, on dirait qu'elle ne sait plus quoi faire avec eux. Alors, bien souvent, même si ce sont des enfants de son âge, ils finissent par délaisser Geneviève pour jouer avec sa petite sœur.

3. Que vous dit Geneviève par rapport à notre service de garde?

Très peu de choses; je dirais même qu'elle n'en parle jamais.

4. Quelles sont les activités principales de Geneviève à la maison?

Elle joue beaucoup à l'ordinateur, elle aime dessiner et regarde souvent ses cassettes vidéo de l'émission télévisée *Cornemuse*. De plus, son frère l'a amenée à s'intéresser à *Star Wars*, dont elle connaît tous les personnages, même si elle est incapable d'écouter ce film du début à la fin, car il est beaucoup trop long pour elle.

Merci d'avoir répondu à ce questionnaire.

8.3 L'ANALYSE DES DONNÉES

« L'analyse est un travail d'artisan qui porte la marque du chercheur, l'intuition s'y mêle au savoir-faire et à la touche personnelle » (Deslauriers, 1991, p. 79). Pour analyser convenablement des données, il faut en avoir recueilli suffisamment et être capable d'établir des liens entre elles. Ainsi, l'éducatrice ne peut prétendre traduire la réalité de manière objective si elle omet des informations importantes ou si elle ne possède que des données partielles ou imprécises.

Voici une illustration de ce phénomène : une légende hindoue[6] raconte que des hommes, aveugles de naissance, tentent de décrire un éléphant simplement par le toucher. Chacun d'eux palpe une partie du corps de l'animal (le flanc, la trompe, l'oreille, etc.) et en fait une description totalement différente de celle des autres hommes. Chacun traduit une petite partie de la réalité, mais aucun d'eux ne perçoit ce qu'est vraiment l'animal. En regroupant toutes les données ou indices recueillis et en cherchant à établir des liens entre eux, ces hommes pourraient se rapprocher beaucoup plus de la réalité.

Cet exercice qui consiste à établir des liens entre les données recueillies est la première étape du traitement des données, que l'on nomme « analyse des données ». En fait, « l'analyse représente les efforts du chercheur pour découvrir les liens à travers les faits accumulés » (Deslauriers, 1991, p. 79). Cette phase d'organisation précède l'étape de l'interprétation des résultats. Ces deux étapes font grandement appel à l'intuition et à la créativité, tout en nécessitant de la rigueur et de l'objectivité.

« L'analyse des données procède de ce mouvement de la pensée qui examine chaque fait ou chaque observation pour en dégager les constats pertinents en lien avec le problème de recherche. On scrute les données de différentes manières pour en dégager le plus de significations possible en fonction de ce qu'on cherchait au départ » (Angers, 2000, p. 192).

---

6. John Godfrey, dans Myers et Myers (1990), et Alder et Towne (1998).

8.3.1 Le regroupement des données

Dans un premier temps, l'éducatrice doit regrouper tous les outils d'observation qu'elle a utilisés. Cela lui permet de faire un survol de l'ensemble des données dont elle dispose. Puis elle sélectionne les données (observations et informations) pertinentes pour chacun des outils.

Exemple 8.6

Liste des outils d'observation

❖ Journal de bord du 21 mars au 7 mai

❖ Fiches anecdotiques des 23 mars, 4 et 5 mai

❖ Grille d'observation des 1er, 2, 3, 4 et 5 mai

❖ Liste à cocher des 1er, 2, 3, 4 et 5 mai

❖ Entretien avec les parents (résumé de la rencontre dans le journal de bord : 21 mars, 23 mars, 4 mai, 5 mai, incluant les recommandations de la neuropsychologue aux parents)

Exercice 8.7

Mise en situation : Anthony décide de consulter la documentation que la mère de Geneviève lui a remis afin d'en extraire les informations pertinentes par rapport à la centration d'observation qu'il s'est fixée. En effet, ce n'est pas parce que la mère lui remet un document que son contenu est nécessairement utile à sa démarche. Il commence son analyse en regroupant ces données.

En vous basant sur la centration d'observation que vous avez formulée à l'exercice 8.3, faites ressortir les données pertinentes dans le rapport de la neuropsychologue et celui de l'orthophoniste fournis par la mère de Geneviève, comme Anthony l'a déjà fait pour le plan d'intervention qui est présenté dans l'exemple ci-dessous.

Exemple

Plan d'intervention de l'élève

École : Beausoleil   2001-2002

Renseignement généraux

Nom de l'enfant : Geneviève Favreau-Paquette	Date de naissance : 91-08-20
Répondants : Colette Paquette (mère)	Degré : 2
Hubert Favreau (père)	
Signature de la direction : *Viviane Joliette*	Date : 21 octobre 2001

Modalité d'intégration scolaire et d'insertion sociale

Classe spécialisée

Problématique

- ❖ Lente quand vient le temps d'entreprendre une tâche.
- ❖ Manque d'attention/concentration.
- ❖ Manque d'autonomie fonctionnelle.
- ❖ Difficulté à comprendre les consignes, délai de réponse.
- ❖ Difficulté à exprimer ses idées.
- ❖ Difficulté à se faire des amis de son âge.
- ❖ Difficulté à exprimer ses émotions.

Attentes des parents

- ❖ Qu'on l'aide à devenir plus responsable et plus autonome.
- ❖ Qu'on l'aide à développer des relations avec ses pairs.
- ❖ Qu'on respecte son rythme d'apprentissage.

Points forts

- ❖ Bons contacts avec l'adulte.
- ❖ Veut vraiment être en relation avec les autres.
- ❖ Participe bien aux activités.
- ❖ Capable d'efforts.

Besoins de l'élève

- ❖ Être sécurisée.
- ❖ Être reconnue dans ses forces.
- ❖ Avoir des amis.
- ❖ Faire partie d'un groupe.
- ❖ Apprendre.

Objectifs

- ❖ Améliorer son contact avec ses pairs.
- ❖ Améliorer sa compréhension en lecture.
- ❖ Améliorer ses habiletés fonctionnelles.

Intervenants présents à la rencontre

Enseignante : Pierrette Julien
Parents : Colette Paquette, Hubert Favreau
Éducatrice spécialisée : Brigitte Jubinville
Éducatrice du service de garde : Marianne De Courval

L'analyse, l'interprétation et l'évaluation

Titre du document	Date	Informations
Plan d'intervention de l'élève (école Beausoleil)	21-10-01	Elle va dans une classe spécialisée. (information contextuelle) Difficulté à exprimer ses idées. Difficulté à se faire des amis de son âge. Difficulté à exprimer ses émotions. Une des attentes des parents : qu'on l'aide à développer des relations avec ses pairs. Ses forces : bons contacts avec l'adulte. Veut vraiment être en relation avec les autres. Ses besoins : avoir des amis. Faire partie d'un groupe.

Rapport de la neuropsychologue

Organisme : Centre de réadaptation Le Petit Train

Nom : Geneviève Favreau   N° de dossier : 4419

Date de naissance : 91-08-20

Date du rapport : 1998-12-02

Avant-propos

Geneviève est une fillette de 7 ans et 4 mois au moment de l'évaluation. Elle présente une dysphasie modérément sévère de type sémantique-pragmatique et fréquente actuellement une classe de 2e année à l'école Lafleur.

Antécédents

Les antécédents à la naissance, les antécédents médicaux et les antécédents du développement sont décrits dans le précédent rapport.

Au moment de la dernière évaluation, Geneviève fréquentait la garderie. Elle est ensuite entrée à la maternelle régulière avec un accompagnement. L'intégration au groupe a été plutôt difficile selon les parents, ce qui les a amenés à inscrire Geneviève dans une classe spécialisée en dysphasie en 1re année.

L'adaptation à cette école s'est bien déroulée, et Geneviève fréquente actuellement l'équivalent d'une classe de 2e année. Sur le plan comportemental, elle est de plus en plus autonome à l'école et elle s'intègre bien à son groupe où elle semble établir des relations particulières avec certains enfants.

Une première évaluation psychologique en juin a démontré que, compte tenu de ses capacités langagières déficientes, Geneviève a une plus grande facilité à traiter l'information visuelle et imagée.

Tests administrés

Pour procéder à l'évaluation, nous avons vu l'enfant à trois reprises et nous lui avons fait passer les tests suivants : le WISC-III, le K-ABC (Kaufman Assessment Battery for Children), le Trail Making Test, le test de sériation simple et double, les 15 mots de Rey, le test de fluidité verbale, le Bebder-Gestalt et le test d'organisation visuelle de Hooper.

Comportement

La relation avec Geneviève s'établit facilement. Lors de l'évaluation, elle s'est présentée une fois sans avoir pris du Ritalin et deux fois après en avoir absorbé. Nous avons pu observer une différence dans sa capacité d'attention et sa participation aux tâches lorsqu'elle avait pris du Ritalin.

Résultats

Les résultats aux différents tests mesurant les capacités intellectuelles montrent que l'enfant dénote une déficience intellectuelle légère. Le profil inter sous-test est nettement atypique, dévoilant la présence de troubles spécifiques pouvant être d'origine neurologique. Ainsi, les résultats de l'enfant, dans un même test, varient de moyens à faibles, et ce, pour différents tests.

Habiletés perceptivomotrices

Geneviève présente de bonnes habiletés de perception visuelle (épreuve du Hooper et Gestalt Closure du Kaufman ABC) et d'organisation visuospatiale à partir de modèles concrets (WISC-III). Par contre, ses performances tendent à diminuer légèrement en présence de matériel plus abstrait.

La jeune fille éprouve des difficultés importantes dans les différentes épreuves de reproduction visuomotrice. Ainsi, il semble laborieux pour elle de recopier des formes simples ou de s'organiser à l'intérieur d'une tâche de planification visuomotrice.

Attention et mémoire

Tous les processus attentionnels semblent affectés chez cette enfant. Ainsi, on observe des difficultés sur le plan de l'attention sélective (elle est facilement distraite par toute stimulation extérieure ou par ses propres pensées). Dans les différents tests évaluant la mémoire verbale et visuelle, cette enfant éprouve des difficultés à mémoriser l'information, qu'elle soit présentée verbalement ou visuellement.

Aspect affectif

Cette enfant ne présente aucun signe d'anxiété excessive ou d'insécurité et, malgré les difficultés qu'elle peut éprouver, elle démontre de l'intérêt pour le travail scolaire. De même, les parents et les professeurs nous font part d'un plus grand désir d'autonomie et d'échange avec ses pairs.

L'analyse, l'interprétation et l'évaluation

Conclusion

Nous avons rencontré Geneviève à l'occasion d'une évaluation psychologique. Les difficultés les plus importantes de l'enfant concernent la vitesse d'exécution, la mémoire verbale et visuelle, les capacités langagières et les capacités de reproduction visuomotrice. Les processus attentionnels sont également touchés, bien qu'ils soient améliorés par la prise de Ritalin.

Les difficultés observées pourront entraver de façon significative les apprentissages scolaires. Il s'avère donc important de fournir à l'enfant un milieu scolaire où les exigences et les apprentissages seront adaptés à son rythme et à ses besoins.

Julie Loliquette
Neuropsychologue

Rapport de l'orthophoniste

Organisme : Centre de réadaptation Le Petit Train

Nom : Geneviève Favreau   Nᵒ de dossier : 4419

Date de naissance : 91-08-20

Date du rapport : 99-11-21

Âge de l'enfant

8 ans 3 mois

Fréquentation scolaire ou garderie

Classe spécialisée pour enfants dysphasiques à l'école Lafleur

Soutien reçu à l'école

Classe à effectif réduit avec enseignement adapté ; service d'éducation spécialisée

Diagnostic de l'orthophoniste

Dysphasie sévère (trouble neurologique, épilepsie, attention et concentration, dysarthrie)

Principal handicap soulevé par les parents et conséquences sur les habitudes de vie

Ce qui dérange beaucoup sa mère, c'est l'incohérence du discours de Geneviève, par exemple, lorsqu'elle ne répond pas adéquatement à une question qu'on lui pose. La mère rapporte aussi avoir remarqué des difficultés importantes en lecture.

Collaboration de l'enfant

Toujours bonne. Elle aime bien choisir ses activités, mais accepte aussi celles qu'on lui propose.

8.3.2   Le choix des moyens d'analyse

Après avoir regroupé ses données et avoir retenu celles qui correspondent à la centration d'observation, l'éducatrice doit déterminer les moyens à utiliser pour en faire l'analyse. En effet, l'éducatrice dispose de différents moyens pour établir des liens entre les données qu'elle a recueillies.

Cependant, encore une fois, il ne faut pas perdre de vue l'importance pour l'éducatrice de relativiser sa perception. Cette prise en compte des filtres qui peuvent influer sur sa perception est nécessaire au moment de la collecte des données, mais également au moment de leur analyse et de leur interprétation. Par ailleurs, elle doit comprendre que les informations recueillies auprès des parents, des collègues et des autres intervenants peuvent également être altérées par leurs valeurs, leurs préjugés, etc.

L'analyse des données peut se faire de bien des façons. Bien sûr, il s'agit d'établir des liens entre elles. Cependant, un examen attentif des données à partir de différents points de vue peut aider à mieux comprendre la signification du comportement observé. Dans le but de découvrir les liens qui existent entre les données, l'éducatrice peut les regrouper par thèmes, les classer par catégories, faire ressortir les constantes et les contrastes, ou décrire les différences et les ressemblances. Par ailleurs, il est également possible de le faire en identifiant « ce qui précède immédiatement un comportement, c'est-à-dire les antécédents, et ce qui le suit, c'est-à-dire les conséquences » (Champoux, Couture et Royer, 1992, p. 8).

Par ailleurs, comme le mentionne Peter J. Lafrenière[7], il s'avère essentiel que l'éducatrice mette l'accent aussi bien sur les compétences de l'enfant que sur ses difficultés. L'analyse des données doit toujours faire ressortir les forces de l'enfant et pas seulement ses difficultés.

---

7. Dans une vidéo intitulée *L'observation et l'évaluation à la garderie.*

**Exemple
8.7**

La mise en situation qui suit est un exemple d'utilisation de chacun des moyens suggérés afin de procéder à l'analyse des données. L'éducatrice sélectionne le ou les moyens qui lui semblent pertinents. Elle doit tenir compte du fait que l'on peut obtenir, avec les mêmes données, des résultats différents, selon la manière dont celles-ci sont traitées.

L'éducatrice effectue une démarche d'observation en fonction de l'hypothèse suivante : Mon approche pédagogique est trop directive. Elle décide de vérifier son hypothèse en faisant une collecte de données à partir des méthodes d'observation directe et indirecte. À la première méthode, elle greffe les outils d'observation suivants : la grille d'observation, la liste à cocher et le journal de bord. Pour la seconde méthode, l'outil d'observation qu'elle retient est l'entretien.

REGROUPER LES DONNÉES PAR THÈMES

Un bon moyen d'analyser les données consiste à les regrouper par thèmes. Pour ce faire, l'éducatrice doit choisir un ou plusieurs thèmes qui lui permettront de dégager les données nécessaires pour atteindre le but visé par la démarche d'observation (centration d'observation, hypothèse, problématique). Par rapport à la situation mentionnée plus haut, elle pourrait par exemple faire ressortir des données ayant un lien avec chacun des thèmes suivants :

❖ Thème 1 : La possibilité de faire des choix
Exemple de comportement en lien avec le thème : Julien décide de jouer avec Olivier.

❖ Thème 2 : La prise de responsabilités
Exemple de comportement en lien avec le thème : Un enfant va chercher les tabliers pour la peinture.

❖ Thème 3 : Les relations entre les enfants et l'éducatrice
Exemple de comportement en lien avec le thème : Un enfant demande
la permission d'aller à la salle de bain.

Classer les données par catégories

Pour Bardin (1977), la création de catégories permet de regrouper des éléments qui ont des points en commun. Elle utilise l'image de boîtes à chaussures dans lesquelles on peut regrouper des objets pour illustrer chacune des catégories pouvant ainsi être créées. En fait, dans un contexte éducatif, ces objets sont des informations présentées sous forme d'énoncés de fait, de comportements observables ou d'indices comportementaux. Ces catégories peuvent être déterminées dès le départ ou en cours de route. Elles permettent à l'éducatrice de classer l'ensemble du matériel recueilli.

❖ Catégorie 1 : Comportements des enfants entre eux
Exemples : partage un jeu, fait un sourire, etc.

❖ Catégorie 2 : Comportements des enfants envers l'éducatrice
Exemples : demande s'il peut sortir les casse-tête, suggère un nouveau jeu, etc.

❖ Catégorie 3 : Comportements de l'éducatrice envers les enfants
Exemples : demande le silence, distribue des feuilles aux enfants qui sont assis, gronde un enfant qui a renversé son verre, etc.

Faire ressortir les constantes et les contrastes

Cette méthode permet d'établir un parallèle entre des contrastes et des constantes, c'est-à-dire de regrouper les données semblables en les mettant en parallèle avec les données qui ne vont pas dans le même sens. Voici un exemple en lien avec la mise en situation précédente :

❖ Constante : L'éducatrice prend les présences en exigeant que les enfants gardent le silence (12 observations en 13 jours).

❖ Contraste : À une occasion, l'éducatrice demande à un enfant de prendre les présences pour elle pendant qu'elle circule dans le groupe en souriant aux enfants.

Décrire les ressemblances et les différences

L'éducatrice a également la possibilité de regrouper ses données en fonction des ressemblances et des différences qu'elle remarque. L'exemple 8.8 présente les distinctions qu'il est possible de faire à partir de la mise en situation précédente.

L'analyse, l'interprétation et l'évaluation

Ressemblances	Différences
Les enfants doivent demander la permission à l'adulte présent pour aller jouer dehors, prendre leur collation, aller à la salle de bain, entrer dans l'école lorsque le groupe est à l'extérieur, etc.	Exception : Les enfants n'ont pas à demander la permission pour choisir un livre pendant la période de jeux libres.
L'éducatrice décide des activités que les enfants peuvent faire : ballon prisonnier obligatoire pour les jeux extérieurs, jeux de règles pour les enfants qui ne font pas leurs devoirs, aller à la salle de bain en groupe, etc.	Un enfant suggère une idée de sortie pour l'activité spéciale, et l'éducatrice accepte.

ÉTABLIR LES ANTÉCÉDENTS ET LES CONSÉQUENCES D'UN COMPORTEMENT

Cette méthode permet de situer les comportements observés en fonction de ce qui les a précédés et de ce qui leur a succédé. Par exemple, en ce qui concerne la mise en situation précédente, l'éducatrice pourrait noter les comportements suivants[8] :

❖ Antécédents : Les enfants font des jeux libres depuis cinq minutes. L'éducatrice fait jouer une musique d'ambiance en leur demandant de ne pas parler trop fort afin de bien l'entendre.

❖ Comportement : Justin crie à l'enfant qui s'apprête à prendre sa place à l'ordinateur : « Ce n'est pas ton tour ! »

❖ Conséquences ou réaction provoquée : L'éducatrice demande calmement (visage neutre, ton modéré) à Justin de cesser de crier.

L'éducatrice peut procéder de différentes façons pour analyser les données recueillies. Bien souvent, elle le fait systématiquement en suivant des étapes jusqu'à l'obtention de résultats satisfaisants. Au cours de la première étape, elle sélectionne les moyens d'analyse qui lui apparaissent les plus appropriés pour chacun des outils d'observation dont elle dispose. À l'étape suivante, elle choisit un moyen d'analyse qu'elle applique à l'ensemble des résultats obtenus à la première étape. Elle peut répéter cette opération à plusieurs reprises puisqu'elle dispose de différents moyens d'analyse. Lorsqu'elle juge que les liens qu'elle a établis sont pertinents, l'éducatrice peut alors procéder à l'interprétation des résultats en tentant d'expliquer ces liens. Toutefois, il est essentiel qu'elle ne perde pas de vue l'importance de faire ressortir non seulement les difficultés de l'enfant ou du groupe, mais également leurs forces.

---

8. Les exemples sont adaptés.

Mise en situation : Revenons à Anthony qui, après avoir défini la procédure qu'il entend suivre pour sa démarche d'observation, doit maintenant déterminer les moyens à prendre pour analyser ses données.

Pour chacun des outils d'observation utilisés par Anthony, sélectionnez les méthodes d'analyse qui vous semblent appropriées. Discutez de vos choix avec les membres de votre équipe en justifiant votre point de vue.

Méthodes d'analyse

1. Regrouper les données par thèmes

2. Classer les données par catégories

3. Faire ressortir les constantes et les contrastes

4. Décrire les ressemblances et les différences

5. Établir les antécédents et les conséquences d'un comportement

Outils d'observation

A. Rapport quotidien

B. Grille d'observation

C. Liste à cocher

D. Fiche anecdotique comportementale

E. Productions de l'enfant

F. Questionnaire aux parents

Prenez connaissance des résultats obtenus par Anthony qui, après avoir regroupé l'ensemble des données recueillies, a procédé à leur analyse en traitant le contenu de chacun des outils d'observation séparément.

Il est à noter que le nombre d'étapes varie selon le niveau de complexité de la situation observée.

Première étape de l'analyse des données d'Anthony

Résultats

Plan d'intervention de l'élève (école Beaulieu)

Ses forces : Elle tient à établir des relations, a de bons contacts avec les adultes, veut se faire des amis.

Ses difficultés : Exprimer ses idées, se faire des amis, exprimer ses émotions.

Rapport de la neuropsychologue

Thème : Sa relation avec les autres

L'intégration de Geneviève dans une classe de maternelle régulière avec une accompagnatrice a été difficile. La relation entre la psychologue et Geneviève s'établit facilement. Elle semble nouer des liens particuliers avec certains enfants de son groupe.

Rapport de l'orthophoniste

Thème : Sa capacité à communiquer avec les autres

Elle s'exprime de façon fonctionnelle oralement. Son discours peut manquer de clarté et elle peut rapporter des éléments hors contexte.

Rapport quotidien

Faire une demande : Elle fait trois demandes à l'éducatrice en trois jours, et aucune demande aux enfants.

Répondre à une demande : Elle répond aux demandes de l'éducatrice deux fois sur deux, sauf dans le cas où elle lui demande de se placer en équipe. Elle répond positivement à une demande d'un enfant de se joindre à leur équipe.

Grille d'observation

Pour l'instant, Anthony met cette grille de côté. En effet, même si son contenu est pertinent, il n'y a pas de lien direct avec la centration d'observation. Il pourrait cependant être judicieux d'y revenir, dans une autre démarche d'observation, en y ajoutant des données.

Liste à cocher

Catégories : Relation avec l'adulte / Relation avec ses pairs

Geneviève entame une conversation avec un autre enfant à deux reprises en cinq jours, alors qu'elle le fait à huit reprises avec une personne adulte. Elle répond verbalement à une demande de l'adulte à 4 reprises et en exécutant une consigne à 14 reprises. Elle observe ses pairs à 14 reprises en 5 jours. Elle ne joue jamais avec un autre enfant en cinq jours.

Fiche anecdotique comportementale

Antécédents et conséquences d'un comportement : Lorsque je demande aux enfants de se placer en équipe, Geneviève les regarde faire sans bouger. Je demande aux enfants s'ils vont laisser Geneviève seule et aucun ne réagit. Je propose à Geneviève de venir se placer dans l'équipe qui ne comporte que trois enfants ; elle ne répond pas et finit de coller son macaron. Je l'invite à s'asseoir avec les camarades que je lui montre ; elle se lève alors et va s'asseoir près d'eux. Lorsque j'explique aux enfants qu'ils doivent rester ensemble, les trois enfants du groupe de Geneviève se prennent par le cou alors qu'elle ne bouge pas.

J'émets l'hypothèse que Geneviève ne sait pas comment s'y prendre pour aller vers les autres enfants.

Les productions de Geneviève

Constantes et contrastes : Chacune des trois productions traitent du thème des amis. Deux productions parlent de l'ennui de Geneviève et de son désir d'inviter des camarades chez elle. Deux productions concernent son ami Gaétan qui est trisomique, et la troisième ne mentionne pas les destinataires. Elle exprime ses émotions dans deux de ses productions.

Thème : Les relations de Geneviève avec les personnes qu'elle rencontre à l'extérieur du service de garde.

Elle va facilement vers les adultes et apprécie qu'ils s'occupent d'elle. Elle est très proche de ses parents. Elle joue énormément avec sa petite sœur, et son grand frère s'occupe beaucoup d'elle. Elle a trois amis qui sont tous des garçons handicapés. Elle les invite souvent à jouer chez elle. Elle exprime beaucoup, par ses dessins et ses paroles, son désir d'avoir des amis à l'école et à la maison. Lorsque des enfants qui ne sont pas handicapés viennent à la maison, elle est contente mais on dirait qu'après leur avoir dit bonjour, elle ne sait plus quoi faire avec eux de sorte qu'ils la délaissent.

Exercice 8.10

Deuxième étape de l'analyse des données d'Anthony

Anthony a décidé de poursuivre son analyse de données en les regroupant selon les catégories suivantes : relation avec l'adulte et relation avec ses pairs. Aidez-le en utilisant les données recueillies à l'étape précédente.

Exemple

Outil d'observation	Relation avec l'adulte	Relation avec ses pairs
Plan d'intervention de l'élève	Bons contacts avec l'adulte	Veut se faire des amis. Difficulté à se faire des amis. Est intégrée dans une classe pour enfants dysphasiques.

Exercice 8.11

Troisième étape de l'analyse des données d'Anthony

Aidez Anthony qui a décidé de traiter les résultats obtenus précédemment en faisant ressortir les constantes et les contrastes.

8.4 L'INTERPRÉTATION DES RÉSULTATS

Une fois l'analyse des données effectuée, l'éducatrice doit interpréter les résultats obtenus en se basant sur les faits et en utilisant au besoin des théories pour appuyer son point de vue. L'interprétation permet d'expliquer les faits, de leur donner une signification claire. Gaudreau (2001, p. 74) mentionne qu'il est préférable de parler « d'interprétation des résultats » plutôt que « d'interprétation des données » : « En effet, les analyses se terminent avec la production de résultats et ce sont ces derniers qu'on interprète. »

Les interprétations de l'éducatrice reposent d'abord et avant tout sur sa capacité à demeurer objective à chacune des étapes de la démarche d'observation. S'appuyant sur une réflexion rigoureuse, sur la confrontation de son point de vue avec celui des différentes personnes intervenant auprès des enfants (collègues, parents, spécialistes) et sur les théories existantes, l'interprétation des résultats nécessite une bonne dose de créativité de la part de l'éducatrice. Comme le mentionne Gaudreau (2001, p. 74), la créativité permet de «découvrir des significations moins évidentes que d'autres». Cette étape exige une grande fluidité mentale afin que l'éducatrice explore le plus de pistes possible découlant de l'analyse des données. L'interprétation des résultats doit permettre à l'éducatrice de définir des pistes d'intervention originales et novatrices puisque les solutions habituelles ont souvent déjà été explorées sans succès. Pour y arriver, l'éducatrice doit être ouverte, curieuse et ne pas hésiter à remettre en question les idées préconçues.

L'intuition de l'éducatrice joue également un grand rôle à cette étape. Comme le mentionne Rouillard (1996, p. 13): «Nos sens perçoivent une grande quantité d'informations, mais nous ne portons pas une attention consciente à toutes celles que nous emmagasinons. Mais elles "entrent" quand même […] Les messages intuitifs proviennent probablement d'informations que l'on a emmagasinées sans en être conscient.»

À cette étape, l'éducatrice doit également démontrer une certaine empathie à l'égard des personnes observées. Ainsi, il ne faut jamais perdre de vue que notre recherche de solutions vise des personnes. Le respect des individus et de leur intégrité devrait être assuré en tout temps.

De plus, dans son souci de rigueur, l'éducatrice devrait toujours prendre en considération les informations contextuelles. Rappelons que les différentes composantes du contexte, comme le lieu et le moment où se passe l'action, les personnes présentes et leurs comportements verbaux et non verbaux, l'activité en cours, sont autant de facteurs qui peuvent avoir une influence sur la situation observée. De la même façon, lorsque la situation s'y prête, l'éducatrice devrait appuyer les liens qu'elle fait sur des théories pertinentes.

8.4.1 L'émergence d'une hypothèse

La démarche d'observation peut avoir pour origine la formulation d'une hypothèse. Rappelons-le: l'hypothèse est une affirmation provisoire qui doit être mise en relation avec les faits au cours de l'analyse des données. Cette supposition peut s'avérer exacte ou fausse selon le cas. C'est après avoir traité les données recueillies que l'éducatrice a la possibilité d'évaluer la justesse de son hypothèse. Les résultats obtenus peuvent également amener l'éducatrice à formuler une nouvelle hypothèse qu'elle devra vérifier par la mise en place d'une nouvelle démarche d'observation.

8.4.2 L'émergence de pistes d'intervention

L'interprétation des résultats devrait toujours permettre à l'éducatrice de découvrir des actions concrètes à envisager pour mieux aider l'enfant. Aller dans ce sens peut signifier une intervention directe auprès de l'enfant, ou une intervention auprès des parents, des autres enfants du groupe ou des autres intervenants. Par intervention, nous entendons une « action pédagogique consciente qui a pour but de soutenir, de stimuler ou de modifier une situation, une attitude ou une action » (Legendre, 1993, p. 756). En fait, chaque personne concernée par la situation peut être appelée à y jouer un rôle.

Par exemple, l'éducatrice doit mettre de l'avant des stratégies visant à stimuler l'apprentissage de l'enfant, lorsque sa démarche d'observation l'amène à préciser les besoins de celui-ci dans ce domaine. Que ses interventions soient directes ou indirectes est secondaire. L'important pour l'éducatrice, c'est de s'assurer que l'enfant a la possibilité de se développer harmonieusement. Cependant, pour l'aider en ce sens, elle doit nécessairement être en mesure de percevoir les possibilités d'apprentissage à l'intérieur des activités qu'elle lui propose. En effet, comment pourrait-elle imaginer et créer des activités stimulantes pour le développement de l'enfant dans des activités de groupe, des ateliers et des projets si elle ne connaît pas les besoins d'apprentissage des enfants qui y participent ?

8.4.3 La formulation d'objectifs

Une façon simple de connaître les besoins d'apprentissage des enfants est encore une fois de les décrire à partir des comportements observables. Rien de tel que les taxonomies pour guider l'éducatrice dans cette tâche. En les utilisant pour formuler des objectifs spécifiques que les enfants auront la possibilité d'explorer en participant aux activités proposées, il devient possible pour l'éducatrice de visualiser un ensemble de possibilités d'apprentissage et ce, pour chacune des sphères du développement. Ici, pas question de décrire tous les comportements possibles ! Cela pourrait devenir fastidieux vu l'étendue de possibilités d'apprentissage pouvant être mises en œuvre par une éducatrice avertie. La description des principaux comportements observables pour chacune des dimensions du développement est bien souvent suffisante pour guider l'éducatrice dans ses interventions.

La marche à suivre pour la formulation des objectifs opératoires, c'est-à-dire « des objectifs spécifiques décrivant, en termes de comportements observables, ce qui est attendu du sujet suite à une situation pédagogique », est fort simple (Legendre, 1993, p. 919).

❖ Étape 1 : L'objectif est formulé en fonction de l'enfant.

Exemple : L'enfant pourra « identifier le cri d'un animal ».

❖ Étape 2 : L'énoncé commence par un verbe d'action univoque (dont le sens est compris par tous). L'éducatrice se réfère aux taxonomies pour effectuer cette tâche.

Exemple : Découper le contour d'une forme simple.

- ❖ Étape 3 : L'objectif exprime le résultat au terme de l'apprentissage et non l'activité pour y arriver.

  Exemple : «Empiler des blocs les uns sur les autres» et non pas «s'amuser avec des blocs». S'amuser avec des blocs est une activité où un des objectifs visés pourrait être de partager un jouet ou d'explorer les possibilités d'un nouveau jouet.

- ❖ Étape 4 : L'objectif décrit les conditions ou le contexte dans lequel le comportement peut apparaître.

  Exemple : Raconter sa fin de semaine au cours d'une discussion.

- ❖ Étape 5 (à utiliser seulement dans un contexte de scolarisation) : L'objectif inclut un critère mesurable de performance.

  Exemple : Lire un texte de 20 mots, accompagné d'images.

Exercice 8.12

Aidez Anthony à formuler une hypothèse à partir des résultats obtenus précédemment et justifiez votre choix (minimum deux arguments basés sur des faits).

Exercice 8.13

Mise en situation : Anthony dispose d'une hypothèse qui repose sur des faits d'observation. Cela lui permet maintenant d'établir des pistes d'intervention ou de formuler des objectifs.

Basez-vous sur l'hypothèse que vous avez retenue pour décrire une piste d'intervention qui pourrait répondre aux besoins de Geneviève.

8.5 L'ÉVALUATION DE LA DÉMARCHE D'OBSERVATION

Évaluer une démarche d'observation peut aider l'éducatrice à juger de la pertinence de ses choix, de ses attitudes, à déceler les facteurs favorables ou défavorables et ainsi lui éviter de reproduire les mêmes erreurs dans les projets d'observation à venir. Pour ce faire, elle doit d'abord s'attarder à chaque étape de la démarche d'observation, soit : la planification, l'organisation, l'analyse, l'interprétation et l'évaluation de la démarche.

L'éducatrice a la possibilité de créer elle-même ses outils d'autoévaluation. Elle les choisira plus généraux ou plus spécifiques selon ses préférences et ses besoins du moment. Ceux-ci peuvent prendre la forme d'une fiche d'autoévaluation ou d'un compte rendu oral ou écrit. Il est également intéressant pour l'éducatrice de noter ses impressions générales dans son journal de bord et de discuter de sa démarche avec ses collègues de travail afin de profiter de leur expertise. En fait, c'est à elle de déterminer la façon dont elle veut procéder. L'exemple 8.8 présente des fiches d'autoévaluation pour une démarche d'observation.

Fiche 1 : La préparation d'un plan d'observation

Comportements observables	Oui	Non
Je formule des centrations d'observation claires et précises.		
Je formule des hypothèses pertinentes de manière précise et claire.		
Je décris des problématiques en tenant compte des aspects importants de la situation.		
Je détermine les règles d'éthique adaptées à chacune des étapes de la démarche d'observation.		
Je planifie correctement l'organisation de chacune des étapes de la démarche d'observation.		
Remarques		

Fiche 2 : La collecte des données

Comportements observables	Oui	Non
En situation de simulation professionnelle, je démontre des attitudes d'ouverture, de respect, de rigueur et de créativité.		
Je décris des comportements observables en me basant sur des verbes univoques.		
Je note des faits d'observation mis en contexte en rédigeant des textes suivis d'au moins 200 mots.		
Je mémorise des faits d'observation avec le plus de précision possible lorsque la situation ne me permet pas de prendre de notes.		
Je note la fréquence des événements observés.		
Remarques		

Fiche 3 : L'analyse des données et l'interprétation des résultats

Comportements observables	Oui	Non
Je sélectionne des moyens d'analyse pertinents selon le but de l'observation.		
Regroupement des données par thèmes		
Classification des données par catégories		
Regroupement des données selon les constantes et les contrastes		
Regroupement des données en fonction des différences et des ressemblances		
Analyse des comportements à partir des antécédents et des conséquences		
J'interprète les résultats de manière rigoureuse et objective tout en démontrant une certaine créativité.		
Je fais preuve d'empathie à l'égard de l'enfant dans ma recherche de solutions à une problématique.		
Je suis capable de baser mon interprétation des résultats sur des faits contextualisés en établissant des liens avec les théories existantes lorsque c'est possible.		
Remarques		

Fiche 4 : L'évaluation de la démarche d'observation

Comportements observables	Oui	Non
J'évalue la pertinence de mes choix à l'intérieur de la démarche d'observation.		
J'évalue la pertinence de mes attitudes à chacune des étapes de la démarche d'observation.		
J'identifie les facteurs favorables ou défavorables à l'ensemble de la démarche d'observation.		
Je décris des modifications pertinentes à apporter à la démarche d'observation.		
Remarques		

Anthony veut évaluer sa démarche d'observation en faisant ressortir ses forces et ses lacunes. De plus, il cherche deux moyens concrets de l'améliorer. Que pourriez-vous lui suggérer ?

8.6 LA TRANSMISSION DES RÉSULTATS DE LA DÉMARCHE D'OBSERVATION

Après avoir entrepris une démarche d'observation concernant un enfant en particulier, l'éducatrice informe les parents oralement ou par écrit des résultats de son travail. Elle adopte une attitude éthique en respectant les règles qu'elle s'est fixées. Chaque situation familiale étant différente, l'éducatrice s'adapte en conséquence, toujours dans le respect des personnes concernées. Elle conserve un souci de transparence et d'honnêteté en tout temps, tout en ne perdant jamais de vue l'importance de mettre les forces de l'enfant en parallèle avec les difficultés qu'il éprouve.

8.6.1 Le rapport d'observation

Le rapport d'observation doit tenir compte des personnes à qui il s'adresse et du contexte dans lequel il est fait. L'éducatrice le rédige-t-elle à l'occasion d'une étude de cas, d'une rencontre informelle avec les parents, afin de documenter ses propres dossiers par rapport au cheminement de l'enfant, ou pour répondre à une demande des parents ?

Ce rapport a tout avantage à respecter les qualités de style décrites par Angers (2000), soit : l'objectivité, la simplicité, la clarté et la précision. Que ce soit par écrit ou au moment de la présentation orale du rapport, l'attitude de l'éducatrice est importante afin de créer et de maintenir un climat de confiance. Elle ne doit donc pas hésiter à questionner ses façons d'être et de faire.

Le rapport d'observation doit inclure les renseignements suivants : le nom de l'enfant, son âge, son groupe, etc., le but poursuivi, le contexte, une synthèse des résultats, une hypothèse s'il y a lieu, des pistes d'intervention ou des objectifs à atteindre, selon le cas. Il peut arriver également que l'éducatrice présente des recommandations aux parents afin d'assurer un meilleur suivi entre la famille et le milieu de garde.

Mise en situation : L'étape suivante envisagée par Anthony consiste à remettre un rapport d'observation à la mère de Geneviève, puis à la rencontrer pour en discuter.

Aidez Anthony en rédigeant un rapport d'observation à partir des résultats que vous avez obtenus précédemment.

8.6.2 Le plan d'intervention

L'observation est très utile pour répondre aux besoins spécifiques des enfants présentant un cheminement particulier. «Actuellement, dans les classes l'on retrouve de plus en plus d'élèves présentant des comportements différents : des élèves lunatiques, hyperactifs, introvertis ou identifiés comme ayant des troubles de comportement par opposition à des élèves engagés, responsables, autonomes et épanouis» (Caron, 1994, p. 33). Sans vouloir apposer d'étiquettes à ces enfants, il demeure impératif d'observer leurs comportements afin d'être davantage en mesure de les accompagner dans leur cheminement.

En outre, certains enfants vivent des situations particulières, occasionnées par des handicaps physiques ou des problématiques comme l'autisme, la dysphasie, la déficience intellectuelle, la trisomie, la dyslexie, etc. Ces situations nécessitent non seulement une approche pédagogique particulière, mais des attitudes d'ouverture, de respect et beaucoup de créativité afin de répondre adéquatement aux besoins de ces enfants.

Pour toutes ces situations, un dossier bien argumenté, reposant sur des observations pertinentes et précises, demeure un atout majeur pour la mise en place d'interventions adaptées et parfois, l'acquisition de ressources (aide adaptée, matériel, projet) dont l'enfant pourrait profiter. Lorsque l'éducatrice a la possibilité de participer à l'élaboration d'un plan d'intervention, son intervention ne peut qu'en être enrichie.

Le plan d'intervention est «un ensemble d'objectifs et de moyens identifiés par les intervenants avec l'élève lui-même et ses parents, suite à l'analyse des besoins de l'élève handicapé ou en difficulté» (Legendre, 1993, p. 994). La mise en place d'un plan d'intervention est l'occasion pour l'éducatrice de présenter les résultats de ses observations d'une part, et de bénéficier de l'expertise d'autres personnes concernées par le bien-être de l'enfant, d'autre part. Cet exercice permet de «parvenir à des observations moins limitées : chacun éclaire une face de l'objet, perceptible de son point de vue propre, qui découle et de sa formation professionnelle particulière avec la conception théorique plus ou moins claire qu'il fait sienne, et de son rôle, et enfin de sa personnalité» (Amado, 1955, 1970, p. 154).

L'éducatrice participant à un plan d'intervention devra présenter les résultats de ses observations et l'interprétation qu'elle en fait. Le dossier de l'enfant qu'elle aura préparé pourra contenir les différents outils d'observation qu'elle aura utilisés, un rapport d'observation, différentes productions de l'enfant (dessins, photographies de ses constructions, textes écrits, etc.). Chacun de ces éléments devra être daté et, dans la mesure du possible, le contexte dans lequel il a été réalisé sera spécifié. Ces réalisations pourront être très utiles pour dresser le portrait des forces et des faiblesses de l'enfant. Évidemment, il ne relève pas du rôle de l'éducatrice de poser un diagnostic lorsqu'elle observe des comportements particuliers. Cependant, il est impératif qu'elle reconnaisse les indices comportementaux laissant supposer que l'enfant éprouve des difficultés afin d'être en mesure d'en aviser les parents et, au besoin, de leur suggérer des ressources pouvant leur venir en aide.

CONCLUSION

Le chapitre 8 met l'accent sur la démarche d'observation en insistant sur l'importance de la réalisation d'un plan d'observation et en donnant des pistes de travail à l'éducatrice afin de lui permettre de traiter des données de manière simple et efficace. Le traitement des données comprend leur analyse et l'interprétation des résultats. De plus, on y associe l'évaluation de la démarche d'observation.

L'analyse des données constitue une étape nécessitant une prise de décision chez l'éducatrice. Celle-ci doit déterminer les moyens qu'elle utilisera pour analyser les données recueillies. Il va sans dire que ces moyens auront une incidence directe sur les résultats obtenus. La réflexion conduisant à leur choix est donc primordiale.

L'interprétation des résultats laisse une grande place à la créativité et à l'intuition de l'éducatrice. En effet, tout en se basant sur les faits répertoriés, celle-ci doit démontrer sa capacité à résoudre des problèmes ou à trouver les interventions les mieux adaptées à la situation. La démarche d'observation conduit ainsi l'éducatrice à faire des gestes concrets. Après avoir réalisé une démarche d'observation, elle peut être amenée à intervenir auprès de l'enfant, de ses parents, de ses collègues ou d'autres intervenants.

Finalement, l'évaluation de la démarche d'observation permet à l'éducatrice de revoir ses attitudes, de questionner ses choix et d'explorer les facteurs favorables ou défavorables à l'ensemble de sa démarche d'observation. Elle pourra ainsi découvrir des moyens concrets d'améliorer ses éventuelles démarches d'observation.

PROJET D'OBSERVATION

3

Titre du projet : Motricité globale

De nombreux projets d'observation qui présentent tous un intérêt peuvent permettre à l'éducatrice de démontrer qu'elle possède les compétences nécessaires pour observer le comportement d'un enfant. Le projet suivant est en lien direct avec le travail de l'éducatrice et il a l'avantage de pouvoir être réalisé dans des délais raisonnables.

Niveau de difficulté	Application/Familiarisation
Niveau intermédiaire	• Chacune des composantes de la compétence est évaluée de façon formative ou sommative, selon le cas.
Objectifs	• Planifier une démarche d'observation. • Organiser une démarche d'observation. • Recueillir des données. • Analyser des données. • Interpréter des résultats. • Évaluer une démarche d'observation.

Marche à suivre

1. Rédigez un plan d'observation incluant le but de l'observation (la centration d'observation, l'hypothèse ou la problématique), le choix des méthodes et outils qui pourraient être utilisés ainsi que la procédure proposée (une à deux pages de texte).

2. Effectuez une recherche d'information concernant le développement de la motricité globale chez l'enfant en fonction du niveau d'âge que vous avez ciblé (0-2 ans, 2-3 ans, 4-5 ans, 6 ans et plus).

   Mentionnez au minimum deux documents dont vous vous servirez pour concevoir vos outils d'observation en prenant note de la référence complète.

3. Adaptez ou créez deux outils d'observation parmi les choix mentionnés au point 1.

4. Procédez à la collecte des données à partir des outils que vous avez adaptés ou créés.

5. Procédez à l'analyse des données recueillies en explorant deux méthodes différentes parmi les suivantes : regrouper les données par thèmes, classer les données par catégories, faire ressortir les constantes et les contrastes, décrire les ressemblances et les différences, établir les antécédents et les conséquences d'un comportement, établir des liens entre les données.

6. Procédez à l'interprétation des résultats en tenant compte du contexte, en expliquant les liens que vous faites entre les données, en établissant des liens avec des théories existantes, en mettant de l'avant une hypothèse, en proposant des pistes d'intervention, ou en formulant des objectifs à atteindre.

7. Rédigez un rapport d'observation (une page).

8. Évaluez l'ensemble de votre démarche d'observation et décrivez deux modifications pouvant être apportées (une page).

CORRIGÉ ET COMMENTAIRES FORMATIFS

CHAPITRE 1

page 3

Exercice 1.1

Vous avez sélectionné une image pouvant représenter un des aspects de votre personnalité. L'image retenue peut être liée à votre choix professionnel, votre personnalité, vos qualités et vos défauts, vos loisirs, vos goûts et vos champs d'intérêt. Cet aspect correspond-il à ce que vous désirez que l'on perçoive de vous? Y a-t-il un lien entre cet aspect et votre motivation à exercer votre future profession? Avez-vous tendance à vous percevoir de manière positive en relevant un aspect qui vous met en valeur ou, à l'inverse, à percevoir d'abord un aspect négatif de votre personnalité? Croyez-vous que ce choix pourrait modifier votre perception des autres et plus particulièrement, des enfants? Si oui, de quelle manière?

page 6

Exercice 1.2

En vérifiant le sens des termes qui vous sont inconnus dans un dictionnaire ou auprès des personnes qui les utilisent, vous démontrez un grand souci de rigueur. Cette attitude est indispensable à l'observatrice et vous avez tout intérêt à la développer.

De plus, pour mémoriser plus facilement la définition des termes que vous jugez importants, vous pouvez utiliser la stratégie suivante: noter les mots clés qui servent à définir le terme en question. Il ne vous restera ensuite qu'à retenir ce ou ces mots clés.

page 27

Exercice 1.3

Toutes les situations qui risquent de se présenter durant votre travail auprès des enfants ne nécessitent pas que vous vous y attardiez de la même façon. Certaines exigent une attention particulière, alors que d'autres devraient faire l'objet d'une autoévaluation pour comprendre ce qui pourrait vous inciter à les observer. Votre esprit critique est donc sollicité lorsqu'il s'agit de distinguer les situations pertinentes de celles qui ne le sont pas. Ne serait-ce pas là des questions d'ordre moral ou éthique?

1. Oui
2. Non
3. Oui
4. Ça dépend
5. Oui
6. Oui
7. Non
8. Oui
9. Non
10. Oui
11. Oui
12. Oui
13. Non
14. Oui
15. Oui

Réponses viariées.

Jeu 1   Noms et mouvements : Discrimination visuelle et auditive, mémoire visuelle et auditive, respect, écoute, concentration, créativité (utile pour l'analyse des données et l'interprétation des résultats, lorsqu'il s'agit notamment de résoudre un problème).

Jeu 2   La «tag» amoureuse : Discrimination visuelle et tactile, coopération, concentration.

Jeu 3   Main à main : Discrimination auditive, visuelle et tactile, concentration, coopération, respect.

Jeu 4   La tueuse : Discrimination visuelle et auditive, mémoire visuelle, concentration, déduction, coopération, respect.

Jeu 5   Les couleurs : Discrimination auditive, visuelle et tactile, mémoire visuelle, concentration.

Activités d'évaluation formative

1. méthodes, outils (ou l'inverse)
2. percevoir
3. pièges, objectivité
4. besoins
5. processus
6. faits
7. d'objectivité
8. l'autoévaluation
9. confrontation
10. recueillir, critères
11. productions, connaître

1. Intervenir de façon adéquate auprès des enfants.

2. Respecter le principe que l'enfant est unique. Favoriser son développement harmonieux pour percevoir ses besoins quels qu'ils soient. Échanger de manière professionnelle avec le parent. S'assurer que le programme est adapté aux besoins des enfants.

3. Observation, planification, organisation, intervention et évaluation.

4. Réponses variées. Discrimination et mémoire visuelle, auditive, olfactive, tactile et gustative, concentration, attention, capacité d'analyse, ouverture, curiosité, collaboration, entraide, respect.

5. Réponses variées. Processus, volontaire, information, fait, objectif, attention, intelligence, minutieuse.

6. L'observation sert à décrire des faits ou des comportements observables tandis que l'évaluation utilise ces observations afin de les mettre en parallèle avec des critères préétablis.

7. Réponses variées. Utiliser tous ses sens ; s'autoévaluer, développer sa vue d'ensemble ; utiliser des grilles d'observation.

8. Le jeu est un moyen simple, efficace et facilement accessible. Il permet de développer des habiletés et des attitudes, et de les maintenir si on s'y adonne régulièrement. Évidemment, l'observation directe des enfants ou à l'aide de documents audiovisuels est essentielle pour bien comprendre le développement de l'enfant.

9. Planification, collecte, organisation et analyse des données, interprétation des résultats, évaluation de la démarche.

10. L'autoévaluation (démarche réflexive et démarche de confrontation).

page 31	Jeu de classification	Activité 3

Processus éducatif : 4, 7

Programme éducatif (principes) : 1, 9

Objets de l'observation : 3, 6, 10

Contenu de l'observation : 2, 5, 8

page 32	Projet d'observation 3

Réponses variées.

1. Trouvez une façon de procéder pour noter vos observations.

   Micheline planifie de noter le nom des aliments et les quantités dans un carnet de notes au fur et à mesure qu'elle les consomme. Quant à Josée, elle décide de noter en vrac sur une feuille les aliments qu'elle aura consommés à la fin de chaque journée.

2. Notez tout ce que vous mangez et buvez pendant une semaine.

Exemple de Micheline	Exemple de Josée

Mardi 22 septembre
Déjeuner :
    Un œuf
    Une rôtie avec beurre et confiture
    Deux tasses de café
Dîner :
    Un bol de soupe aux légumes
    Pain et beurre
    Spaghettis avec sauce à la viande
    Chausson aux pommes
	Œuf, oignon, jus de légumes, pizza, café, biscuits, croustilles, yogourt, ananas, pomme, mets chinois, croissants, etc.

3. Discutez avec vos pairs de vos méthodes de travail respectives.

Exemple de Micheline	Exemple de Josée
J'ai inscrit mes données selon un ordre chronologique en fonction de la journée et du repas. J'ai noté les quantités d'aliments de façon occasionnelle. Je n'ai pas tenu compte des verres d'eau que j'ai bus.	J'ai noté mes données en vrac ou pêle-mêle à la fin de chaque journée. Je pense n'avoir rien oublié, mais je n'en suis pas sûre à 100 %.

4. Énumérez cinq façons différentes de classer les données que vous avez recueillies pendant cette semaine d'observation.

La couleur des aliments, leur prix, leur provenance, selon le *Guide alimentaire canadien*, leur texture, leur composition, les groupes d'aliments, bons pour la santé, etc.

5. Choisissez une des catégories que vous avez imaginées à l'étape précédente et classez une partie de vos résultats respectifs à partir de celle-ci.

Exemple de Micheline	Exemple de Josée
Catégorie : groupes d'aliments	Catégorie : groupes d'aliments
Produits céréaliers : rôtie, pain, pâtes alimentaires, chausson	Produits céréaliers : croissants
Légumes et fruits : confiture, soupe aux légumes, pomme, jus de fruits, salade verte, pommes de terre	Légumes et fruits : oignon, jus de légumes, ananas, pomme
Produits laitiers : beurre, lait	Produits laitiers : yogourt
Viandes et substituts : œuf, sauce à spaghetti à la viande, noix mélangées, rôti de porc	Viandes et substituts : œuf
Autres aliments : café, thé, vinaigrette, gâteau au chocolat	Autres aliments : pizza, café, biscuits, croustilles, mets chinois

6. Donnez un exemple de conclusion à laquelle vous pourriez arriver en fonction des résultats obtenus.

Conclusion de Micheline

Je pourrais probablement dire que la personne consomme tous les groupes d'aliments suggérés par le *Guide alimentaire canadien* en une journée. J'aurais pu vérifier si elle consomme tous les groupes d'aliments à chaque repas ou chaque jour. Je devrais décider si un aliment peut être classé dans plus d'une catégorie ou choisir uniquement la catégorie la plus représentative : par exemple, une sauce à spaghetti contient de la viande et des légumes. Je pourrais trouver qu'il aurait été plus intéressant que la personne note les quantités avec plus de précision, car cela m'aurait permis une meilleure interprétation.

Corrigé et commentaires formatifs

Conclusion de Josée

Je pourrais dire que la personne mange des aliments de chaque groupe sans pouvoir préciser la fréquence (à tous les repas, tous les jours, dans l'ensemble de sa semaine) ou la quantité. Je pourrais constater que certaines observations sont imprécises comme «mets chinois» et «pizza». Je pourrais constater qu'il est possible qu'il manque des aliments à la liste puisque la personne n'est pas certaine d'avoir tout noté.

À retenir du projet d'observation 1

Plusieurs choix sont possibles à chacune des étapes de la démarche d'observation. L'éducatrice doit donc demeurer vigilante afin de faire les bons choix. Ceux-ci seront essentiels, entre autres, à l'étape de l'analyse des données puisqu'ils détermineront directement la nature des résultats qui seront interprétés par la suite.

L'individu qui observe est humain, donc toujours susceptible de faire des erreurs, d'oublier ou d'omettre certaines données, ou de transmettre de fausses informations sans même s'en rendre compte. Par exemple, l'éducatrice peut réaliser qu'elle a mangé des aliments sains pendant toute la durée de l'observation contrairement à ses habitudes. Cette réaction a donc modifié les résultats de l'observation. S'en rendre compte permet à l'éducatrice de recommencer l'observation en évitant ce biais, tout en lui donnant la possibilité d'apprendre quelque chose sur elle-même.

Elle pourrait également avoir omis de noter la quantité d'aliments consommés, de peur d'être jugée ou pour une tout autre raison. À ce moment-là, les résultats pourraient être imprécis et, par le fait même, difficiles à analyser de façon rigoureuse.

CHAPITRE 2

page 37

Exercice 2.1

Comme le mentionne Blackburn (1996), l'éthique est l'étude des jugements moraux qui nous servent à évaluer les actions (faites ou envisagées), les intentions, les personnes et les institutions. Cet exercice fait ressortir la nécessité pour l'éducatrice de faire des «évaluations morales plus réfléchies, plus critiques et plus rationnelles». Elle peut y arriver plus facilement en confrontant son argumentation à celle d'autres personnes. Leurs différents points de vue pourront l'aider à faire des choix plus éclairés.

Nous devons affronter quotidiennement des situations qui nous amènent à nous prononcer en disant «oui», «non», ou «ça dépend». Bien souvent, ce sont des jugements moraux qui sous-tendent nos choix même si nous ne nous y arrêtons pas toujours pour y réfléchir.

page 40

Exercice 2.2

Situation 1: L'éducatrice ne devrait transmettre une information confidentielle que si elle est vraiment nécessaire, et seulement aux personnes concernées directement par la situation. Mot clé : CONFIDENTIALITÉ.

Situation 2 : L'éducatrice devrait se soucier du bien-être de l'enfant en tout temps et transmettre toute information allant dans ce sens aux parents. Mot clé : RESPECT.

Situation 3 : L'éducatrice devrait avoir le souci de respecter les informations confidentielles concernant l'enfant, ses parents ou ses collègues. Mots clés : RESPECT, CONFIDENTIALITÉ.

1. Je planifie mon observation de telle sorte que les résultats obtenus tiennent compte de la réalité vécue par les enfants dans cet environnement.

   Je recueille des données d'observation en évitant de porter des jugements sur le matériel utilisé dans cet environnement ou sur l'environnement lui-même.

   Comme observatrice, je m'engage à respecter l'intimité de l'enfant.

   Comme observatrice, je m'engage à faire preuve de rigueur dans ma façon d'interpréter le résultat de mes observations.

2. Il est intéressant de noter que chacun utilise spontanément une façon de faire qui lui est propre lorsque vient le temps de faire des observations tout comme dans le projet 1. Par exemple, certains ont choisi d'observer ce qui se trouve sur les murs, puis le matériel au sol, tandis que d'autres vont noter leurs observations en vrac ou en les regroupant selon certains thèmes comme les types de jeux.

3. Exemples de catégories : dimensions du développement de l'enfant, matériel (périssable, éducatif, accessible), classification ESAR, etc.

   Exemples de résultats pour deux catégories

Milieu sécuritaire	Milieu non sécuritaire
Présence d'un plan d'évacuation sur le mur près de la porte.	Des produits de nettoyage sont déposés sur une table accessible aux enfants.
Présence d'un téléphone fonctionnel dans le local.	Il n'y a pas d'extincteur dans le local ou à proximité du local.
Trois portes donnent accès au local.	
Une trousse de premiers soins est placée sur une tablette hors de la portée des enfants.	
Présence d'une salle de bain dans le local.	
La porte de la salle de bain n'a pas de serrure.	

4. L'étape de l'interprétation des résultats consiste à expliquer les liens qui ont été établis à l'étape précédente, à émettre des hypothèses si la situation s'y prête, à développer des pistes d'intervention ou à formuler des objectifs. Qui dit interprétation parle également d'explications, de jugements, de commentaires ou de recommandations. Il est essentiel cependant que ceux-ci reposent sur des faits et non sur des impressions.

Voici un exemple d'interprétation des résultats : l'environnement observé semble sécuritaire, quoique certaines améliorations pourraient être apportées par rapport au danger d'intoxication et à la sécurité en cas d'incendie.

L'environnement semble sécuritaire en cas de blessure, de malaise ou de maladie. Ainsi, je note la présence d'une trousse de premiers soins facilement accessible, d'une salle de bain à proximité, d'un téléphone permettant l'accès aux parents ou à Info-santé et d'un feuillet d'informations sur les blessures et les maladies.

En cas d'incendie, l'environnement est doté d'un détecteur de fumée et d'un plan d'évacuation facilement accessible. En outre, trois portes permettent de sortir du local. Quatre fenêtres donnant directement accès à l'extérieur du bâtiment pourraient être utilisées dans l'éventualité où toutes les portes seraient inaccessibles.

De plus, le local est situé au premier plancher, ce qui favorise une sortie plus rapide en cas d'urgence. Par contre, je n'observe pas la présence d'un extincteur à proximité, et il serait souhaitable que le matériel de nettoyage soit placé dans les armoires verrouillées sous l'évier plutôt que de le laisser sur les tables. Cela afin de prévenir les cas d'intoxication.

5. L'évaluation d'une démarche d'observation peut prendre bien des formes. C'est l'occasion pour l'éducatrice de questionner ses attitudes (éthique), ses choix, les aspects positifs ou négatifs de la procédure mise de l'avant, etc.

Activités d'évaluation formative

page 44	Questions d'éthique	Activité 1

Réponses variées.

Situation 1

Ce que je choisis de faire	Implications morales
Je n'aborde pas la question avec l'éducatrice en espérant que ma superviseure de stage n'y verra que du feu et que je ne serai pas pénalisée pour ma note.	Je fais passer le bien-être des enfants au second plan afin d'éviter une confrontation avec l'éducatrice. Je ne fais pas confiance à l'ouverture et à la capacité d'écoute de mon éducatrice. Je sous-estime les compétences de ma superviseure.
Je parle de mon malaise directement avec l'éducatrice.	Je fais passer le bien-être des enfants avant tout. Je fais confiance à la capacité de l'éducatrice à comprendre la situation dans laquelle je me trouve.

Ce que je choisis de faire	Implications morales
J'explique la situation à ma superviseure de stage.	Je cherche une façon de favoriser le bien-être des enfants en protégeant mes arrières. Je fais confiance à ma superviseure. Devant une situation où je ne sais pas quoi faire, je consulte des personnes qui peuvent m'aider.
Lorsque j'ai la responsabilité du groupe, j'organise une activité spéciale «lavage de mains» de telle sorte que les enfants aient du plaisir à le faire et qu'ils me redemandent eux-mêmes de refaire cette activité.	Je choisis un moyen détourné de régler le problème en évitant d'avoir à aborder le sujet directement avec l'éducatrice et en espérant que c'est elle qui le fera. Je sous-estime l'ouverture de l'éducatrice.

Situation 2

Ce que je choisis de faire	Implications morales
Je me dis que j'ai fait ma part et que c'est maintenant au parent de faire la sienne, alors je cesse de lui en parler.	Je me dégage de ma responsabilité au détriment du bien-être de l'enfant. Je ne cherche pas d'autres moyens de convaincre le parent, de comprendre ce qui se passe ou de trouver d'autres solutions.
J'avertis le parent que son enfant ne pourra pas revenir dans le groupe tant qu'il n'aura pas été vu par un médecin.	Je fais passer le bien-être de l'enfant avant tout, en sachant que ma relation avec le parent peut être difficile par la suite.

Situation 3

Ce que je choisis de faire	Implications morales
Je ferme les yeux sur la situation en attendant que ma période de probation soit terminée.	Je fais passer mes intérêts personnels avant ceux des enfants et de mon équipe de travail. Je ne suis pas honnête avec mes collègues puisque je cache mes véritables intentions.
Je choisis de rencontrer individuellement les personnes qui posent problème.	Je fais passer mes intérêts personnels au second plan.

Corrigé et commentaires formatifs

Ce que je choisis de faire (suite)	Implications morales (suite)
	Je place les personnes convoquées dans une situation où elles pourraient se sentir menacées. Elles pourraient donc rester sur leurs positions ou réagir négativement à mon intervention. Je favorise de tenir à l'écart les individus convoqués, ce qui a pour effet de renforcer leurs alliances et pour résultat, qu'ils continuent à ne pas tenir compte des besoins du reste de l'équipe.
Je choisis de rencontrer individuellement tous les membres du personnel afin de discuter avec eux de leurs besoins et des attentes qu'ils ont par rapport à mon rôle. Je suggère à l'équipe des pistes de réflexion s'appuyant sur cette démarche, en leur proposant de trouver des solutions ensemble.	Je respecte la perception de tous les membres de l'équipe et ce faisant, donne une place à chacun d'eux. J'assume mon rôle de coordonnatrice en respectant à la fois les individus et le consensus établi par l'équipe.

CHAPITRE 3

Exercice 3.1

page 53

Le cercle est parfait. Ce sont les rayons qui donnent l'impression qu'il est ovale. Prendre part à ce genre de jeux sur les perceptions est très profitable pour stimuler plusieurs habiletés dont l'éducatrice a besoin pour observer adéquatement. Différents outils peuvent l'aider à stimuler ces habiletés, et le jeu est sans doute le moyen le plus agréable[1].

Exercice 3.2

page 59

Cet exercice est très enrichissant. D'abord, il stimule plusieurs habiletés et attitudes nécessaires à l'observatrice. Pourriez-vous en nommer quelques-unes ? De plus, il ouvre la voie à une réflexion d'ordre éthique. En effet, quelles sont les règles que les participants auraient pu se donner avant de commencer l'exercice ? Évidemment, il n'est pas question ici de leur reprocher quoi que ce soit. Ils ont certainement fait ce que nous attendions d'eux, c'est-à-dire faciliter notre apprentissage. Dorénavant, lorsque nous ferons référence aux préjugés, aux stéréotypes, aux valeurs etc., chaque personne du groupe aura une référence commune et pourra se dire que personne n'est à l'abri de tels propos. Avez-vous remarqué que la même personne se retrouve à deux reprises sur les photos ?

---

1. Jeux de cartes sur les perceptions : *Can you believe your eyes ? 52 visual illusions on playing cards*, 1989, Y and B Associates Inc., 33 Primrose Lane Hampstead, New York 11550 U.S.A.

1. Si je suis en retard dans mes travaux, c'est parce que les membres de mon équipe ont refusé de mettre mon nom sur le travail.

2. Si j'ai tendance à m'emporter facilement, c'est la faute de mon conjoint, car il adopte des attitudes qui m'enragent.

3. Si j'ai de la difficulté à me concentrer sur mon travail, c'est parce que Mélanie ne m'a pas répondu lorsque je l'ai saluée tout à l'heure.

4. Si je chante faux, c'est que mes parents n'ont pas voulu me payer de cours de chant.

Statut social	Exemple
Enfant	Il devrait respecter les demandes d'un adulte.
Parent	Il doit protéger les enfants dont il a la charge.
Personne âgée	Elle devrait penser aux autres avant de penser à elle.
Homme	Il devrait conduire la voiture lorsque sa conjointe est avec lui.
Femme	Elle ne devrait pas se fâcher en public.

Chacun de nous, sans s'en rendre compte bien souvent, classifie les gens, les choses, les institutions, etc. Cette classification repose sur les valeurs, les stéréotypes et les préjugés de l'individu. L'argumentation nous permet de prendre conscience de ce qui se cache derrière nos choix et parfois de les remettre en question. Il faut retenir que tous nos choix influent sur notre perception de la réalité.

Réponses variées.

Suggestions de réponses

1. Nicolas a renversé son verre de lait sur la table.

   Nicolas a renversé le verre de lait de Jules à trois reprises pendant la période de collation de l'après-midi.

2. Olivier ne m'a jamais parlé de sa famille reconstituée depuis que je le connais, c'est-à-dire depuis le 2 septembre 200X.

3. La mère de Lucas est venue le reconduire au service de garde à 7 h ce matin et elle est venue le reprendre à 5 h 30.

   Depuis un mois, la mère de Lucas vient le reconduire tous les matins à 7 h et elle le reprend à 5 h 30.

Jeu I Où suis-je?

Quelques points de repère ou indices pour vous aider à reconnaître les personnes: la forme du visage, la posture, l'apparence des cheveux, le regard, etc.

Photographies: (1, 11, 9), (2, 5, 12), (3, 7, 8), (4, 6, 10)

Jeu II La chasse aux odeurs

La sélection est la première étape du processus de perception. C'est à cette étape que l'éducatrice se déplace dans l'espace afin de humer différentes odeurs. Ensuite, sans même le réaliser bien souvent, elle organise ses observations en les classant comme suit: «ça sent bon» ou «ça sent mauvais». Il s'agit ici de la deuxième étape du processus de perception. Elle peut utiliser plusieurs catégories.

Catégories	Exemple
Odeurs chimiques	Produits de nettoyage, parfum
Odeurs corporelles	Sueur
Odeurs naturelles	Feuilles mortes
Odeurs d'aliments	Pomme, croustilles, sauce tomate

L'étape suivante du processus de perception consiste à interpréter les résultats afin de leur donner un sens. Dans le cas présent, je pourrais conclure que les odeurs d'aliments sont plus présentes à telle ou telle heure de la journée ou qu'une personne qui sent la sueur est nerveuse.

Jeu III Retrouver le toutou

Toucher une personne peut me permettre d'apprendre des choses sur elle. Ainsi, lorsque je caresse les cheveux d'un enfant de 4 ans et qu'il recule afin d'éviter d'être touché, il me communique quelque chose. Par le toucher, je peux également percevoir la chaleur sur le front d'un enfant, ses pieds gelés ou la moiteur des mains d'une personne.

En observant les enfants dans leur façon de se toucher, je peux également apprendre des choses sur eux. Par exemple, lorsque Julie me raconte un incident qu'elle vient de vivre, elle tourne une mèche de ses cheveux. Au moment où Alain a peur d'un gros chien, il place ses mains sur ses yeux. Il y a aussi les preuves d'affection que les enfants peuvent se témoigner : les caresses, les baisers, les étreintes. Puis les comportements d'opposition : pousser, frapper, taper, etc. L'éducatrice doit tenir compte de tous ces comportements lors de ses observations.

Jeu IV Le silence

Notre cerveau sélectionne les informations qu'il perçoit afin d'éviter d'être surchargé. Par exemple, une fois qu'on a repéré un son, il peut être difficile d'en faire abstraction. Il faut parfois faire un effort pour percevoir certaines informations sensorielles. En fait, les sens ne demandent qu'à être stimulés, ce qui nous permet alors de discriminer davantage les informations qui nous entourent.

Jeu V Les objets rangés

Quelle méthode utilisons-nous pour mémoriser l'emplacement des objets ? Nos stratégies sont-elles efficaces ? Comparons-les avec celles des personnes qui nous entourent et inspirons-nous-en au besoin.

Jeu VI Le trajet

Exemples de stratégies pour mémoriser le trajet :

L'éducatrice a mémorisé le parcours du point de vue de la distance (long, court, petits pas, grands pas), de la direction (à droite, à gauche), etc. Quelle stratégie a-t-elle utilisée ? La stratégie utilisée a-t-elle été efficace ? Était-il facile de trouver les mots appropriés pour décrire le trajet ?

Jeu VII Reconnaissance auditive

Réponses variées.

L'habileté à discriminer les sons favorise une meilleure vue d'ensemble du groupe d'enfants. Cette compétence est donc essentielle pour l'éducatrice.

Jeu VIII Chacun à sa place

Chacun a sa méthode de travail qui sera plus ou moins efficace selon le cas ; cependant, il faut retenir que l'utilisation de plusieurs portes d'entrée facilite la mémorisation. Par exemple, je regarde les objets un par un dans l'ordre. Je les regarde en les touchant. Je les regarde en les touchant et en disant leur nom dans ma tête. Je les regarde en les touchant, en disant leur nom dans ma tête et en écrivant les mots sur un papier ou en les dessinant.

Jeu IX Des blocs, encore des blocs

Comment se sent-on lorsqu'on ne peut se référer à la vision pour percevoir la réalité qui nous entoure ? Cette situation nous force-t-elle à utiliser davantage nos autres sens ? N'oublions pas

Corrigé et commentaires formatifs

que les personnes aveugles arrivent à se débrouiller dans la vie et à faire la plupart des activités que nous faisons. Ce constat démontre, encore une fois, que nos sens sont sous-utilisés.

Jeu X La boîte de découvertes

ciseaux	montre	quilles	planche à roulettes
téléphone	voiture	parapluie	cerf-volant
lunettes	guitare		

Jeu XI Trouvez les animaux

Ave**c hât**e et j**oie**, Jean **va che**rcher la crè**che, va l**a déposer au **pie**d de l'arbre. Très é**mu, le** père, qui arri**ve au** salon, donne au garçon un **sou**: «**Ris**que-toi à orner l'arbre.» Puis, après avoir longtemps réflé**chi, en**fin il dit: « Il a le tronc **mou ton** arbre. Apporte **la pin**ce et fixe-le. »

À ce moment, la **coq**uette fillette demanda pour cadeau une ard**oise au** papa qui répondit: «Lou**lou, p**our cela il faud**ra, t**u sais, que je g**agne au** moins 100 $. »

À sa **bou**che, un p**li, on** le devine bien, marque sa tristesse. «C'est **fou, ine**xplicable même, mais j'ai un pè**re qui n**e gagne pas cher **pour** tout ce qu'il fait. C'est **à ne** rien comprendre». «Il est en Abiti**bi, son** patron, dit Jean. Il est allé voir un **moine au** monastère». «Pour combien de j**ours**?» demanda Loulou. «Sei**ze»,** bre**douilla Jean, incertain. «Non, **huit»,** ré**pondit le père. «Les gros salaires sont pour au**trui»,** en**chaîna Jean.

Activités d'évaluation formative

page 68	Questionnaire	Activité 1

Comparez vos observations avec celles d'une autre personne. Demandez-vous quels sens vous avez le plus utilisés et discutez des moyens susceptibles de vous aider à les développer davantage.

page 68	Jeu d'association	Activité 2

A. 9	E. 5	I. 2	M. 10
B. 15	F. 14	J. 4	N. 13
C. 8	G. 7	K. 6	O. 12
D. 1	H. 3	L. 12	

page 70	L'entretien	Activité 3

De quelle manière procédons-nous pour recueillir nos données? À quoi nous attardons-nous? Quels aspects sont manquants? Comment pourrions-nous améliorer notre façon de travailler?

CHAPITRE 4

Fait : Aucun

Inférence : 3, 4, 5, 6, 7, 8, 9, 10

Jugement évaluatif : 1, 2

Lorsqu'on se met à observer le contenu des échanges verbaux, on se rend vite à l'évidence que, dans l'ensemble des choses que nous disons, il y a très peu d'énoncés de fait. Ce n'est pas grave en soi, dans la mesure où nous distinguons bien les différents types de jugement. Qu'une éducatrice dise, par exemple, qu'un enfant a frappé un ami avec sa pelle à trois reprises est une chose. Qu'elle dise que cet enfant est agressif en est une autre. Il s'agit alors d'un jugement de valeur ou d'évaluateur.

Il faut retenir que les faits d'observation se limitent uniquement à ce qui est effectivement observé.

«Dans un article publié en août 1999, une équipe de chercheurs de l'Université Harvard, à Boston, concluait qu'un groupe d'adolescents de 15 ans et plus qui étaient atteints du syndrome de déficit de l'attention avec hyperactivité et qui prenaient du Ritalin en moyenne depuis plus de 4 ans risquait moins de consommer de façon abusive de la drogue ou de l'alcool qu'un groupe atteint du même syndrome, mais non traité au Ritalin, ou même qu'un groupe témoin sans déficit. [Ce qui est un fait, c'est que ces personnes ont dit cela, et non que ce qu'elles ont dit est vrai]. Les auteurs de l'article parlent d'un "effet protecteur du Ritalin". [Ce qui est un fait, c'est qu'ils en ont parlé.] »

Si un énoncé conduit à des désaccords, il s'agit probablement d'une inférence ou d'un jugement évaluatif. Par ailleurs, en prenant l'habitude d'aller confronter nos perceptions à celles des autres (démarche de confrontation), nous nous assurerons d'une plus grande objectivité, tout en développant notre esprit d'ouverture.

L'éducatrice doit éviter d'utiliser des énoncés contenant les expressions suivantes : «il me semble que», «j'ai l'impression que», «je crois que», «il m'apparaît que», «il a l'air de» ou les qualificatifs comme gros, gentil, paresseux, etc., car ce sont des énoncés subjectifs.

Exercice
4.9

Réponses variées.

Grille d'observation

Domaine	Comportements observables	Remarques
Domaine psychomoteur	Bouchonner le papier. Découper le papier. Dessiner un bonhomme, une maison et une fleur.	
Domaine affectif	Partager le ruban gommé. Applaudir un ami qui présente sa réalisation. Discuter de ses choix de matériel avec un autre enfant.	
Domaine cognitif	Choisir une paire de ciseaux en fonction de ses propriétés. Distinguer le papier rugueux du papier lisse. Représenter un personnage en mouvement dans un dessin.	

Exercice
4.10

Domaine cognitif : identifier, reconnaître, décrire, accomplir.

Domaine affectif : jouer, développer, accomplir, discuter.

Domaine psychomoteur : dessiner, secouer, lancer.

Exercice
4.11

Réponses variées.

Est-ce que vos informations contextuelles sont clairement formulées et pertinentes ? Comment avez-vous procédé pour noter vos observations ? Vos stratégies sont-elles efficaces ? Comparez-les à celles de vos collègues de classe.

Activités d'évaluation formative

Activité
1

1. Jugement évaluatif
2. Jugement de recommandation

6. Inférence
7. Énoncé de fait

3. Jugement évaluatif
4. Énoncé de fait
5. Inférence

8. Jugement évaluatif
9. Inférence
10. Inférence

D'autres réponses sont possibles selon le point de vue qu'on adopte. À vous d'exercer votre capacité à argumenter.

Activité 2 — Jeu d'association — page 99

A. 6   C. 7   E. 1   G. 4
B. 2   D. 3   F. 5

Activité 3 — Évaluer un rapport d'observation — page 100

1. A	4. B	7. B	10. A
2. A	5. E	8. E	11. B
3. A	6. C	9. F	

Exemple de justification : Le premier énoncé doit être considéré comme un fait puisqu'il suppose que la mère a dit quelque chose et non pas que ce qu'elle a dit est une vérité ou non. Ainsi, elle peut se tromper dans son diagnostic, mais ce qu'on affirme dans cet énoncé, c'est qu'elle a dit cela. Si on dit : « Une fois dehors, Émilie a sali sa belle robe », l'énoncé devient un jugement évaluatif étant donné la présence du mot « belle », même si le reste de la phrase peut être perçu comme un fait d'observation.

Activité 4 — Trouvez l'erreur — page 101

Énoncés de fait : 2, 10

Activité 5 — Jeu de classification — page 102

a) Taxonomie du domaine cognitif : classer, choisir, relier, énumérer, organiser, reconnaître, identifier des surfaces.

Taxonomie du domaine affectif : partager, choisir, jouer, écouter.

Taxonomie du domaine psychomoteur : construire, manipuler, pousser, se pencher, s'étirer.

b) Réponses variées.

Exemple 1 : Choisir une pièce musicale en fonction d'un thème (enfants de 10 ans).

Exemple 2 : Construire un château de cartes en utilisant des cartes de couleurs différentes (enfant de 6 ans).

Le projet d'observation 2 met l'accent sur le travail d'équipe. Ainsi, l'éducatrice peut questionner ses méthodes de travail et sa façon d'être lorsqu'elle doit collaborer à la réalisation d'un projet commun. Ces facteurs renvoient à des questions relevant de l'éthique professionnelle. Par exemple, elle peut questionner sa façon de s'engager dans l'équipe ou sa façon de choisir ses coéquipiers.

Parallèlement aux questions d'éthique et à la capacité à travailler en équipe, le projet d'observation permet de vérifier la capacité de l'éducatrice à noter des faits d'observation sur le terrain. Tous les membres de l'équipe peuvent questionner les façons de travailler et la valeur des résultats obtenus en n'oubliant pas que les travaux d'équipe sont le moment idéal pour s'inspirer des façons de faire des autres lorsqu'elles s'avèrent plus efficaces.

CHAPITRE 5

A. 3	D. 2	G. 7	I. 8
B. 6	E. 5	H. 9	J. 10
C. 4	F. 1		

La réalisation de ce genre d'exercice vous permet d'exercer votre rigueur, tout en prenant conscience de l'importance des mots que vous utilisez lorsque vous formulez des énoncés. Comme nous faisons sans cesse des interprétations, il est essentiel d'apprendre à les faire en nous basant sur des faits.

Description et interprétation possible

1. Personnage féminin debout, le bras droit dirigé vers le haut et tenant un vêtement avec une tache et le bras gauche plié vers le haut, la main sur l'oreille, bouche et yeux ouverts, vêtue d'une jupe, d'une blouse, de bas et de souliers.

   Personnage féminin de plus petite taille que l'autre, le bras droit levé et un doigt sur la bouche, le bras gauche derrière le dos, qui porte une robe et des souliers.

   Interprétation possible : Une femme montre une tache sur une robe à une fillette pour savoir si c'est elle qui a sali la robe.

2. Personnage vêtu d'un chandail, de culottes courtes et de souliers, les deux bras levés vers un crochet. À ses pieds, il y a des livres.

   Interprétation possible : Un enfant qui suspend un vêtement à un crochet après avoir déposé ses livres par terre.

3. Personnage féminin vêtu d'une robe, de bas et de souliers, les bras dirigés vers le bas et les mains touchant à la robe, un pied placé devant l'autre, les jambes écartées, le corps incliné, les seins pas encore formés.

Interprétation possible : Une fillette fait la révérence.

Exercice 5.3 — page 116

1, 2, 4, 5, 7, 8, 9, 10

Exercice 5.4 — page 116

Notre façon de réagir aux situations que nous devons affronter est empreinte de nos valeurs, de nos préjugés, des stéréotypes que nous véhiculons ainsi que de notre culture, etc. S'assurer de reconnaître ces filtres qui nous empêchent de conserver la plus grande objectivité possible est essentiel pour apprendre à observer les enfants de manière professionnelle.

Exercice 5.5 — page 116

L'habileté à reconnaître les trois indices permettant de mieux comprendre les silences, soit la posture, l'expression du visage et les mouvements, peut aider l'éducatrice à mieux saisir une multitude de situations auxquelles elle doit faire face quotidiennement. En cas d'incertitude, pourquoi ne pas prendre l'habitude de vérifier notre perception auprès de la personne concernée ?

Exercice 5.6 — page 118

Réponses variées.

Cet exercice vous permet de vous exercer à décrire des faits d'observation en relevant des informations contextuelles. Plus votre description des informations sera précise, meilleure sera votre interprétation de la situation.

1. Il y a deux enfants qui regardent en direction du photographe.

2. Un enfant tient une fillette dans ses bras.

3. Il y a un enfant debout qui tient une fillette dans ses bras et un bébé couché sur un lit.

Exercice 5.7 — page 122

Réponses variées.

Règle implicite : Les parents devraient éviter de donner des sucreries à leur enfant le matin. Les enfants peuvent se laver les mains à tout moment.

Corrigé et commentaires formatifs

Règle explicite : Les parents doivent enlever leurs bottes lorsqu'ils circulent dans le milieu de garde. Les enfants doivent éviter de courir à l'intérieur du service de garde.

Exemples de comportements de communication : linguistique, paralinguistique, kinésique, tactile, territorial, vestimentaire, esthétique, etc.

Exemples d'informations contextuelles : description de l'environnement physique, lieu où se déroule l'activité, le matériel, la date et l'heure, l'activité en cours, etc.

Texte 1 : Extrait du journal de bord d'une éducatrice travaillant auprès d'un groupe d'enfants de 4 ans

Jeudi 23 novembre

Tous les enfants du groupe sont présents ce matin (personnes concernées). Il neige dehors (température). La mère de Claudine m'a mentionné que sa fille s'était plainte d'avoir mal aux oreilles la nuit dernière (ce qui s'est passé avant l'observation des comportements). Elle m'a demandé de l'observer aujourd'hui (demande d'un parent).

Claudine a participé à toutes les activités proposées ce matin : histoire, jeux libres, jeux moteurs (les activités).

À la collation (moment de vie), elle a refusé de manger en disant qu'elle n'avait pas faim. Je lui ai demandé si elle avait mal aux oreilles à trois reprises ce matin et elle m'a répondu « non » à chaque fois. Pendant la période de jeux à l'extérieur (lieu), elle s'est querellée à trois reprises avec son amie Viviane (personne concernée).

Au dîner (moment de vie), elle a mangé un bout de pain et a bu de l'eau. À la sieste (moment de vie), elle s'est endormie après cinq minutes. J'ai remarqué qu'elle a touché son oreille gauche à deux reprises pendant son sommeil. J'ai dû la réveiller à la fin de la sieste, car tous les autres enfants du groupe (personnes concernées) étaient levés et nous devions changer de local (règle explicite).

Texte 2 : Extrait du journal de bord d'une stagiaire de première année dans un milieu de garde scolaire

Vendredi 22 novembre

Je propose aux enfants de confectionner une maquette sur le thème (activité) du film que nous avons vu durant la journée pédagogique : *L'ère de glace*.

Mon éducateur guide (personne concernée) me suggère de prendre les 10 enfants de la maternelle (personnes concernées) avec moi pour l'activité. Il s'occupe du reste du groupe (personnes concernées).

Ma superviseure de stage (personne concernée) est présente et elle m'observe.

Je donne mes consignes aux enfants à l'aide de repères visuels (les consignes) qu'ils pourront consulter tout au long de l'activité (règle explicite). Je leur demande (consigne) de répéter les consignes de sécurité à suivre pendant l'activité. Un enfant se propose de m'aider à distribuer le matériel (règle implicite) : colle, ciseaux, papiers recyclés, carton, plumes, etc. (le matériel).

J'informe les enfants qu'ils peuvent avoir accès à d'autres outils en m'en faisant la demande (consigne).

Activités d'évaluation formative

Activité 1 **Anagrammes** page 124

1. comportement 3. analogique 5. contexte 7. kinésique
2. implicite 4. posture 6. linguistique 8. matériel

Activité 2 **Les comportements** page 125

A. 4 B. 2 C. 1 D. 6 E. 5 F. 3

CHAPITRE 6

Exercice 6.1 page 139

1. J	4. H	7. G	10. F	13. D
2. K	5. L	8. I	11. B	14. N
3. M	6. C	9. A	12. E	

Exercice 6.2 page 143

Réponses variées.

Exemples

1. Pour m'assurer que les enfants n'ont pas froid lorsqu'ils jouent dehors.

2. Pour vérifier la fréquence d'apparition d'un comportement spécifique comme le refus de participer à une activité.
   Pour observer le développement global (ou certains aspects particuliers) d'un ou de plusieurs enfants.

3. Pour découvrir les champs d'intérêt des enfants dans le coin poupées.
   Au moment d'une activité-projet, pour observer un ou des enfants.

4. Pour observer la façon dont les enfants réagissent lorsqu'ils assistent à un spectacle.
   Pour observer les interactions entre une stagiaire et les enfants du groupe.

5. Pour déceler les difficultés éprouvées par certains enfants pour le découpage.
   Pour m'assurer que les enfants ont tout le matériel dont ils pourraient avoir besoin et leur en suggérer, le cas échéant.

6. Pour comprendre comment l'enfant réagit à la maison devant des personnes inconnues.
   Pour recueillir des informations auprès des parents et des autres éducatrices à propos d'un nouveau comportement chez un enfant.

7. Pour vérifier si les enfants se prêtent le matériel mis à leur disposition sans demander d'aide de l'adulte à cet effet.
   Pour observer l'enfant en cours d'activité dans un but précis.

8. Pour vérifier la perception des enfants par rapport aux comportements qu'ils apprécient dans le groupe.
   Pour permettre aux enfants de s'exprimer par rapport aux comportements d'entraide qu'ils observent chez les autres membres du groupe.

9. Pour vérifier si mes consignes sont claires et suffisantes.
   Pour vérifier si j'adopte des positions corporelles adéquates pour ma santé.

10. Pour observer si un enfant est en retrait du groupe de façon occasionnelle ou fréquente.
    Pour observer la fréquence et la durée des périodes de crise (pleurs) d'un enfant.

11. Pour observer la façon dont un enfant réagit lorsque je donne une consigne.
    Pour observer le déroulement d'une activité de routine à la suite des modifications que j'ai apportées.

| page 141 | Exercice 6.3 |

Réponses variées.

Situation 1

J'opterais pour une méthode d'observation systématique, comparativement à une méthode d'observation libre, puisque cela me permettrait de me centrer davantage sur le but visé qui est de vérifier la capacité des enfants à faire des choix. Ensuite, je choisirais de travailler avec une méthode d'observation continue plutôt qu'une méthode par échantillonnage. En effet, celle-ci me donnerait la possibilité d'amasser davantage de données en tenant compte du fait que, pendant une période de jeux libres, je suis en général moins sollicitée par les enfants, ce qui me laisse plus de temps pour les observer.

Situation 2

J'opterais pour une méthode d'observation libre, puisque mon intention est de m'assurer de la sécurité et du bien-être des enfants, et qu'il n'y a pas de situation particulière à observer.

Activités d'évaluation formative

| page 142 | Devinettes | Activité 1 |

A. Observation participante

H. Observation par échantillonnage

B. Auto-observation

C. Observation par les pairs

D. Observation continue

E. Observation libre

F. Observation systématique

G. Observation non participante

I. Observation ouverte

J. Observation provoquée

K. Observation directe

L. Observation clandestine

M. Observation indirecte

Réponses variées.

Situation 1

L'auto-observation pourrait aider l'éducatrice à clarifier de quelle manière ses préjugés influent sur ses réactions verbales et non verbales lorsqu'elle interagit avec cet enfant. Après avoir précisé les comportements verbaux et non verbaux qu'elle désire éviter, elle pourrait s'auto-observer à nouveau afin de vérifier si cette prise de conscience lui donne le recul nécessaire pour intervenir adéquatement auprès de l'enfant. Elle pourrait également utiliser la méthode d'observation indirecte afin de vérifier la perception de ses collègues de travail par rapport à la situation, ce qui pourrait l'aider à identifier de nouvelles pistes de solutions.

Situation 2

L'observation indirecte pourrait permettre à l'éducateur de vérifier si sa perception est juste en questionnant les enfants et les autres membres du personnel à ce sujet. Dans l'éventualité où celle-ci s'avérerait exacte, il pourrait utiliser à nouveau la méthode d'observation indirecte afin de questionner les enfants et les membres du personnel quant aux solutions possibles. Après avoir compilé les suggestions recueillies, il pourrait expérimenter une des suggestions, puis vérifier à nouveau auprès des utilisateurs si la situation s'est améliorée.

L'observation directe pourrait permettre à l'éducateur de décrire la situation avec une plus grande précision. Ainsi, il pourrait noter les moments les plus bruyants, faire ressortir le genre d'interventions mises de l'avant par les membres du personnel et les mettre en parallèle avec les réactions suscitées, observer la façon dont s'exprime le malaise des enfants, etc.

CHAPITRE 7

Réponses variées.

Rappel sur les stratégies de prise de notes. (Voir le chapitre 4.)

Réponses variées.

Avantages : Permet de retenir les données importantes (observations et informations), facilite l'auto-observation, permet d'assurer un meilleur suivi des interventions.

Inconvénients : Ça prend du temps, c'est une tâche de plus pour l'éducatrice.

Réponses variées.

Situation

Il est 9 h 30 du matin et les enfants participent à une activité de groupe que je leur ai suggérée. Il neige dehors pour la première fois de l'hiver. Je propose alors de découper toutes sortes de flocons pour décorer notre local en utilisant les nouvelles paires de ciseaux que nous avons reçues hier.

Comportement de l'enfant

Émilie n'écoute pas les consignes de l'éducatrice (elle prend une paire de ciseaux avant que tous ses camarades aient pu regarder comment ils sont faits, elle monte debout sur sa chaise, elle se lève et va à la fenêtre pendant les explications de l'éducatrice). Puis, Émilie coupe une mèche des cheveux de Sarah avant que l'éducatrice ait le temps d'intervenir. Sarah pleure pendant qu'Émilie la regarde sans bouger.

Intervention de l'éducatrice	Réaction de l'enfant
L'éducatrice dit : «Émilie, voudrais-tu remettre les ciseaux sur la table, car tous tes camarades n'ont pas pu les voir comme il faut?»	Elle remet les ciseaux sur la table et se croise les bras.
L'éducatrice se lève et va chercher Émilie qui est à la fenêtre.	Émilie revient à la table.
L'éducatrice utilise un ton ferme pour dire : «Non, Émilie, ne fais pas ça !»	Émilie continue son mouvement et coupe une mèche des cheveux de Sarah.

Hypothèses

1. La mère d'Émilie est peut-être coiffeuse, alors la fillette a voulu l'imiter.

2. Émilie avait besoin de bouger et d'aller jouer dehors plutôt que de rester assise à la table.

Analyse des hypothèses

C'est la première fois qu'elle adopte ce comportement. Si sa mère est coiffeuse, elle aurait eu bien d'autres occasions d'agir de la sorte.

Elle a montré son besoin de bouger de plusieurs façons (se lève de sa chaise, prend les ciseaux, monte sur la chaise).

Intervention directe : Discuter avec elle de ce qui vient d'arriver en lui demandant d'expliquer son comportement. Lui demander d'aller s'excuser auprès de Sarah et d'essayer de la consoler.

Intervention indirecte : Suggérer aux enfants d'aller voir la neige dehors et de jouer à attraper des flocons, s'ils le désirent.

Autres situations à observer : Comment réagit la fillette lorsqu'elle a besoin de bouger et qu'elle ne peut pas le faire tout de suite ?

Exercice 7.4

Réponses variées.

Date : 21 janvier

Groupe : 4 ans

Mise en situation : Ce matin, cinq enfants sur huit sont présents dans le groupe. Les autres ont la varicelle. Parmi les enfants présents, un a déjà eu la varicelle et les quatre autres ne l'ont jamais eue. Les enfants sont en période de jeux libres et l'éducatrice a mis de la musique.

Satisfactions	Insatisfactions
Les enfants s'amusent et chacun décide de ce qu'il veut faire.	Les enfants semblent inquiets puisque l'un d'eux demande à l'éducatrice si la varicelle est une maladie douloureuse et qu'elle observe que Gabrielle et Anne-Sophie jouent au docteur dans le coin déguisement en disant que la poupée est très malade et qu'elle va mourir.

Hypothèse : Les enfants s'inquiètent de leurs camarades qui sont malades dans le groupe et ils ont peur d'être atteints eux aussi.

Une demande d'information sur ce sujet est présentée à l'éducatrice qui observe que cet événement se traduit dans le jeu de deux enfants.

Solutions possibles : Proposer une discussion sur le sujet aux enfants pour leur donner l'occasion d'exprimer leurs craintes et permettre à l'éducatrice de les rassurer. Suggérer aux enfants de téléphoner à leurs camarades afin de prendre de leurs nouvelles. Demander aux enfants ce qu'ils pourraient faire pour encourager leurs camarades malades ; puis, organiser avec eux une activité pour réaliser une des idées proposées : par exemple, fabriquer une carte et la leur envoyer, etc.

250   Corrigé et commentaires formatifs

Réponses variées.

Initiative	(03/7) Choisit des ingrédients pour fabriquer une potion.
Relations sociales	(03/7) Exprime son point de vue au moment d'une causerie.
Représentation créative	(04/7) Imite des personnages d'émissions de télévision.
Musique et mouvement	(03/7) Chante la chanson thème du groupe en enregistrant sa voix sur une cassette.
Langage, lecture, écriture	(04/7) Au moment d'une chasse au trésor, reconnaît les symboles représentant des lieux.
Logique et mathématiques	(03/7) Regroupe des objets en fonction de leur couleur.

Réponses variées.

Le rapport anecdotique est très malléable dans la mesure où il peut prendre différentes formes. Lorsque vous comparerez vos résultats avec ceux d'autres personnes, vérifiez attentivement si vous avez omis de faire certaines observations ou d'ajouter certaines données contextuelles importantes, si vous avez formulé tous vos énoncés de manière objective et si votre rapport est clair et centré sur l'essentiel.

Réponses variées.

Groupe : 0-2 ans
Parent : Julien a-t-il bien dormi aujourd'hui ?
Éducatrice : Oui, il s'est endormi rapidement (environ 2 minutes) et a dormi pendant 35 minutes. Il était souriant à son réveil et il gazouillait pendant le changement de couches.

Groupe : 2-3 ans
Parent : Est-ce que Justine est allée sur le pot aujourd'hui ?
Éducatrice : Ce matin, elle m'a demandé elle-même son pot. Elle a uriné presque immédiatement et s'est empressée de venir me montrer son pot. Je l'ai félicitée et elle m'a aidée en tirant la chasse d'eau. Cet après-midi, elle a uriné dans sa culotte. Elle a pleuré. Je l'ai serrée dans mes bras en lui disant que ce n'était pas grave et je lui ai rappelé qu'elle avait réussi ce matin.

Groupe : 4-5 ans

Parent : Comment s'est passée la journée d'Érika ? S'est-elle bien amusée ?

Éducatrice : Ce matin, Érika a joué à la poupée avec son amie Sarah. Elles m'ont demandé de la farine et de l'eau pour fabriquer une purée pour leur bébé. Je leur ai ensuite suggéré d'autres ingrédients et elles se sont amusées à ce jeu jusqu'à la période de collation.

Commentaire : J'ai eu beaucoup de plaisir à les regarder faire. Elles étaient très concentrées et créatives.

Groupe : 6 ans et plus

Parent : Est-ce que Nathalie fait ses devoirs au service de garde ?

Éducatrice : Oui, elle a choisi de faire ses devoirs aujourd'hui. Elle a aussi aidé un autre enfant de sa classe qui ne comprenait pas un exercice.

Exercice 7.8
page 161

Réponses variées.

Jour	Comportements observés	Dimensions du développement	Commentaires ou remarques
Lundi	Claude saute sur le trampoline.	Dimension physique et motrice	Elle adore jouer sur le trampoline et refuse même de s'arrêter.
Mardi	Claude propose à Émilie de soigner un insecte malade.	Dimension socioaffective et morale	J'ai été très impressionnée par sa douceur et par la multitude de moyens qu'elle a mis de l'avant pour prendre soin de lui.
Mercredi	Claude reconnaît la voix de cinq chanteurs différents.	Dimension intellectuelle ou cognitive	Elle réagit très vite pour donner les réponses.
Jeudi	Claude nomme le prénom des six enfants de son groupe.	Dimension langagière	Elle a une prononciation étonnante pour son âge, même pour les prénoms plus difficiles.
Vendredi	Claude remplit un sac de feuilles d'arbres avec l'aide d'Alexis.	Dimension physique et motrice Dimension socioaffective	

Exercice 7.9
page 162

Réponses variées.

Description de l'incident

À 4 h 05, l'enfant a le regard fixe et sa main gauche tressaille. Je lui demande de venir s'allonger dans le local de l'infirmière. Elle est toujours consciente, car elle me fait des signes de la tête lorsque je lui parle. Tout le côté gauche de son corps se raidit. À 4 h 12, de la bave coule de sa bouche. Son regard est fixe. Elle ne réagit plus lorsque je lui parle et tout son corps est raide. Elle perd conscience pendant cinq minutes. Puis, son corps se détend. Les mouvements saccadés cessent. Elle s'endort. La crise est terminée et elle a duré au total 25 minutes à partir du moment où j'en ai observé les premiers signes.

Description de l'intervention effectuée

Je demande à Geneviève de venir s'étendre et je lui dis que ses camarades peuvent l'accompagner. Elle me suit sans hésiter, et ses camarades, qui connaissent également la situation, l'accompagnent. Elles supportent leur amie en lui parlant de manière à la rassurer et en lui caressant les mains. J'avise l'éducatrice qui travaille avec moi de la situation et elle prend aussitôt contact avec les parents de Geneviève. La mère arrive et reste auprès de Geneviève qui s'est endormie. Elle quitte le service de garde avec sa fille à 5 h 30.

Exercice 7.10

page 163

Réponses variées.

S'assoit à côté de l'éducatrice. Demande à s'asseoir à côté de l'éducatrice. Prend l'éducatrice par la main. Propose son aide à l'éducatrice. Accompagne l'éducatrice lorsqu'elle change de pièce.

Exercice 7.11

page 166

Réponses variées.

Grille d'autoévaluation : Liste à cocher

Nom	Justin	Aurélie	Claudie	Ariane	Geneviève	Vincent	Nathan	Olivier	Pierrick	Caroline	Étienne	Fabienne	Rachel	Laurianne	Sarah
Communiquer verbalement	x x x	x		x	x x x x x	x			x	x x	x x x x x		x	x	

Exercice 7.12

page 168

a) 2, 3, 4, 5, 6, 7, 8, 9, 10, 11, 12, 13, 14

b) 1, 2, 4, 5, 6, 7, 8, 9, 11, 12, 13, 14

Réponses variées.

Nom de l'enfant : Émile Rouleau
Activité : Course à relais

Date : 14 mai 2003
Âge : 7 ans

Situation : Les enfants participent à une course de relais au gymnase. Cette course s'appelle « la course de relais bonne année ». Les enfants doivent se placer en équipe de huit personnes le plus rapidement possible. Lorsqu'un participant voit que l'équipe qu'il a choisie est complète, il doit courir vers une autre équipe. Le but du jeu est de suivre le trajet indiqué à tour de rôle afin de souhaiter une bonne année de manière expressive aux juges de ligne (poignée de main, becs sur les joues). Par la suite, l'équipe qui remporte la course doit trouver une façon originale d'aller féliciter les autres participants.

Comportement	Remarques
Émile se dirige vers son ami Thomas pour former une équipe.	Il comprend rapidement les consignes.
Émile encourage les joueurs de son équipe en chantant et en criant.	Il est très expressif dans sa mimique et sur le plan sonore !
Émile court en suivant le trajet indiqué.	Il est très rapide !
Émile souhaite la bonne année en disant : « Bonne année, mon vieux ! » et en serrant la main.	Il était très original et drôle dans sa façon de faire. Il a fait rire tous les participants.

Coin arts	Elle ouvre la boîte des découvertes. Elle choisit du tulle, de la laine et un rouleau de papier. Elle frotte le tulle sur ses joues. Elle dit que c'est doux. Elle plie le tulle, le met en boule, puis elle l'insère dans le rouleau de papier. Elle entoure le rouleau avec la laine et demande à l'éducatrice de l'aider à faire une boucle, etc.
Coin menuiserie	Elle choisit un morceau de bois, le regarde et s'exclame : « Il y a un trou dedans ! » Olivier lui dit que ce n'est pas un trou, mais un nœud et lui explique ce que c'est. Elle l'écoute et dit : « Moi, je le trouve beau avec un nœud. » Puis, elle prend un marteau et un clou, et elle tient le clou et frappe avec le marteau. Elle dit à Olivier : « Je vais faire une maison. »

page 169

Réponses variées.

Développement psychomoteur	Utiliser un presse-fruits avec différents fruits. Couper des fruits de formes différentes.
Développement social	Partager le presse-fruits, le couteau et la planche à découper. Verser un verre de jus à un autre enfant pour lui faire goûter son mélange.
Développement affectif	Créer ses propres mélanges.
Développement moral	Éviter le gaspillage d'aliments.

page 173

Réponses variées.

Fréquence : Le nombre de fois où un poupon régurgite pendant la journée.

Intervalle : Toutes les cinq minutes, j'observe si le poupon est en train de régurgiter.

Durée : Lorsque le poupon régurgite, je note la durée de ce comportement.

page 174

Réponses variées.

Le portfolio est un outil d'observation, d'évaluation et de communication qui favorise la réalisation de nombreux apprentissages chez l'enfant, tout en permettant à l'éducatrice d'évaluer sa progression et en donnant un aperçu de ce cheminement aux parents.

page 176

Réponses variées.

Les questions ouvertes, c'est-à-dire les questions où le parent n'a pas à répondre uniquement par « oui » ou par « non » sont beaucoup plus riches en informations pour l'éducatrice.

Quels sont les jeux intérieurs et extérieurs préférés de votre enfant ?

Quels sont les jouets préférés de votre enfant à la maison ? (poupon)

Votre enfant utilise-t-il un ordinateur à la maison ? Si oui, qu'est-il capable de faire et quels sont ses jeux préférés ? (3-5 ans)

De quelle façon votre enfant vous démontre-t-il qu'il est autonome ? (2-3 ans)

Réponses variées.

	Comportements	Juan	Viviane	Aurélie	Mathieu	Valérie	Tatiana	LiAnn	Marjorie
1	Marche en suivant les autres enfants à la file indienne.								
2	Grimpe sur une structure de motricité.								
3	Manipule du sable avec une pelle.								
4	Range les jouets qu'il a utilisés dans un sac.								

Réponses variées.

Comportements	Oui	Non
Énumère des sortes de vêtements.		
Raconte une activité qu'il a faite à l'extérieur du service de garde.		
Décrit ce qu'il est en train de faire.		
Parle à un autre enfant.		

Réponses variées.

Comportements	Oui	Non
Ajoute un instrument de musique à son déguisement.		
Utilise des boulettes de papier pour décorer son chapeau.		
Colle un oiseau en origami sur son sac à main.		
Ajoute des plumes de couleur à son maquillage.		
Peinture une fausse montre sur son bras.		

Réponses variées.

Thème : Moments de vie et nombre de fois où les enfants ont la possibilité de faire des choix.

Activités de l'avant-midi

	Accueil	Déshabillage	Jeux libres	Activité-projet	Hygiène	Collation	Hygiène	Jeux extérieurs	Hygiène
Julie			✓✓✓	✓✓	✓	✓✓		✓✓	✓
Maude		✓	✓	✓✓					
Juan		✓✓	✓✓					✓	
Léa			✓	✓		✓		✓	
Ali		✓	✓	✓✓✓					✓✓
Ahmed			✓✓✓ ✓✓	✓					

a) 1, 2, 3
b) 1, 2, 3

c) 1, 2, 3
d) 1, 3

e) 1, 3
f) 1, 2, 3

g) 3
h) aucun

Réponses variées.

Le bonhomme de neige a deux yeux, un nez et une bouche. Il tient un balai dans ses bras.

Réponses variées.

Le but de l'exercice est avant tout de permettre à l'éducatrice de décrire ce qu'elle voit vraiment plutôt que de formuler des commentaires personnels. Les commentaires peuvent être tout à fait adaptés suivant la situation, mais elle doit apprendre à distinguer les observations des commentaires ou des remarques.

Page 3

L'enfant a mis un B majuscule à Blanche-neige, à Jolie, à Petite et à Il. Elle a écrit *et tè* plutôt que était. Elle a écrit *main* pour mais. Elle met un point au milieu d'une phrase. Elle ne met pas le y de il y avait. À la place du H de méchante, elle écrit un B. Elle écrit sans fautes les mots suivants : Blanche-Neige, une, jolie, petite, fille, dans, les bois, il, avait, une, fille.

Page 4

Il n'y a pas de majuscule au début de la phrase. Elle écrit sans fautes les mots suivants : les, Blanche-Neige, la, un, la porte. Elle inverse les sons on et ou. Elle connaît l'accent è. Elle écrit *lee* et *leele* et *èle* pour elle. Elle tente d'écrire les mots : sept (*7te*), était (*et tè*), maison (*mins*), mais (*min*), jour (*juore*), cogna (*conia*), porte (*popte*), croqua (*croca*), ses (*sè*), pommes (*pom*), s'évanouit (*sévanoua*).

Page 5

Il n'y a pas de majuscule au début de la phrase. Il y a un point à la fin. Elle écrit sans fautes les mots suivants : le, prince, lui, un, baiser, et, elle, survécu. Elle écrit *den* plutôt que donne.

Activités d'évaluation formative

Activité 1	Qui suis-je ?		page 187

A. 5	F. 9	K. 14	O. 17
B. 11	G. 10	L. 3	P. 18
C. 7	H. 2	M. 15	Q. 4
D. 6	I. 8	N. 16	R. 13
E. 1	J. 12		

Activité 2	Des outils, encore des outils		page 188

A. 1	E. 3	I. 1	M. 1, 3
B. 1, 3	F. 1	J. 1	N. 1, 2, 3[2]
C. 1	G. 1	K. 1	O. 1
D. 1	H. 1	L. 1, 2, 3	

---

2. Les résultats peuvent être présentés aux parents sous forme de rapport synthèse.

Corrigé et commentaires formatifs

CHAPITRE 8

page 191

Exercice 8.1

Réponses variées.

Cette année, je vais observer l'utilisation du matériel dont je dispose dans mon groupe afin de m'assurer qu'il circule suffisamment.

page 192

Exercice 8.2

1) E   2) C   3) F   4) B   5) A   6) D

page 195

Exercice 8.3

Réponses variées.

Comment Geneviève se comporte-t-elle avec les autres enfants de son groupe et l'éducatrice?

La relation de Geneviève avec ses pairs et avec les adultes.

page 197

Exercice 8.4

Réponses variées.

La méthode d'observation directe permet de recueillir des observations sur le vif.

La méthode d'observation indirecte permet de comparer le comportement de l'enfant dans le groupe et à l'extérieur du groupe.

page 197

Exercice 8.5

Méthode directe : 3, 4, 6, 7, 11   Méthode indirecte : 1, 2, 5, 8, 9, 10

page 198

Exercice 8.6

Grille d'observation

Aucune information directement liée à la centration d'observation. Ces données doivent être conservées pour une autre démarche d'observation.

Liste à cocher

Parle à un autre enfant 2 fois/5 jours.

Pose une question à l'éducatrice 8 fois/5 jours.

Observe un autre enfant 13 fois/5 jours.

Joue avec un autre enfant 0 fois/5 jours.

Répond à une demande de l'adulte en s'exprimant verbalement 4 fois/5 jours.

Répond à une demande de l'adulte en exécutant la consigne demandée 14 fois/5 jours.

Fiche anecdotique comportementale

Lors d'une journée pédagogique, après une demande de l'éducatrice, Geneviève s'assoit par terre, mais à l'écart du cercle formé par les autres enfants. Au moment de la formation d'équipes, elle regarde les autres enfants sans bouger. L'éducatrice lui demande de se placer avec une équipe, mais elle ne répond pas et finit de coller son macaron. L'éducatrice l'invite à s'asseoir avec les camarades de son équipe, alors Geneviève se lève et va s'asseoir près d'eux. Lorsque l'éducatrice demande aux enfants de demeurer avec leurs coéquipiers, Geneviève ne bouge pas alors que les trois autres enfants se prennent par le cou.

Productions

Elle a dessiné son ami Gaétan.

Dans une lettre, elle exprime son ennui et son désir d'inviter ses amis chez elle pour faire une fête (party).

Dans une lettre qui s'adresse à son ami Gaétan, elle exprime son ennui et son désir de l'inviter chez elle pour faire une fête.

Questionnaire aux parents

Selon ses parents, elle aime beaucoup qu'un adulte s'occupe d'elle. Elle est très proche de ses parents et elle joue souvent avec sa petite sœur. Son grand frère s'occupe beaucoup d'elle et même, la protège un peu trop. Elle a deux amis dysphasiques (William et Thomas) et un autre, trisomique (Gaétan). Elle les invite souvent à jouer à la maison. Jusqu'à présent, elle n'a pas eu d'amis qui n'étaient pas handicapés sauf quelques petits contacts en garderie. Elle veut beaucoup avoir des amis. C'est plus facile pour elle d'avoir des contacts avec les adultes, car ce sont eux qui établissent le contact avec elle. Geneviève ne parle jamais du service de garde à la maison. Elle joue beaucoup à l'ordinateur, aime dessiner, regarde des cassettes vidéo de l'émission télévisée *Cornemuse*. Elle connaît tous les personnages du film *Star Wars*.

Exercice 8.7

page 205

Titre du document	Date	Informations
Rapport de la neuropsychologue	02-12-98	Geneviève a déjà fréquenté une garderie. L'intégration au groupe de maternelle régulière avec accompagnement a été plutôt difficile. L'intégration en classe de dysphasie s'est bien déroulée. Elle semble établir des relations particulières avec certains enfants dans sa classe de dysphasie. La relation entre Geneviève et la neuropsychologue s'établit facilement. Les parents et l'enseignant parlent de son désir d'échanger avec ses pairs.

Corrigé et commentaires formatifs

Titre du document	Date	Informations
Rapport de l'orthophoniste	21-11-99	Geneviève fréquente une classe spécialisée pour enfants dysphasiques (effectif réduit avec enseignement adapté). Elle aime choisir ses activités, mais accepte finalement ce qu'on lui propose. Elle s'exprime de façon fonctionnelle oralement.

page 214

Exercice 8.8

Réponses variées.

Pratiquez-vous à argumenter puisque différentes réponses sont possibles.

A. 1, 2, 3, 4, 5
B. 1, 4

C. 1, 2, 3, 4
D. 1, 2, 3, 4, 5

E. 1, 3
F. 1, 2, 3, 4

page 216

Exercice 8.10

Outil d'observation	Relation avec l'adulte	Relation avec ses pairs
Rapport de la neuropsychologue	Selon la neuropsychologue, leur relation s'établit facilement.	Son intégration dans une classe régulière a été difficile malgré l'accompagnement, selon sa mère. Semble avoir des relations particulières avec certains enfants de sa classe de dysphasie.
Rapport de l'orthophoniste	Elle s'exprime de manière fonctionnelle; son discours peut manquer de clarté et être hors contexte.	Même comportement.
Rapport quotidien	Elle fait cinq demandes à l'éducatrice. Elle répond aux demandes de l'éducatrice.	Ne fait aucune demande aux autres enfants. Répond positivement à la demande d'un autre enfant.

Outil d'observation	Relation avec l'adulte	Relation avec ses pairs
Liste à cocher	Elle amorce un échange verbal à huit reprises. Elle suit les consignes à 14 reprises. Elle répond verbalement à quatre reprises.	Elle entreprend deux échanges verbaux avec des enfants. Elle observe ses pairs à 13 reprises. Elle ne joue pas avec un autre enfant.
Fiche anecdotique comportementale	Ne réagit pas à la demande de se placer en équipe à deux reprises. Lorsque l'adulte lui demande de s'asseoir près des enfants qu'elle lui montre, elle le fait.	Elle ne réagit pas lorsque les membres de son équipe se prennent par le cou.
Productions	Elle exprime son ennui.	Elle aimerait que ses amis handicapés viennent jouer avec elle à la maison.
Questionnaire aux parents	D'après sa mère, elle va facilement vers les adultes et elle est proche de ses parents.	Selon sa mère, elle est proche de son frère et joue beaucoup avec sa petite sœur. Elle a trois amis handicapés, mais aucun qui ne l'est pas. Elle ne semble pas savoir quoi faire avec les enfants de son âge ou qui ne sont pas handicapés.

Exercice 8.11

page 216

Les constantes et les contrastes : Geneviève entre facilement en relation avec les adultes, qu'il s'agisse de la neuropsychologue, de l'éducatrice, de ses parents ou de son grand frère. Elle procède en faisant des demandes, en suivant les consignes ou en faisant des activités. Par contre, lorsque la consigne n'est pas claire ou imagée, Geneviève peut demeurer sans bouger et ne rien faire. Aussitôt que l'éducatrice lui explique concrètement ce qu'elle s'attend d'elle, elle le fait. Malgré le désir de Geneviève de se faire des amis, elle semble avoir peu de contacts avec les enfants du milieu de garde. En fait, elle n'amorce que deux échanges verbaux et répond positivement à la demande d'un autre enfant à une reprise seulement, alors qu'elle fait plus de cinq demandes à l'éducatrice. Et entreprend huit échanges verbaux avec elle. Par ailleurs, elle observe ses pairs à 13 reprises. Geneviève entre en relation avec trois enfants handicapés. Elle exprime son désir de les inviter chez elle. Par contre, lorsque des enfants qui ne sont pas handicapés vont chez elle, elle se montre intéressée mais ne joue pas avec eux.

page 219

Réponses variées.

Hypothèse : Geneviève éprouve des difficultés à entrer en relation avec les enfants du service de garde, car elle ne sait pas comment s'y prendre.

Argumentation basée sur des observations directes et indirectes : Elle observe beaucoup les autres enfants (à 13 reprises), ce qui peut indiquer qu'elle cherche à les imiter ou qu'elle attend qu'ils entrent en contact avec elle. Ainsi, lorsqu'un enfant lui fait une demande, elle répond positivement. Par ailleurs, elle exprime clairement son désir d'avoir des amis. En outre, elle tente à deux reprises d'échanger avec des enfants. Elle le fait également chez elle lorsque ses parents reçoivent des invités, mais sans succès. Le fait qu'elle ne réagisse pas lorsque les enfants de son équipe se prennent par le cou pourrait démontrer qu'elle ne comprend pas ce geste. D'ailleurs, le document que j'ai consulté sur la dysphasie confirme cette hypothèse puisqu'il mentionne que ce syndrome est un trouble affectant principalement la compréhension.

page 219

Réponses variées.

Pistes d'intervention : Favoriser davantage la compréhension de Geneviève en lui donnant des consignes plus concrètes, voire en utilisant des pictogrammes. Discuter des besoins de Geneviève avec les autres enfants en leur expliquant la situation et en cherchant avec eux des moyens pour l'aider à s'intégrer. Utiliser les champs d'intérêt de Geneviève (ordinateur, *Star Wars*, etc.) pour l'aider à s'intégrer.

page 222

Réponses variées.

Forces : Grande variété d'outils utilisés.

Lacunes : Les observations n'ont pas été recueillies sur une longue période. Il aurait été pertinent de questionner Geneviève elle-même par rapport à la situation. La centration d'observation ne permettait pas d'élargir l'observation aux réactions des autres enfants par rapport à Geneviève.

Moyens susceptibles d'améliorer la démarche : Formuler la centration d'observation de manière à tenir compte de la réaction des autres enfants envers Geneviève. Prolonger la période consacrée à l'observation à plus d'une semaine.

page 222

Réponses variées.

L'éducatrice doit respecter les critères suivants dans la rédaction de son rapport : objectivité, simplicité, précision, clarté. Les composantes peuvent varier selon les besoins identifiés.

BIBLIOGRAPHIE

ALDER, Ronald B., et Neil TOWNE. *Communication et interactions*, Laval, Éditions Études vivantes, 1998, 354 p.

AMADO, G., et J. ROY. *L'observation des enfants difficiles*, coll. SVP, Paris, Presses Universitaires de France, 1970, 220 p.

ANCELIN SCHÜTZENBERGER, Anne. *L'observation dans les groupes de formation et de thérapie*, Paris, Éditions Épi, 1972, 206 p.

ANGERS, Maurice. *Initiation pratique à la méthodologie des sciences humaines*, 3e éd., Anjou, Les éditions CEC inc., Anjou, 2000, 226 p.

BAGOT, Jean-Didier. *Information, sensation et perception*, coll. Cursus, Paris, Armand Colin éditeur, 1999, 192 p.

BARDIN, Laurence. *L'analyse de contenu*, Paris, Presses Universitaires de France, 1977, 233 p.

BATESON, Gregory, et collab. *La nouvelle communication*, (textes recueillis et présentés par Yves WINKIN), coll. Points, Paris, Éditions du Seuil, 1981, 372 p.

BEAUD, Stéphane, et Florence WEBER. *Guide de l'enquête de terrain. Produire et analyser des données ethnographiques*, coll. Guide Repères, Paris, Éditions La découverte, 1998, 327 p.

BESSETTE, Sylvie, et Hélène DUQUETTE. *Découvrir ses savoirs d'action et enrichir sa pratique grâce aux cartes mentales*, rapport de recherche PAREA, Collège de Sherbrooke, 2003, 231 p.

BETSALEL-PRESSER, Raquel, et Denise GARON. *La garderie, une expérience de vie pour l'enfant*, volets 1, 2, 3, Longueuil, Office des services de garde à l'enfance, Publications du Québec, 1984, 121 p.

BLACKBURN, Pierre. *L'éthique. Fondements et problématiques contemporaines*, Saint-Laurent, Éditions du Renouveau pédagogique, 1996, 490 p.

BLOOM, Benjamin S., et collab. *Taxonomie des objectifs pédagogiques, tome 1, Domaine cognitif*, Québec, Les Presses de l'Université du Québec, 1969, 232 p.

BONNET, J., et F. STRAYER. «Concordance dans le dépistage des enfants à risques pour les difficultés d'adaptation en milieu préscolaire», *Revue des sciences de l'éducation*, vol. XXVI, no 1, 2000, p. 55-74.

BUZAN, T., et B. BUZAN. *Dessine-moi l'intelligence*, Paris, Les Éditions d'Organisation, 1995, 317 p.

CABROL, Claude, et Paul RAYMOND. *La douce, méthode de gymnastique douce et de yoga pour enfant*, Boucherville, Graficor, 1987, 216 p.

CANTER KOHN, Ruth. *Les enjeux de l'observation*, coll. Pédagogie d'aujourd'hui, Paris, Presses Universitaires de France, 1982, 210 p.

CAOUETTE, Charles E. *Si on parlait d'éducation, Pour un nouveau projet de société*, Montréal, vlb éditeur, 1992, 262 p.

CARON, Jacqueline. *Quand revient septembre. Recueil d'outils organisationnels*, vol. 2, coll. Chenelière/Didactique, Montréal, Éditions de la Chenelière, 1994, 437 p.

CHAMPOUX, Lyne, Carole COUTURE et Égide ROYER. *École et comportement. L'observation du comportement*, Québec, Ministère de l'Éducation, Direction de l'adaptation scolaire et des services complémentaires, 1992, 40 p.

CLOUTIER, René, Jean MORISSET et Roland OUELLET (dir.). *Analyse sociale de l'éducation*, Montréal, Boréal Express, 1983, 112 p.

Code d'éthique professionnelle: Pour le personnel en service de garde, document inédit, Syndicat des Travailleuses(eurs) des centres de la petite enfance de l'Estrie, FSSS/CSN, 1997, 11 p.

CORMIER, Linda. «Le portfolio», dans Nicole Royer, *Le monde du préscolaire*, Montréal, Gaëtan Morin éditeur, 2004, 276 p.

COUCHAERE, Marie-Josée. *Éduquer la mémoire, connaissance du problème*, Paris, Éditions ESF, 1983, 147 p.

CREVIER, Robert, et Dorothée BÉRUBÉ. *Le plaisir de jouer, jeux coopératifs de groupe*, Québec, IPAQ, 1987, 145 p.

DE KETELE, Jean-Marie. *Observer pour éduquer*, coll. Exploration Recherche en sciences de l'éducation, Paris, Éditions Peter Lang, 1987, 214 p.

DELORME, André, et Michelangelo FLÜCKIGER. *Perception et réalité, une introduction à la psychologie des perceptions*, Boucherville, Gaëtan Morin éditeur, 2003, 516 p.

DE ROSNAY, Joël. *Le macroscope. Vers une version globale*, Paris, Éditions du Seuil, 1975, 346 p.

DESLAURIERS, Jean-Pierre. *Recherche qualitative, guide pratique*, Montréal, McGraw-Hill Pub., 1991, 142 p.

DIORIO, Geneviève, et collab. *Croissance et développement, indices d'abus et de négligence chez l'enfant de la naissance à cinq ans*, Montréal, Éditions de l'Hôpital Sainte-Justine, 1999, 31 p.

GARON, Denise. *Le système ESAR. Guide d'analyse, de classification et d'organisation d'une collection de jeux et jouets*, Montréal, Éditions ASTED inc. et Paris, Éditions du cercle de la librairie, 2002, 293 p.

GAUDREAU, Louise. *Évaluer pour évoluer. Les étapes d'une évaluation de programme ou de projet*, Montréal, Éditions Logiques, Conseil scolaire de l'île de Montréal, 2001, 103 p.

GUÉNETTE, Rachel. *La sécurité des enfants en services de garde éducatifs*, coll. Petite enfance, Québec, Publications du Québec, 2002, 320 p.

GODIN, F. «Observer nos enfants», *La revue Petit à Petit*, mai 1985, p. 4-6.

GOUPIL, Georgette, et Alain JEANRIE. *École et comportement*, Montréal, Éditions Lidec, 1977, 31 p.

GRISÉ, Sylvie, et Daniel TROTTIER. *L'enseignement des attitudes. Guide de formation pour les programmes développés selon l'approche par compétences*, Rimouski, Collège de Rimouski, Regroupement des collèges Performa, 1997, 143 p.

HALL, Edward T. *Au-delà de la culture*, Paris, Éditions du Seuil, 1979, 233 p.

HALL, Edward T. *La dimension cachée*, Paris, Éditions du Seuil, 1971, 254 p.

HALL, Edward T. *Le langage silencieux*, Paris, Éditions du Seuil, 1984, 237 p.

HARROW, Anita J. *Taxonomie des objectifs pédagogiques, tome 3, Domaine psychomoteur*, Montréal, Presses de l'Université du Québec, 1969, 125 p.

HENDRICK, Johanne. *L'enfant: une approche globale pour son développement*, Sainte-Foy, Presses de l'Université du Québec, 1993, 704 p.

HOHMANN, Mary, et collab. *Partager le plaisir d'apprendre. Guide d'intervention éducative au préscolaire*, Boucherville, Gaëtan Morin éditeur, 2000, 468 p.

ISNARD, Guillemette. *La mémoire vivante*, Montréal, Éditions du Méridien, 1988, 162 p.

JOYAL, Bruno. *L'évolution graphique, du premier trait gribouillé à l'œuvre plus complexe*, Québec, Presses de l'Université du Québec, 2003, 85 p.

KRATHWOHL, David R., Benjamin S. BLOOM et Bertrand B. MASIA. *Taxonomie des objectifs pédagogiques, tome 2, Domaine affectif*, Montréal, Presses de l'Université du Québec, 1969, 231 p.

LANDRY, Michel. *Processus clinique en éducation spécialisée*, Montréal, Éditions St-Martin, 1994, 357 p.

LAROSE, André. *La santé des enfants… en services de garde éducatifs*, coll. Petite enfance, Québec, Publications du Québec, 2000, 271 p.

LAVALLÉE, Carole, et Michelle MARQUIS. *Éducation interculturelle et petite enfance*, Québec, Les Presses de l'Université Laval, 1999, 233 p.

LEGENDRE, Léandre. *Dictionnaire actuel de l'éducation*, Montréal, Guérin, 1993, 1477 p.

LELEUX, Claudine. *Éducation à la citoyenneté: Apprendre les valeurs et les normes de 5 à 14 ans*, Bruxelles, Éditions De Boeck, 2000, 207 p.

MACLEAY, C., et D. TURCOTTE. *Mini portfolio*, Maison Le Dire, 2002.

MARTIN, Jocelyne, Céline POULIN et Isabelle FALARDEAU. *Le bébé en garderie*, Québec, Presses de l'Université du Québec, 1992, 419 p.

MERCIER, Louise. *Guide andragogique à l'intention de tout(e) intervenant(e) en formation*, Granby, Service de l'éducation aux adultes, Cégep de Granby, 1987, 246 p.

MINISTÈRE DE LA FAMILLE ET DE L'ENFANCE. *Programme éducatif des centres de la petite enfance*, Québec, Publications du Québec, 1997, 38 p.

MINISTÈRE DE LA FAMILLE ET DE L'ENFANCE. *La santé des enfants en service de garde éducatif*, coll. Petite enfance, Québec, Les Publications du Québec, 2000, 271 p.

MINISTÈRE DE L'ÉDUCATION. *Guide général d'interprétation et d'instrumentation pédagogique pour le programme préscolaire. Guide pédagogique*, Québec, Gouvernement du Québec, 1982, 290 p.

MINISTÈRE DE L'ÉDUCATION. *Programme d'éducation préscolaire*, Québec, Gouvernement du Québec, 1997, 61 p.

MINISTÈRE DE L'ÉDUCATION. *Services sociaux, éducatifs et juridiques. Programme d'études techniques d'éducation à l'enfance*, Québec, Direction générale des programmes et du développement, 2000, 121 p.

MUCCHIELLI, Roger. *L'observation psychologique et psychosociologique, Connaissance du problème*, Paris, Éditions ESF, 1988, 101 p.

MYERS, Gail E., et Michèle TOLELA MYERS. *Les bases de la communication humaine*, Montréal, McGraw-Hill éditeurs, 1990, 475 p.

OLDS, Sally W., et Diane E. PAPALIA. *Le développement de l'enfant*, 5e édition, Laval, Éditions Études Vivantes, 2001, 320 p.

PELLETIER, Danielle. *L'activité-projet, le développement global en action*, Québec, Éditions Modulo, 1998, 229 p.

Programme éducatif des centres de la petite enfance, voir MINISTÈRE DE LA FAMILLE ET DE L'ENFANCE.

RAYMOND, François. «Les enfants du Ritalin», *Enfants*, octobre 2000.

ROBERT, Paul. *Dictionnaire alphabétique et analogique de la langue française, Le Petit Robert*, Paris, Société du nouveau Littré, 1977, 2172 p.

ROSENTHAL, Robert, et Lenore JACOBSON. *Pygmalion à l'école: L'attente du maître et le développement intellectuel des élèves*, Tournai, Éditions Casterman, 1971, 293 p.

ROUILLARD, Sylvain. *La créativité, concepts de base* (recueil de textes UQAM), Montréal, 1996, 77 p.

ROUSSEAU, Jean-Jacques. *Émile, ou De l'éducation*, Paris, Garnier-Flammarion, (1762) 1966, 629 p.

SCHEFLEN, Albert. E. «Système de la communication humaine», dans Yves Winkin, *La nouvelle communication*, coll. Points, Paris, Éditions du Seuil, 1981, 372 p.

TAVERNIER, Raymond, Monique HIBON et Rainette MONIER. *L'évaluation en maternelle. Guide du maître*, coll. R. Tavernier, Paris, Bordas, L'école avant 6 ans, 1992, 153 p.

VAYER, Pierre, et Charles RONCIN. *L'observation des jeunes enfants, éthique, théorie et pratique*, coll. Sciences de l'éducation, Paris, Éditions ESF, 1990, 206 p.

VAZAN, Nathalie. *Les rencontres parents-enseignante au préscolaire et au primaire. Guide pratique pour les enseignantes*, Montréal, Édition École des parents, 1998, 54 p.

WATZLAWICK, Paul, Janet BEAVIN HELMICK et Don D. JACKSON. *Une logique de la communication*, coll. Points, Paris, Éditions du Seuil, 1972, 286 p.

WINKIN, Yves. *La nouvelle communication*, coll. Points, Paris, Éditions du Seuil, 1981, 372 p.

Les outils d'observation standardisés

BAILLARGEON, Lise, et Diane BINETTE. *La qualité en 10 dimensions. Guide d'utilisation, instrument d'auto-évaluation de la qualité de vie en service de garde en milieu scolaire*, Longueuil, Association des services de garde en milieu scolaire du Québec, 1994, 347 p.

BRIGANCE, Albert H. *L'inventaire du développement de l'enfant entre 0 et 7 ans*, Ottawa, Centre franco-ontarien de ressources pédagogiques, 1997, 347 p.

GARIÉPY, Lisette. *Jouer, c'est magique. Programme favorisant le développement global des enfants, fascicule IV, Observation et évaluation*, Québec, Direction des communications du MFEQ, Gouvernement du Québec, 1994, 51 p.

GRAND, Ghislaine, et Michèle GARAND. *Grille d'observation. Outil de travail permettant d'observer le comportement des enfants de 3-5 ans en garderie*, Montréal, Regroupement des garderies de Montréal métropolitain, 1994, 52 p.

Guide de prévention des troubles de la communication à l'intention de la clientèle de la petite enfance, Montréal, Ordre des orthophonistes et audiologistes du Québec, document inédit, 2000.

LAFRENIÈRE, P.J., et collab. « Profil socio-affectif de l'enfant d'âge préscolaire », PSA, *Revue Canadienne de Psycho-éducation*, vol. 19, n° 1, p. 23-41.

Les documents audiovisuels

Images d'enfants… en services de garde, [Enregistrement vidéo, vidéos 1, 2 et 3]. Réalisateur : Léo Normandeau, Ontario, Active Learning Systems Inc., 1994, cassettes VHS.

L'observation et l'évaluation à la garderie, [Enregistrement vidéo]. Réalisateurs : Marc Bigras, France Capuano et Peter J. Lafrenière, École de psychoéducation, Université de Montréal, cassette VHS.

Les cahiers et livres de jeux d'observation

AGOSTINI, F., et N.A. DE CARLO. *Les jeux de l'intelligence*, Paris, Éditions France Loisirs, 1986, 182 p.

BLOCK, J.-R., et H.E. YUKER. *Vous n'en croirez pas vos yeux, 250 effets d'optique et illusions visuelles*, Paris, Éditions France Loisirs, 1994, 223 p.

CARTER, Philip, et Ken RUSSEL. *Remuez vos méninges ! Jeux, casse-tête et exercices pour développer les deux hémisphères du cerveau*, Montréal, Hurtubise HMH, 2001, 160 p.

DE GRAEVE, Sabine. *Apprendre par les jeux*, coll. Outils pour enseigner, Bruxelles, Éditions De Boeck, 1996, 127 p.

GALE, Harold, et Carolyn SKITT. *Développez votre Q.I., 200 jeux et problèmes mentaux (presque) insurmontables !*, Paris, France Loisirs, 1995, 127 p.

Jeux de cartes sur les perceptions : Can you believe your eyes ? 52 visual illusions on playing cards, Y and B Associates Inc., 1989.

KAY, Keith. *Grand livre du casse-tête optique*, New York, Sterling Publishing Company, Inc., 2000, 256 p.

KEAN, Roger, et Olivier FREY. *3D Enigmatic, 27 nouvelles images magiques*, Londres, Carlton Books Ltd, 1995, 36 p.

La magie des jeux, Ville Mont-Royal, Éditions Le Nordais Ltée, octobre 1983, 98 p.

LOISEAU, J.-J. *Jeux d'observation*, Paris, Presses d'Île-de-France, 1959, 169 p.

MOREAU, Roger. *Le grand livre des labyrinthes*, New York, Sterling Publishing Company, Inc., 1997, 320 p.

STORMS, Ger. *100 jeux musicaux*, Paris, Hachette/Van de Velde, 1984, 94 p.

TYBERG, Son. *QI sur le pot, les super énigmes pour le petit coin*, Aartselaar, Chantecler, 1996, 239 p.

INDEX